_____ 님의 소중한 미래를 위해
이 책을 드립니다.

**세계 경제의 99%는
트럼프에 달려 있다**

세계 경제의 99%는

왜 트럼프는
그렇게 생각하고
행동하는가?

곽수종 지음

트럼프에 달려 있다

메이트북스

메이트북스 우리는 책이 독자를 위한 것임을 잊지 않는다.
우리는 독자의 꿈을 사랑하고,
그 꿈이 실현될 수 있는 도구를 세상에 내놓는다.

세계 경제의 99%는 트럼프에 달려 있다

초판 1쇄 발행 2019년 4월 10일 | **초판 2쇄 발행** 2019년 7월 1일 | **지은이** 곽수종
펴낸곳 (주)원앤원콘텐츠그룹 | **펴낸이** 강현규·정영훈
책임편집 안정연 | **디자인** 최정아
마케팅 이기은·김윤성 | **홍보** 이선미·정채훈·정선호
등록번호 제301-2006-001호 | **등록일자** 2013년 5월 24일
주소 04778 서울시 성동구 뚝섬로1길 25 서울숲 한라에코밸리 303호 | **전화** (02)2234-7117
팩스 (02)2234-1086 | **홈페이지** www.matebooks.co.kr | **이메일** khg0109@hanmail.net
값 17,000원 | **ISBN** 979-11-6002-226-1 03320

이 도서의 국립중앙도서관 출판시도서목록(CIP)은 e-CIP홈페이지(http://www.nl.go.kr/ecip)에서
이용하실 수 있습니다.(CIP제어번호: CIP 2019010822)

일단 거래가 성사되더라도 나는
최소한 대여섯 가지 방법을 동원해서 일을 추진시킨다.
복병이 나타날 가능성은 언제나 존재하기 때문이다.

• 도널드 트럼프(미국 45대 대통령) •

트럼프를 알아야
세계 경제가 보인다

세계사를 살펴보면 고대에서 중세로, 중세에서 다시 근대로, 근대에서 현대로 넘어오는 과정은 그다지 순탄치가 않았다. 그리고 그 과정에는 모두 '혁명' '전쟁' 혹은 '질병'이라는 커다란 변수들이 마치 상수처럼 원인이 되고 있다. 21세기 후기 산업사회의 시작점에서 이와 같은 변화의 형태는 크게 다르지 않은 듯하다. 2008년 미국발 글로벌 금융위기가 세계 경제를 먹구름 속으로 몰고 들어간 후, 2010년에 다시 유럽발 경제위기가 발생하기도 했었다. 하지만 미국을 비롯한 유럽 서구 자본주의의 흔들림은 중국에게 '절대적'이면서 동시에 '상대적'인 '굴기'의 시간이 되었다는 점에 이견이 있을 수 없다.

중국 경제가 자칫 '중진국 함정'에 빠질 것이라는 등 어떤 관점에서 중국 경제를 바라보아야 할지에 대해 모두 제각각인 시각이 존재할 수밖에 없다. 하지만 과거의 사례를 통해 한 가지 살펴볼 수 있는 것은 1930년 전후 세계사적 변화와 크게 다르지 않다는 점이다. 물론 아편전쟁이 발생하던 1839년 전후의 세계사와 많이 닮아 있다. 세계사는 그런 점에서 매우 흥미로운 접근이 가능하다. 경제의 발전, 정치 체계의 진화, 사회의 문명이 하나의 수레바퀴처럼 돌고 돌면서 만들어내는 인류의 발자취들은 분명 몇 가지 흥미로운 점들을 시사한다.

이런 세계사적 배경을 전제로 하고, 2016년 미국 제45대 대통령으로 당선된 트럼프의 당선을 여러 가지 관점에서 해석하고 이해할 필요도 있을 듯하다. 미국의 근현대사와 함께 트럼프의 당선이 가지는 의미를 이해하기 위해서라도, 유럽의 정치·경제적 변화와 혁명의 과정을 이해하는 것 역시 충분조건이라 할 수 있다. 그에 대한 의견은 2가지로 나누어진다. 첫째, 트럼프는 '천재'다. 둘째, 트럼프는 제2차 세계대전 이후 미국의 글로벌 패권의 근간을 송두리째 흔들고 있다. 어느 쪽의 관점을 가지고 있는가는 모두가 생각하고 이해하는 바에 따라 다르다는 것을 전제해야 한다. 미국의 대통령으로서 일단은 '미국의 국가 이해관계', 즉 미국의 이익을 대변하고 있기 때문이다. 트럼프 대통령에 대한 다양한 견해는 이 2가지 극단적 관점으로부터 파생된 것이다.

몇 가지의 객관적 사실로 이해할 수 있는 것은 첫째, 판단 과정이 백악관 참모에 의존하는 것이 아니라 즉흥적이고 임기응변적이라는 점이다. 둘째, 미국 정부 내에서 아직도 주요 장관이 임명되지 않고 있고, 백악관 비서실 혹은 보좌진의 임명에서도 공석이 많을 정도로 지극히 주관적이라는 점이다. 셋째, 경제인 출신의 대통령이라고 하나, 정확히 말하면, '경제인' 출신이라고 말하기엔 너무 '보호무역주의'적이며 '국가주의'적 입장이 강하다. 따라서 제2차 세계대전 이후 미국의 시장경제에 입각한 신자유주의적 운영체계에 상당한 '노이즈noise'를 가져오고 있다는 점이다. 넷째, '겸손'을 바탕으로 한 미국의 외교정책, 즉 '동맹외교'의 한 축이 삐걱거리는 양상의 단초가 되고 있다는 점에서 미국 국민이 왜 트럼프를 선택했는지 살펴볼 필요가 있다.

흔히 '러스트 벨트Rust belt'라 불리는 중서부 자동차, 기계 및 철강 중심도시들의 중산층 혹은 중하층 백인들의 표밭에 선택과 집중한 선거 전략의 승리라고도 하지만, 엄밀하게 미국 국민의 '속내'도 살펴 볼 필요가 있다.

　2018년 11월 6일 치러진 미국 중간선거 결과를 어떻게 해석해야 할지, 다가오는 2020년 대선을 앞두고 민주당 후보들이 하나둘씩 대권 도전에 나서는 모습에 간헐적 또는 정기적으로 나오는 민심의 향배는 어디로 가고 있는지, 이에 대한 트럼프의 전략은 어떻게 되는지 등을 이 책에서 다루어보고자 한다. 경제학자의 관점에서가 아니라, 정치·경제적 관점에서 나름 가지고 있는 미국에 대한 단견과 워싱턴 D.C.와 월가의 일부 지인들과의 대화와 필답을 통해 나눈 현재 상황에 대한 주관적인 판단에만 의존한 한계를 고백하지 않을 수 없다. 하지만 제1·2차 북미정상회담의 과정과 결과, 한반도 상황에 대한 트럼프 대통령의 '속내'와 '겉내' 등을 해석해보는 것은 매우 흥미로운 일이 아닐 수 없었다.

　트럼프의 '거래의 기술' 혹은 '싸움의 기술'은 사실 매우 간단명료하다. '전부 아니면 아무것도 협상하지 않는다All or nothing'이다. 중간에서 일정 부분 서로 타협하고 이견을 좁혀 양보를 얻어가면서 협상하는 건 트럼프가 선호하는 스타일이 아니다. 즉흥적이고 매우 허술한 듯하면서도 자신이 무엇을 얻어내야 하는지를 정확히 알고 있는 '전술적 파이터fighter'임에는 분명한 듯 보인다. 다만 거시적이며 중장기적 안목을 가지고 있는지, 그런 중장기적 안목의 근저에 '미국의 이해관계'라는 역사적 변화와 진보의 경험을 제대로 숙지하고, 21세기 후기 문명사회와 미국이라는 리더로서 마땅히 가지고 있어야 할 '직관과 비전'을 가지고 있는지는 의문이다.

어떻게 가든 '한양'에만 가면 되는 것이 아니라, 적어도 미국 대통령으로서 21세기 신흥패권국이 등장하는 세계사적 '전환점'에서 미국이 가야 할 정확한 이정표와 '국가 이해관계'를 정립할 정도는 되어야 하지 않을까. 이런 부족한 부분들이 결국 트럼프의 재선을 방해하는 가장 큰 걸림돌이 될 것이다. 최근 세계사적으로 등장하고 있는 '국가주의nationalism' '보호주의protectionism' '포퓰리즘populism'의 추세와 미국과 중국 간의 무역 분쟁을 볼 때, 이는 마치 1930년 미국 대공황과 함께 허버트 후버 대통령이 6월 서명한 '스무트-홀리 법 Smoot-Hawley Act of 1930'이 미국과 유럽의 무역전쟁을 거쳐 제2차 세계대전으로 변화하는 모습과도 많이 닮아 있다. 바이마르 공화국이 무너진 후 히틀러의 등장이 있었던 것과 이탈리아의 무솔리니 정권이 모두 '파시즘fascism'형태를 띠게 된 것 모두 우연은 아니었을 것이다.

중국의 시진핑 주석이 모택동 이후 중국 공산당 내 독재체제를 굳힐 수 있을지 살펴보는 것은 어쩌면 매우 균형있는 독해와 해석이 될 수 있겠지만, 더이상 중국의 정치와 경제를 개인적인 무지함으로 해석하거나 주석을 다는 것은 불가능하고, 해서도 안 된다. 각자가 다른 관점을 가질 수 있다는 유연성을 전제로, 개인적인 판단과 분석의 세세함을 설명하지는 않았지만, 결론적으로 요약하자면 트럼프의 등장과 당선은 그 시대적 의미가 모두 함축되어 있다. 즉 1989년 베를린 장벽의 붕괴와 1990년 독일 통일, 1991년 구소련체제의 붕괴 이후에 마치 자본주의의 승리로 치부될 수 있는 부분을 좀더 조심스럽게 들여다봐야 한다는 점이다. 양극화, 초고령화, 인종 간의 대립, 동맹외교 및 이민정책의 변화 등이 과연 무엇을 의미하는지는 시대사적으로 다양한 관점에서 접근해야 할 것이다. 이 책에서는 트럼프의 다양한 입장과 그 해석들을 정리해보았다.

혼히 하나의 변화가 시작되는 점을 '변곡점' 혹은 '전환점'이라고
한다. 이는 매우 뾰족한 칼끝에 서 있는 모습으로 은유할 수 있다.
2019년 이후 세계사는 분명 하나의 변곡점, 전환점을 지날 것이다.
그 점은 지나고 나야 알 수 있다지만, 앞서 설명한 바와 같이 이미 세
계사적으로 충분히 인지하고도 남음이 있다. 더 중요한 것은 칼날의
끝에 위태롭게 서 있는 20세기 전기 산업사회와 문명사회의 모습이
어떻게 변화할지는 2019년 이후 세계사의 변화에 달려 있다는 것이
다. 그 중심에 있는 미국의 대통령이 트럼프라는 점이 흥미롭다.

곽수종

트럼프 대통령의 '거래의 기술' 혹은 '싸움의 기술'은

사실 매우 간단명료하다.

'전부 아니면 아무것도 협상하지 않는다'이다.

중간에서 일정 부분 서로 타협하고

이견을 좁혀 양보를 얻어가면서 협상하는 것은

그가 선호하는 스타일이 아닌 듯하다.

★★★ **차 례**

지은이의 말 트럼프를 알아야 세계 경제가 보인다 6

1장
미국의 꿈,
미국의 리더십

먼로주의와 윌슨주의 22
트럼프의 미국 우선주의 25
무차별적이고 무질서한 트럼프의 정치적 배경 30
미국의 리더십 33

2장
트럼프와 미국의
경제문제

트럼프 당선의 경제적 의미 42
인문학과 경제 그리고 미국 대선 45
미국 역대 대통령 소속 정당과 미국 경기 사이클 51
트럼프의 직관과 비전은? 80

3장

장기집권에 성공한
시진핑이 부럽다

미국 정치에서 독재라니! **92**
시진핑은 누구인가? **102**
2050년 굴기 이후 중국과 미국의 위상 **117**

4장

공정하지 못한 무역을
바로잡겠다

미·중 무역 갈등의 속내 **134**
중국의 환율정책을 짚고 넘어가기 **149**
치밀한 계획 아래 진행되는 중국 견제 **155**
미국은 왜 늘 남 탓만 하는가? **160**
장군멍군, '암흑물질'과 시진핑의 실수 **164**
덩샤오핑과 후진타오의 '굴기'를 잘못 이해한 시진핑 **167**
미·중 무역 분쟁의 승자는? **176**

5장

오직 미국이
최우선이다

트럼프의 미국 최우선주의 정책 **186**
트럼프 정부의 대외정책 기조 3가지 **194**

★ ★ ★

6장

해외 분쟁에
관여하겠다

네오콘? 신윌슨주의 200
닉슨과 트럼프 208
트럼프의 직관과 거래의 기술 217
닉슨과 트럼프의 '중국 때리기'에서 같은 점과 다른 점 226
트럼프 외교와 비즈니스 231

7장

소프트 파워(경제안보)+하드 파워(군사안보)
= 스마트 파워(위대한 미국)

미국의 소프트 파워(경제안보) 전쟁 240
50~60년 주기로 변화를 반복하는 미국의 국제관계 244
미국의 하드 파워(군사안보) 전쟁 251
중국 포위 전략의 주요 사례 3가지 254
트럼프는 시진핑과 싸우지 않는다 260

8장

김정은과 드라마틱한 관계를 유지하겠다

김정은의 묘수, 꼼수, 악수 **273**
트럼프의 묘수, 꼼수, 악수 **279**
제2차 북미정상회담 결과와 트럼프의 '거래의 기술' **285**

9장

오바마 시대의 유산을 모두 지우겠다

1960년부터 1980년까지 미국의 전통적 가치 **303**
2018년 이민법 개정은 이슬람에서 중국을 향한 것? **309**
좌충우돌에 비합리적이고 백인 우월주의자적인 트럼프 **312**
메디케어, 메디케이드, 오바마케어 vs. 트럼프케어 **319**
트럼프의 미국 우선주의와 그 한계 **325**

10장

트럼프의 세계 전략 vs. 미국의 글로벌 전략

하나의 중국을 인정하지 않겠다 **337**
이스라엘을 통해 중동 패권을 장악하겠다 **342**

★ ★ ★

· 먼로주의와 윌슨주의
· 트럼프의 미국 우선주의
· 무차별적이고 무질서한 트럼프의 정치적 배경
· 미국의 리더십

1장

미국의 꿈,
미국의 리더십

미국 역사는 '미국의 꿈美國的夢, Dream of America'을 하나씩 구체화한 과정이고 결과다. 미국 역사는 세계 근현대사에서 거대한 줄기를 형성한다. 예컨대 영국에서 독립한 뒤 남북전쟁, 산업혁명 등을 거치면서 제1차 세계대전과 대공황, 제2차 세계대전, 소련과 냉전체제 속 갈등과 베트남 전쟁, 흑인 인권운동과 '위대한 사회' 등을 통해 미국 내부 사회구조와 의식의 가치혁명을 담아내고 있다.

이러한 정치·경제·사회·문화적 기초와 변화는 미국의 헌법을 근간으로 그리스·로마시대의 철학적 가치와 사상을 담아낸다. 미국이 지녀야 할 가치와 의식은 이해하고 습득하기 어려운 철학과 사상적 가치에 기반을 두기보다 이를 쉽게 담아낸 양식, 윤리상식에 기초한다. 미국 역사는 과거와 현재보다는 미래를 바라본다. 이러한 미래 비전을 향한 법과 제도, 행동체계 등의 초석이 독립 당시 건국이념과 헌법에 그대로 반영되어 있다.

그렇다면 1776년 독립 이후 미국 대통령의 '성공'은 어떤 의미가 있을까? 건국 초기에는 영국에서 완전한 정치적 독립과 함께 경제적 재정 독립을 의미했을 것이다. 이후에는 내부 결속을 위한 정치·시장경제제도의 확립과 이에 필요한 법과 제도의 효율성 문제를 다루었을 법하다.

다양한 의견이 공동체적 합의점을 찾아내지 못할 때는 결국 서로 다른 열정이 부딪치며 남북전쟁 같은 다툼과 갈등이 초래된다. 하지만 이러한 극단적 내부 갈등이 진정된 뒤에는 국가와 국민 공동의 이해관계를 극대화하기 위해 서로 합리적·효율적 가치에 대한 뉴노멀New Normal의 정의에 협력하고, 대외관계의 역할을 본격적으로 정의한다.

안과 밖이 동시에 또는 순차적으로 변하기 시작할 때 시대를 바라보는 정치·사회적 관점은 물론이고 산업구조의 변화는 새로운 경쟁질서와 경제제도의 변화를 이끌어낸다. 이처럼 국민들 사이의 일련의 정치·경제·사회적 변화에 대한 합의를 '꿈夢. dream'이라고 할 때, 18세기 후반부터 21세기 초입까지 약 240년간 담금질되어온 '미국의 꿈'은 과연 무엇일까?

먼로주의와
윌슨주의

　미국 역사상 대통령은 1대 조지 워싱턴George Washington, 1789~1797을 시작으로 45대 도널드 트럼프Donald Trump, 2017~현재까지 모두 45명이 다. 이들은 과연 어떤 가치와 사상을 바탕으로 세상을 만들어보려고 했을까? 영국으로부터 독립과 내부적 결속이 우선이었던 시기를 넘어 대외정책을 고민하던 시기에는 서로 다르면서도 같은 위대한 미국을 만들고자 하는 '미국의 꿈'을 실천하려고 했을 것이다.

　5대 대통령 제임스 먼로James Monroe, 1817~1825가 주창한 '먼로주의'가 그 한 예다. 1861년에서 1865년까지 벌어진 남북전쟁을 앞둔 1823년 먼로 대통령은 의회에서 행한 '일반교서' 연설에서 유럽 열강이 더는 미국 대륙을 식민지화하려 하거나 미국 대륙에 있는 주권국가들을 간섭하지 말라고 요구했다. 미국이 신생국이긴 하지만 당시 복잡한 유럽 국가들의 이해관계와 대립, 유럽 대륙의 전쟁과 내부 문제에 휩쓸려 들어가지 말아야 하며, 동시에 유럽 국가들도 호혜주의 원칙에 입각해서 미국과 아메리카 대륙의 내정 문제에 끼어들지 말아야 한다고 했다. 미국 대륙 안의 영토 확장이 중요하던 당시 유럽 강국들이 미국 서부대륙을 지배하려는 시도를 차단한 것이다. 즉 건국의 아버지들이 고립주의적 전통을 따르는 방어적·수동적 대외전략을 선택했다면, '먼로주의'는 아메리카 대륙에서 유럽의 영향력이 확대되는 것을 막고 미국의 이해관계, 즉 아메리카 대륙에서 미국의 영향력을 확장하려는 적극적·공격적 선언이었다.

이후 '먼로주의'는 지금까지 허버트 후버Herbert Hoover, 1929~1933·존 F. 케네디John Fitzgerald Kennedy, 1961~1963대통령을 비롯해 미국 외교정책에서 지침서가 되었다. 먼로 대통령은 이 같은 외교정책 기조가 향후 200여 년 동안 큰 변화 없이 지속되리라고는 생각지 못했을 것이다. 결국 먼로주의가 아메리카 대륙에 대한 미국의 주도권과 우선권을 명백히 하려 했다는 점에서 현재 트럼프의 보호무역주의 정책이나 '미국 우선주의America First'와도 맥이 닿아 있다.

결국 트럼프의 '미국 우선주의'는 제2차 세계대전 이후 미국이 국제질서 유지에서 보여주었던 가치, 즉 '겸손'을 토대로 한 글로벌 질서와 패러다임상의 리더라는 위상과 매우 동떨어진 기조나 외교적 프로토콜protocol 같아 보인다. 하지만 넓게 해석하면, 미국의 가치를 스스로 무너뜨리는 듯한 트럼프의 외교 관례상 '악수惡手'들은 중국 시황제 시진핑과 러시아 차르 푸틴Vladimir Putin이 새롭게 추구하는 사회주의 가치와 경쟁하는 데 첨예한 대립 구도를 의미하기도 한다.

먼로주의 이후 26대 대통령 시어도어 루스벨트Theodore Roosevelt, 1901~1909의 '루스벨트의 결과Roosevelt Corollary'는 자국의 이해관계가 유럽 국가들의 대남미 정책과 첨예하게 대립될 경우 적극적인 군사 개입으로 유럽의 영향력이 확대되는 것을 막고 새롭게 주도적 영향권을 구축하려는 적극적인 '미국 우선주의 정책'과 결코 다르지 않다. 남북전쟁 이후 약 35년이 지난 시점에서 미국의 군사력이 제대로 구축되기에 시간과 재정적 투자가 불충분했기 때문에 먼로주의는 대체로 국제사회에서 큰 위협이 되지는 못했다. 유럽 열강이 제국주의적 식민지 쟁탈전을 벌이던 시기에 국내 정치·경제·사회적 안정 기조 구축에 전념하던 미국은 군사력 측면에서 유럽 열강의 그것과는 비교도 할 수 없을 만큼 미약할 수밖에 없었다. 따라서 유럽에서 먼로 선언을 무시한 것은 당연한 일이었다.

하지만 국제관계의 변화는 이처럼 단순하지 않다. 미국이 세계사의 대전환기인 제1·2차 세계대전을 거치면서 세계 초강대국으로서 '팍스 브리타니카Pax Britannica'를 뛰어넘는 새로운 국제질서의 맹주로 거듭나게 된 배경에는 당시 유럽 국가들과 다양한 경쟁관계에 있던 영국이 있었다. 영국이 '팍스 브리타니카'라는 패러다임에 미국을 붙들어놓고자 암묵적으로 이를 지지함으로써 마침내 아프리카는 독일·프랑스·영국 등 유럽 국가들의 활동무대로, 남미는 실질적으로 미국의 정치·경제적 영향력 아래에 각각 놓이게 되었다.

트럼프의
미국 우선주의

45대 미국 대통령 도널드 트럼프의 대외정책 기조는 어디에 있을까? 그의 대외정책 기조나 국내정책, 특히 경제정책은 역대 대통령들의 기본 정책과 크게 다르지 않아 보인다. 단지 그가 말하는 '미국 우선주의'가 너무 노골적이고 무질서하며, 비타협적이고 일방적이기 때문에 듣기 거북하고 동의하기 불편한 것은 사실이다. 말과 행동이 지나치게 직설적이며 나름대로 '뛰어난 협상가'라고 자평하지만 어떤 면에서는 모든 카드를 다 열어놓고 시작하는 단순한 리더십(?)이라는 점도 주목할 필요가 있다.

이창호나 이세돌 같은 바둑 기성棋聖들에게 가장 어려운 상대는 누구일까? 일반적으로 겨루기에 전통 방식과 변칙 스타일이 있다면, 아무래도 전통 방식이 상대하기 쉽고 변칙 스타일이 어렵다고 할지 모르지만, 사실은 그 반대일 수도 있다. 새로운 것이나 변칙 스타일을 시도하는 사람들은 일관된 하나의 원리나 원칙이 없다보니 임기응변에는 능할지 모르지만 한번 큰 싸움에서 흔들리면 순식간에 전의를 상실하는 일도 다반사이기 때문이다.

예컨대 2019년 2월 28일 트럼프가 북한 김정은 국무위원장과 싱가포르에서 2차 북미정상회담을 앞두고 회담 자체를 번복한 해프닝은 일종의 트럼프식 변칙 외교의 단면을 보여주는 것이다. 외교 프로토콜상 정상회담을 열기로 했다가 파기하는 식의 프로토콜은 상대방을 자극할 뿐, 미국 같은 강대국 대통령의 위상에는 오히려 마이너스 요인이 될 수 있다. 결국 김정은보다 트럼프의 처지가 중장기적으로 더 난처해질 수도 있다는 의미다.

벌써부터 '북핵 해법이 중장기전이 될 수도 있다'는 소식들이 나오고 있다. 하지만 여기에 또 다른 반전 시나리오가 숨어 있을 수도 있다. 즉 이와 같은 이야기는 김정은이 트럼프에게 충분히 제기했을 법한 하나의 가설적 시나리오다. 김정은이 북핵을 포함한 북·미 간 다양한 평화체제 협상과 타협을 바탕으로 2020년 미국 대선을 앞두고 트럼프의 재선을 도울 생각이 충분하며, 트럼프 자신도 이를 기꺼이 받아들일 수 있기 때문이다.

물론 이들 둘의 협상과 타협이 반드시 한국에도 유리할 것이라고 보기에는 무리가 있는데, 이 부분은 뒤에서 좀더 자세히 다룬다. 우선 변칙 스타일인 트럼프에 비해 전통 방식의 외교전을 펼치는 김정은의 수가 더 유연하고 우위에 설 수 있다는 것을 이해하면 좋겠다. 물론 2020년 트럼프가 재선되고 난 후 북핵 문제가 지금과 같은 길을 따라갈 거라고 가정하는 것은 북한 입장에서 매우 위험한 낙관론일 수도 있다.

제2차 세계대전 이후 글로벌 리더로 전 세계의 패권을 지켜온 미국으로서는 21세기 초입 후반부에 정치적 배경이 전무하고, 자신이 속한 공화당 내에서조차 언행에 대해 고개를 가로젓는 상황이 계속되는 '트럼프'라는 존재가 부담스러울 수 있다. 미국의 국격과 외교의 겸손지덕謙遜之德을 줄줄이 깨버리는 트럼프 외교가 '미국 우선주의'라는 새로운 방식인 듯하지만 사실은 앞서 나왔던 '먼로주의'적 폐쇄주의와 '윌슨주의'의 적극적 개방과 국익 우선주의 정책의 변이형태라고 할 수 있다.

그런데 왜 '변이'일까? 그것은 미국의 법과 제도, 외교와 무역 등 대내외 관계의 바탕이 정부·입법·사법의 엄격한 삼권분립에 근거한 '중산층 중심'의 미국 헌법을 수호하는 가치체계에 있다는 점을 트럼프가 거의 완벽하게 무시하기 때문이다. 트럼프는 자신의 트위터 팔로어들과 자기 뜻을 따르는 극소수 권력 지향형 인사들만 중용하는 듯 보인다.

윌리엄 태프트William Taft, 1909~1913의 뒤를 이은 28대 우드로 윌슨Woodrow Wilson, 1913~1921은 미국의 대외정책 기조를 종전의 먼로주의적 '고립주의'에서 미국의 이해관계를 적극적으로 극대화해야 한다는 당위성을 제기한 '윌슨주의Wilsonism'로 전환한다. 20세기 강력한 군사력과 경제력을 토대로 좀더 적극적·능동적인 외교정책을 펼쳐 경찰국가로서 역할을 인정받겠다는 것이다.

제2차 세계대전 이후 미국의 '팍스 아메리카나Pax Americana' 정책이 국제사회 질서 속에서 가장 많은 정당성을 인정받아온 배경에는 바로 '윌슨주의'에서 비롯한 적극적인 '리더십' 전략이 있었다. 특히 제2차 세계대전 이후 승전국으로서 거만함보다는 '겸손humbleness'을 바탕으로 세계 정치·외교·경제 등 다방면에서 주도적 역할에 대한 포괄적 정당성을 인정받음으로써 세계평화 역시 지속 가능했다고 본다면, 결과적으로 '윌슨주의'가 민족자결, 자본주의, 자유민주주의, 인간 존엄성의 가치와 확산을 중요시한다는 점에서 현실주의적 실용주의 정책기조에 가깝다고 할 수 있다.

'윌슨주의'는 겉으로는 인간의 존엄성을 강조하지만 '속내'는 민족자결과 자본주의, 자유민주주의를 강조한다. 아울러 41대 조지 부시George Bush, 1989~1993, 42대 빌 클린턴Bill Clinton, 1993~2001, 44대 버락 오바마Barack Obama, 2009~2017 등 20세기 후반과 21세기 초입의 미국 대통령들은 각 소속 정당의 대외정책 기조와 관계없이 '먼로주의'와 함께 '윌슨주의'를 포용·포괄하는 형태로 미국의 대외정책 기조를 일관되게 유지했다.*

---

* 윌슨주의는 다음 4가지 법칙을 표방한다. 첫째, 민주주의를 옹호하고 확산해야 한다. 둘째, 자본주의를 옹호하고 확산해야 한다. 셋째, 폐쇄주의에 반대하며 타국 문제에 끊임없이 개입해야 한다. 넷째, 더 나은 민족자결과 국익을 위해 타국에 대한 개입을 멈추면 안 된다. 이 4가지 기본 법칙을 자세히 들여다보면, 이라크 사태를 비롯한 중동정책, 북핵 사태에 대한 해법 강구 등에서 미국의 일관된 정책기조를 읽어낼 수 있다.

역사를 조금 더 끌고 올라가더라도 1920년대 후반 이후 경제대공황 당시 어두운 그림자와 1930년대 후반 제2차 세계대전의 전운이 감돌 때 30대 캘빈 쿨리지Calvin Coolidge, 1923~1929와 31대 허버트 후버1929~1933, 32대 프랭클린 루스벨트Franklin Roosevelt, 1933~1945 역시 소련의 볼셰비키 혁명 이후 국제 정치·사회에 급부상하던 '프롤레타리아' 사회주의 민족 해방론에 대응하는 대척점 구축이 급선무였을 테고, 여기에 필요한 가치관 또는 사상적 배경을 바로 '먼로주의'와 '윌슨주의'의 효율적 접목으로 도모했을 법하다. 결국 '먼로주의'와 '윌슨주의'는 서로 다른 듯 같은 미국의 대외정책 기조를 의미한다. 그렇다면 과연 트럼프의 '미국 우선주의'는 이들과 무엇이 다르고, 무엇이 같을까?

무차별적이고 무질서한
트럼프의 정치적 배경

트럼프의 '미국 우선주의'에는 어찌 보면 매우 간단한 공식이 있다. 미국을 상대로 경제적으로나 군사안보적으로 이익을 보는 모든 국가를 이른바 '적'으로 정의한다는 것이다. 미국을 상대로 2014년 이후 매년 3천억 달러 이상의 무역수지 흑자를 기록한 중국, 유럽연합 국가들 중 가장 많은 무역수지 흑자를 기록한 독일(2017년 대미 무역흑자 593억 달러), 아시아의 일본(2017년 현재 대미 무역흑자 688억 달러)과 한국(2017년 현재 대미 무역흑자 229억 달러) 등은 트럼프의 경제안보적 관점에서 보면 모두 적인 셈이다.

군사안보관도 크게 다르지 않다. 트럼프가 제2차 세계대전 이후 소련의 위협에서 유럽을 보호하려고 만든 군사동맹체제인 '북대서양조약기구NATO; North Atlantic Treaty Organization'에 "방위비 부담을 2% 늘리지 않으면 탈퇴할 수 있다"는 식으로 말한 것은 '미국 대통령'답지 않을 뿐더러 '미국다움'이 아니다. 트럼프는 정치적 경험은 물론 외교적 경험이 전무하다시피한 사람이다. 글로벌 질서 속에서 패권국가의 수장으로는 부족한 이 2가지 점을 경험이 풍부하고 미국의 이해관계에 투철한 참모들을 배치함으로써 보완한다면 충분히 커버할 수도 있겠지만 이를 기대하기는 어려운 듯 보인다.

예컨대 미국 국무장관은 외교와 내치에서 전문가여야 한다. 렉스 틸러슨Rex Tillerson 국무장관에 이어 임명된 마이크 폼페이오Mike Pompeo 국무장관은 중앙정보국CIA 국장 출신으로 외교 경험이 전혀 없다. 특히 그는 과거 미국이 역사적 변곡점에 놓였을 때 섬세한 외교력을 바탕으로 미국의 이해관계를 대변하며 위기를 돌파한 헨리 키신저Henry Kissinger나 조지 슐츠George Pratt Shultz 국무장관에 비하면 턱없이 부족하다. 그가 21세기 새로운 '판'의 변화를 제대로 읽어내는지, 이를 바탕으로 트럼프를 제대로 보좌하는지, 무엇보다 대통령 자신이 유능하고 합리적인 국무장관 등 보좌진을 중용하고 이들의 조언을 참조하는지 궁금하다.

트럼프의 정치적 배경은 매우 무차별적이고 무질서하다. 그가 정치에 관심을 두기 시작한 40대 초반부터 무소속2011~2012, 민주당1987, 2001~2009, 개혁당1999~2001을 거쳐 공화당1987~1999, 2009~2011, 2012~현재에 이르기까지 당적을 수시로 바꾼 것을 볼 수 있다. 이 과정에서 그가 지키고자 일관되게 쥐고 있던 '가치관'은 과연 무엇일까?

이보다 더 근본적인 질문을 한다면, 트럼프는 왜 대통령이 되려고 했을까? 그가 생각하는 '미국의 꿈'은 어떤 것일까? 과연 대다수 미국 국민이 트럼프가 꾸는 '미국의 꿈'에 동의하고 함께하려고 할까? 2016년 대선에서 트럼프가 주장한 '미국 우선주의'가 미국의 일반 시민 다수가 함께하려는 '미국의 꿈'일까?

트럼프는 자신의 골프장에서 메이저급 미국 프로골프대회를 개최하고, 인수위 시절에는 자기 소유 호텔을 베이스캠프로 활용했으며, 빈번하게 자기 사업 브랜드를 미국 대통령 휘장에 오버래핑한다. 이런 것들이 과연 비즈니스를 위한 행동일까? 그를 괴롭히는 것들은 여러 가지다. 대통령 후보 시절 마이클 코언Michael Cohen 변호사와 캐런 맥두걸Karen McDougal 문제를 놓고 공개된 녹취 파일, 끊임없이 제기되는 러시아 정부의 대선 개입설과 다수 여배우와 스캔들 등이 그것이다. 왜 트럼프는 대통령이 되려고 했을까?

미국의
리더십

    프랭클린 루스벨트 대통령이 1941년 발표한 인권의 국제적 보호의 대의명분*은 제2차 세계대전 이후 미국이 국제사회에서 정당성을 인정받은 리더십과 밀접한 관련이 있다. 글로벌 리더라는 미국의 대통령도 국가와 국민이 공유하고자 하는 가치와 인식체계의 근간을 벗어나서는 안 된다. 미국 헌법이 지향하는 '중산층'인 일반 시민 다수가 지향하는 이해관계에서 벗어나 평행선이나 대척점을 달릴 수도 없다. 국가와 대통령의 정치이념은 국민 다수의 이해관계와 열정에서

---

* 프랭클린 대통령이 이야기하는 4가지 기본적 자유에 기반을 둔 세계로, 그가 말하는 4가지 기본적 자유는 '공포에서의 자유' '언론과 표현의 자유' '각자의 종교를 가지고 자신의 방식으로 신앙할 자유' '궁핍에서의 자유'로 유엔 인권 공포에서 자유로운 것을 말한다.

철저하게 독립되거나 차별화될 수 없기 때문이다.

트럼프는 미국 헌법이 지향하는 다수 일반 국민보다 특정한 국민, 특히 자신을 지지하거나 지지할 수 있는 특정 노동자 계층과 소득 계층에 주목한 것은 아닐까? 트럼프의 선거대책본부장을 지냈으며 가택연금과 불법 선거운동으로 조사 중인 폴 매너포트Paul Manafort의 경력도 가볍게 볼 일은 아니다. 일련의 파격으로 내닫는 그의 언행을 보면 트럼프가 말하고자 하는 '속내'가 과연 무엇일지 궁금해진다. 미국의 일반 대중과 다수 동맹국이 진정 트럼프의 말과 행동을 이해하지 못한 것일까? 트럼프가 1776년 미국 독립의 아버지들의 뜻과 제2차 세계대전 이후 미국이 지향해온 글로벌 리더 국가로서 가치를 제대로 이해하지 못한 것일까? 그것도 아니면 21세기 글로벌 패권의 전환기에 트럼프에게 진정한 '속내'라도 있는 것일까?

사실 트럼프가 가지고 있는 '암호'를 들여다보기는 어렵지 않다. 그의 암호체계는 매우 간단하고 명확하다. 대다수가 트럼프의 생각과 말과 행동이 다분히 기존 질서는 물론이고 전통적인 미국 대통령의 언행과 생각의 기본 틀을 파격적으로 흐트러뜨린다고 한다. 그도 그럴 것이 그의 언행에는 거침이 없다. 그의 언행을 해독해내는 것은 정신과 전문의나 심리학자의 몫일 수도 있다.

트럼프의 과거 경력이 주로 경제, 그 가운데 제조업이나 서비스업이 아닌 부동산 중개업에 전문화되어 있다는 점, 외교와 정치적 경험이 매우 부족하다는 점, 공화당 내에서도 트럼프의 대선 승리 가능성을 높게 보지 않았다는 점 등은 참조할 만하다. 트럼프에게는 자신이 대통령에 취임하자마자 마주한 중국 시황제 시진핑 주석의 장기집권과 '제조업 2025'의 의미, 러시아 차르 푸틴 대통령의 '꿈'인 '소련의 영광을 다시 한 번' 같은 속내를 읽어낼 능력이 턱없이 부족했을 것이다. 게다가 트럼프는 능력을 갖춘 참모를 중용해 그들의 조언에 귀를 기울이려는 노력조차 하지 않는다.

예컨대 향후 미·중 갈등은 러시아에 어떤 의미가 될지, 북핵 사태는 미·중 갈등에서 '대리인 전쟁Agent Problem'으로서 어떻게 전개될지, 중국의 부상이 미·유럽연합 사이에 어떤 협력관계를 강화할지, 아시아에서 중국의 '일대일로' 전략·전술에 대응하는 동맹관계 재정립은 어떤 형태여야 할지 등을 그가 고민하는 흔적은 보이지 않는다.

트럼프가 자만하듯, 제한적인 경제 전문가로서 소양이나 '포커 플레이어'로서 담판론자의 역량 또한 사실상 미지수다. 인기 텔레비전 프로그램 '어프렌티스The Apprentice'나 '당신은 해고야You are fired'에서 보여준 연기력과 부동산 중개업 같은 경영 수완이 결코 정치나 외교와 다르다고는 할 수 없지만 '정치', 특히 미국의 국격이 담기는 '외교'와 '정치'에는 남다른 '도덕과 윤리'적 가치관이 뒷받침되어야 한다는 점에서 이는 결코 단순한 문제가 아니다.

시대사적·미래지향적 변화에 대한 이해가 트럼프에게 부족하다는 점이 21세기 미국의 리더십에 어떤 파급효과나 부작용을 가져올까? 예컨대 미·중 무역 갈등과 우회적인 '중국 때리기China bashing' '중국 포위전략Containment policy'이 단순히 외교적 감정선을 자제하는 것에만 국한되지 않는다. 고도의 심리전과 물리적 힘의 균형이 동원되어야 한다는 점에서 필요한 세밀한 행동보다 거칠고 정제되지 않은 말이 너무 많다.

특히 중국이 관련된 해외 영토 분쟁에 적극 개입하려는 미국의 정책 의도, 미국 최우선주의, 북핵을 둘러싼 김정은과의 드라마틱한 관계 유지의 방향과 목적, 하나의 중국을 인정하지 않겠다는 미국의 전략적 가치와 의도 등이 모두 '먼로주의'와 '윌슨주의'의 새로운 버전 3.0이라 한다면, 트럼프의 '미국 우선주의'는 바이러스에 감염된 버전이다. 21세기 후기 산업사회 초입에서 새로운 시대사적 대외정책과 리더십을 리포매팅reformatting하고 리부팅rebooting해야 하는 시점에 미국의 외교와 리더십에 심각한 바이러스가 침범한 것은 아닐까? 이런 관점에서 볼 때 트럼프가 보여주는 변칙 스타일의 정치는 생소하기만 하다.

물론 트럼프가 21세기 후기 문명사회와 산업사회에서 경제 패러다임의 변화를 제대로 읽고 이에 효율적·합리적·선제적으로 대응할 수 있는 유일한 사람이며, 이것이 미국에 행운이라고 생각할 거라는 가설도 세울 수 있다. 그는 이미 미국대사관을 예루살렘으로 옮김으로써 이스라엘을 통해 중동 패권을 다시 장악하고, 중앙아시아·동남아 국가들과 경제협력을 강화하면서 중국을 견제·압박하고 있다. 동시에 21세기 '팍스 아메리카나'를 위협하는 가장 큰 잠재적 위험으로 중국을 지목했다.

하지만 미시적 미세조정fine tuning을 위한 전략·전술로 공정하지 못한 무역을 바로잡을 수밖에 없으며, 오바마 전 대통령이 유지해온 동남아 정책을 전면 개편하고 차도살인지계借刀殺人之計의 의미로 북핵 사태에 허허실실 전술을 택한 것이라고 보기에는 허술한 측면이 너무 많다. 2020년 대선 캠프는 트럼프 당선과 동시에 움직이고 있다. 아마 트럼프는 2020년 대선에서도 승리할 수밖에 없을 거라는 자기 체면을 강하게 걸고 있을 것이다.

트럼프의 '미국 우선주의'는 엄밀히 말하면 1823년 '먼로주의', 1913년 '윌슨주의'와 크게 다르지 않을 수도 있다. 하지만 한 사람이 미국에 얼마만큼 변화를 일으킬지 궁금하다. 이제 2장에서 좀더 구체적인 명제를 바탕으로 트럼프의 생각 또는 속내를 들여다보자.

· 트럼프 당선의 경제적 의미
· 인문학과 경제 그리고 미국 대선
· 미국 역대 대통령 소속 정당과 미국 경기 사이클
· 트럼프의 직관과 비전은?

2장

트럼프와 미국의
경제문제

미국 대통령선거와 경제문제의 상관관계를 가장 잘 표현한 선거 구호가 바로 '문제는 경제야, 바보야It's the economy, stupid'다. 클린턴의 선거 전략가였던 제임스 카빌James Carville이 만든 이 구호는 아칸소주지사 출신인 빌 클린턴 민주당 대통령 후보(당시 47세)가 1991년 이라크전을 승리로 이끌면서 무려 90%의 엄청난 지지율을 기록하던 41대 대통령 조지 부시를 꺾고 승리하는 결정적 계기가 되었다.

그런데 한 가지 짚고 가야 할 것이 있다. 여기서 말하는 '경제'와 한국의 전현직 대통령들이 말하는 '경제'는 큰 차이가 있다는 점이다. 어떤 차이가 있는 걸까?

전자는 정체된 미국의 경제성장률을 다시 반등시키기 위해 경기부양책을 실시해 실업률과 경제성장률을 끌어올리는 동시에 사회적 약자에게 반드시 필요한 사회복지 또는 보장적 정책을 병행 추진해야 한다는 이른바 '포용적 성장inclusive growth' 개념으로 쓰였다. 클린턴 선거대책본부의 벽에 걸렸던, '변화'를 이루기 위해 경제문제와 의료보

험 문제를 앞세운 것은 성장과 분배의 조화와 균형적 가치를 강조한
것이었다.

이에 비해 한국의 전현직 대통령들이 말하는 '경제'는 그동안 오른손
이 가져가던 것을 단순히 왼손이 가져가는 것을 분배와 복지로 이해
한 것은 아닌지 냉철하게 살펴야 한다. 대통령의 기본적 경제철학이
분명하지 않고는, 더구나 상식과 윤리·도덕을 바탕으로 정의되지 않
고는 경제적 정의正義라는 개념은 매우 위험하고 인기에 영합하는 구
호가 되기 십상이다.[*]

트럼프 당선의
경제적 의미

　트럼프의 대통령 당선은 경제적으로 어떤 의미가 있을까? 일반적으로 얘기하듯이 중산층·백인·노동자들이 단순히 미국 내 일자리 부족과 오바마 대통령의 분배 중심 경제정책에 식상한 결과로 봐야 하는 걸까?

　2016년 미국 대선에서 한 가지 분명한 사실은 '변화change' vs. '다시 한 번again'이라는 대결 구도가 존재했다는 점이다. 여기서 말하는 변화는 2008년 미국발 글로벌 위기 이후 오바마 대통령의 선거구호 '변화'와는 180도 다른 의미일 수 있다. 트럼프 대선 과정에서 나온 변화는 '미국 우선주의'와 '미국의 영광을 다시 한 번'이라는 새로운 국가주의적 의미 변화에 초점을 두었다. 따라서 앞서 빌 클린턴 대통령의

'문제는 경제야, 바보야'의 관점에서 보았을 때, 트럼프의 '경제문제'는 지극히 미국 중심적이고 미국의 이해관계를 최우선으로 하겠다는 의미 그 이상도 그 이하도 아니다. 이른바 포용적 성장이 내재하는 경제적 정의, 성장과 분배라는 동전의 양면에서 모두 균형을 이루기 위한 의도 또는 목적은 아닌 것으로 보인다.

적어도 전통적 우방인 유럽연합·영국 등과 나토 방위비 분담 문제 제기, 북미 자유무역협정NAFTA과 한미 자유무역협정 개정 문제, 기후 변화 협약과 환태평양경제동반자협정Trans Pacific Partnership 탈퇴 등은 분명 변화이기는 하다. 하지만 미국이 제2차 세계대전 이후 글로벌 리더로서 보여주었던 위상과 국격은 물론 내부적으로도 다양한 이해관계의 충돌 가능성이 매우 커지는 모양새다.

예를 들어보자. 트럼프는 대선 당시 '오바마케어Obama Care' 폐지를 공약의 하나로 내세웠다. 2008년 이후 오바마의 대선공약이었던 오바마케어는 1965년 미국 사회보장법Social Security Act을 개정해 이른바 '위대한 사회The Great Society'의 비전을 실현하고자 입안된 구체적 정책 가운데 '메디케어Medicare'와 '메디케이드Medicaid' 이후 가장 중요한 의료보험제도 정비 사례다.*

---

* 메디케어는 65세 이상 노인층과 장애인 중 일정한 자격을 갖춘 사람에게 제공되는 건강보험이고, 메디케이드는 저소득층을 대상으로 하는 사회보장적 성격이 강조된 의료보호제도다. 이 제도 실시 후 건강보험이 없던 노인들의 절반 이상이 혜택을 받았고, 메디케어의 혜택을 보지 못하더라도 메디케이드로 저소득 노인계층이 의료보호 혜택을 받음으로써 노령 인구를 사회적으로 보호하는 것은 물론 가계의 가처분 소득 증대와 소비 성향 증가로 이어졌다. "2015년 현재 메디케어 수혜자는 약 5,500만 명이며, 메디케이드 수혜자는 2010년 3월부터 오바마케어라 불리는 의료보험관련법(PPACA; Patient Protection and Affordable Care Act)이 시행되면서 600만 명이 추가로 혜택을 받게 됨으로써 7,100만 명 정도가 수혜를 받고 있다." 메디케어와 메디케이드, 상록수 부분 인용, 2018. 4. 2.

트럼프는 2017년 1월 22일 공식 취임 후 첫 행정조치로 오바마케어를 폐지하기 위한 행정명령에 서명했다. 하지만 트럼프가 공화당 안에서조차 폐지를 설득하는 데 실패하고 의회에서 표결도 하지 못한 상태에서 2017년 3월 이후 오바마케어 폐지가 무효화되었다. 결국 '다시 한 번 위대한 미국을 만들자'는 슬로건으로 당선되었지만 그 위대한 미국이 대상으로 하는 미국이 어떤 미국인지는 트럼프 자신만이 알고 있는 것 같다.

트럼프 후보의 대선 당시 선거구호는 대부분 끝말에 '다시Again'가 붙었다. 예컨대 '미국을 다시 하나로 만들자Make America One Again' '미국을 다시 자랑스럽게 하자Make American Proud Again' 등이다. 대선 당시 트럼프가 초점을 둔 계층은 그의 구호 가운데 '다수의 침묵하는 시민들이여, 트럼프와 함께하자The Silent Majority Stands with Trump'에 들어 있다. 1776년 미국 독립헌법에서 말하는 '우리 국민We the people'의 국민과는 다른 국민일 가능성이 높아 보인다.

그렇다면 트럼프의 경제정책은 무엇이고, 그가 노린 지지계층은 누구였을까? 얘기를 좀더 과거로 돌려 미국 대통령선거와 경제문제의 연관성을 자세히 살펴보자.

인문학과 경제
그리고 미국 대선

　29대_{1921~1923} 미국 대통령 워런 하딩_{Warren Harding} 이후 대통령별 경제성장률과 소비자물가상승률(인플레이션)을 비교해보면 재미있는 사실을 발견할 수 있다. 1921년 이후 역대 대통령 거시경제 자료는 누구나 쉽게 찾을 수 있다. 따라서 1921년 이후 역대 대통령, 소속 정당, 경제성장률과 소비자물가상승률, 대외정책에서 몇 가지 사실을 요약해본다. 1921년 이후 미국 역사는 제1차 세계대전, 경제대공황, 제2차 세계대전을 거치면서 정치·경제·사회적으로 다양한 변화를 경험한다. 그런데 이와 같은 다양한 변화의 실마리가 된 거시적 '변화'에는 무엇이 숨어 있었을까?

　정치·사회·경제적 변화는 문학사와 인문사상 등 인문학적 변화의 실마리가 되기도 한다. 그래서 경제학을 공부하려거나 관심이 있는 이들은 인문학, 철학뿐 아니라 물리학, 양자물리학도 알면 도움이 많이 된다. 격변의 시대는 그만큼 다양한 방법으로 역사적 사실을 기록으로 남기기 때문이다. 아울러 경제에는 사람들이 살아가는 활동 가운데 어떠한 형태로든 영향을 주고받으며, 입자와 입자 간에 상호작용의 원리 해석이라 할 수 있는 물리학적·양자역학적 구도도 내재한다. 따라서 다양한 인문학적 변화와 발전 당시 시대 상황과 정치·경제·사회적 변화를 가장 세밀하게 묘사하고 기록할 수 있을 것으로 본다.

인문학 역시 자연과학이 발달한 19세기부터 실증주의적 문헌 수집·정리·고증 과정으로 재정립되는 모습을 보이는데, 1920년대 이후 미국 정치사의 거시적 변화 또한 실증적이며 현실주의적인 문학과 문학사상을 통해 직간접적으로 시대 변화의 증거를 남겼다. 따라서 이러한 사회학과 인문학의 교류는 마치 서로 동떨어진 분야처럼, 어떠한 가교 역할도 존재하지 않는 것처럼 비쳐지기도 하지만 사실은 이와 정반대인 경우가 허다하다. 이런 의미에서 비트코인과 블록체인이 어떤 시대적 상황을 대변하는지도 관찰할 필요가 있다.

1925년 래리 서먼Larry Semon이 영화로 만들어 어린이들에게 선풍적인 인기를 끌었던 프랭크 바움Frank Baum의 『오즈의 마법사』를 예로 들어보자. 1890년대 이후 미국은 금본위제를 옹호하는 사람들과 금은양본위제 또는 은본위제를 선호하는 사람들 사이에 논쟁이 일어났다. 이러한 논쟁의 배경에는 1879년 금본위제로 회귀한 후 대불황과 1893년 대공황적 상황이 있었다. 따라서 당시 금본위제가 바로 대공황의 단초라는 인식이 확산되던 차에 은화 발행에 대한 규제 폐지와 은 자유주조 운동이 활발하게 나타날 수밖에 없었을 테고, 바움이 이러한 시대적 상황을 소설 『오즈의 마법사』에서 풍자했을 것이다. 즉 『오즈의 마법사』는 19세기 말 금본위제도를 채택한 미국 경제와 정치 현실을 풍자한 것으로, 금본위제보다 금은본위제를 지지하는 내용으로 해석할 수 있다.

『오즈의 마법사』에서 오즈Oz는 무게 단위인 '온스ounce'를 의미한다. 1990년 경제사학자 휴 로코프Hugh Rockoff는 『오즈의 마법사』에 나오는 도로시Dorothy와 허수아비, 사자, 양철나무꾼 등의 등장인물과 '에메랄드성'을 찾아갈 때 따라가는 노란 벽돌 길이 금본위제를 각각 나타낸다고 보았다. 여기서 '에메랄드성'은 미국이 남북전쟁 당시인 1862년 군자금을 조달하기 위해 발행한 그린 백greeen back, 즉 달러를 상징한다. 지금은 일부 화폐가 새로운 도안으로 발행되기는 하지만 일반적으로 미국 달러화는 녹색이다.

한편 도로시는 전통적인 미국의 가치, 허수아비는 서부의 농부, 양철나무꾼은 산업노동자, 겁쟁이 사자는 1896년과 1900년 각각 민주당 대통령 후보로 나와 윌리엄 매킨리William McKinley에게 패배한 민주당 대통령 후보 윌리엄 브라이언William Bryan, 먼치킨Munchkin은 동부지역 시민을 의미한다고 본다. 또 동쪽 마녀는 금본위제를 찬성하면서 1892년 대통령으로 당선된 민주당 소속 그로버 클리블랜드Grover Cleveland*와 월가의 금융인들, 서쪽의 나쁜 마녀는 은본위제의 장점을 무시하고 금본위제를 찬성하며 클리블랜드에 이어 대통령으로 당선된 윌리엄 매킨리, 마법사는 매킨리를 막후에서 조종한 공화당 의장 마커스 알론조 한나Marcus Alonzo Hanna, 오즈의 도시는 금본위제를 지지하는 월가 또는 맨해튼 은행가를 각각 상징한다고 한다.

『오즈의 마법사』에 나오는 인물들에 대한 비유와 해석이 조금씩 다르긴 하지만 앞서 언급한 대로 바움의 『오즈의 마법사』가 당시 미국의 화폐정책에 대한 논쟁을 대변한다는 것은 사실이다. 인문학이 어떻게 정치·경제·사회상과 관련이 있는지를 보여주는 사례라 하겠다.

표에서 1921년 이후 미국 역대 대통령과 경제문제, 주요 대내외 정책 변화 사이에 어떤 상관관계가 있는지 살펴보자. 앞서 얘기했듯이 경제문제와 정치 사이에 어떤 상관관계가 있는지는 가끔 『오즈의 마법사』에서처럼 풍자문학으로 표현되기도 했다. 하지만 현대 문명 발전과 함께 정치와 경제의 상관관계가 문학적 표현보다 라디오나 텔레비전 같이 좀더 빠른 대중매체를 통해 급속하게 전파되면서 '국민여론' 형성에 커다란 변화가 일어나고 있다. 예컨대 트럼프는 자신이 직접 출연했던 '어프렌티스'를 통해 '당신은 해고야'라는 유행어를 낳았다. 이로써 자신이 경제와 협상에 매우 능력 있는 인물이라는 점을 대중에게 어느 정도 부각하는 데 성공했고, 이미지도 '정치'보다는 '경제' 쪽에 방점이 찍히는 효과를 가져왔을 것으로 본다.

그렇다면 2016년 대선에서 미국 국민은 2008년 이후 위기를 극복

---

* 그로버 클리블랜드는 1885~1889년 22대 대통령에 이어 1893~1897년 24대 대통령으로 선출되었다.

■ 미국 역대 대통령과 주요 정책

연도	대통령	정당	GDP*	CPI**	UE***	주요 국내정책	주요 대외정책
1921~23	워런 하딩	공화당		-8.5	5.2		제1차 세계대전
1923~29	캘빈 쿨리지	민주당		0.4	4.2		거대한 고립된 섬
1929~33	허버트 후버	공화당	-9.3	-5.5	23.6	대공황, 금융	1931년 유럽 전파
1933~45	프랭클린 루스벨트	민주당	9.3	2.2	12.2	뉴딜	제2차 세계대전
1945~53	핸리 트루먼	민주당	1.4	5.4	4.26		트루먼 독트린, NATO
1953~61	드와이트 아이젠하워	공화당	3.0	1.4	4.88		수소폭탄
1961~63	존 F. 케네디	민주당	5.6	1.1	6.10	위대한 미국	쿠바위기, 평화봉사단
1963~69	린든 존슨	민주당	5.2	2.4	4.43	우주탐사	베트남 전쟁
1969~74	리처드 닉슨	공화당	3.5	5.0	4.96	워터게이트, 실리콘밸리	파리평화협정
1974~77	제럴드 포드	공화당	1.6	8.7	7.27		중동평화 진전
1977~81	지미 카터	민주당	3.3	9.7	6.25	인플레 최고	중국과 국교수립
1981~89	로널드 레이건	공화당	3.5	4.7	7.54	민영화, 세금인하, 물가안정, 경기부양	국제테러조직과 전쟁 선포(독일 나이트클럽 테러)
1989~93	조지 부시	공화당	2.3	4.4	6.30	산업 구조조정	파나마 침공, 이라크 쿠웨이트 침공
1993~01	빌 클린턴	민주당	3.9	2.6	5.20		보스니아 사태
2001~09	조지 워커 부시	공화당	2.1	2.8	5.50	9.11 테러	테러와의 전쟁
2009~17	버락 오바마	민주당	2.1	1.4	7.4	경제위기 극복	
2017~	도널드 트럼프	공화당	2.3	2.5	4.4		미·중 무역 전쟁

* 단위는 %. 각 대통령 임기 시작 연도부터 신임 대통령 취임식 직전 연도까지 GDP, CPI, UE.
** GDP=경제성장률(Gross Domestic Products), CPI=Consumer Price Index, UE=Unemployment Rate.
*** 1921~1923년 실업률은 1920년 실업률, 1923~1929년 실업률은 1928년 실업률, 1929~1933년 실업률은 1932년 실업률을 각각 나타냄. 이후 1933~1945년 실업률은 1934년, 1938년, 1940년, 1942년, 1944년 실업률의 연평균임. 실업률은 BLS 데이터베이스를 근거로 매년 연평균 실업률로 계산했음.

자료: BLS, BEA, Quandl 데이터베이스를 근거로 작성.

하느라 잔뜩 움츠러든 미국 경제가 다시 도약하는 전기를 마련하기를 바라는 마음에서 '경제'를 잘 아는 트럼프를 선택했을까? 아니면 8년간 집권한 민주당 대통령에 이어 공화당 대통령을 통해 사회 변화에서 균형을 맞추려는 무의식적인 '순환결정cyclical decision'이었을까?

일반 대중은 경제와 정치의 상관관계를 무의식적으로 느끼고 판단할지 모르지만, 대중 방송매체의 기술과 콘텐츠contents 발전은 정치와 경제뿐만 아니라 다양한 사회적 행동과 의식가치 변화에도 중요한 영향을 줄 것으로 보인다. 대중매체는 여론이 조성되는 속도에 비해 매체에 담기는 주요 내용의 양적·질적 가치가 얼마나 충분히 검증되었고 이를 토대로 해서 제대로 분석되었는지 확인할 길이 없다. 정치와 경제의 상관관계가 밀접한데도 자칫 포퓰리즘적이고 왜곡된 정보가 정치·사회적, 사회·경제적으로 충분한 검증 없이 빠르게 대중에게 무차별적으로 전달된다는 점에서도 우려스러울 수밖에 없다.

물론 이와 같은 노력이 충분하지 않더라도 일반 대중에게는 '합리적 기대와 판단Rational Expectation and Affordable Judgement' 능력이 본능적으로 잠재하기 때문에 모든 대중매체에 전달되는 정보 홍수에 충분히 효율적으로 대응한다고 가정한다. 따라서 아무리 포퓰리즘이 횡행하고 참과 진실에 대한 왜곡이 잘못된 결론을 도출하도록 프로그램된다 하더라도 결국 실증적으로 검증·정리되지 않은 추론적 요소들은 대부분 투명하게 걸러진다는filtering out 점을 강조해둘 필요가 있다. 어쩌면 이러한 사회적 요소들을 '진보' 또는 '보수'라는 정치가치 이념으로 분리해 재정리할 수도 있을 것이다.

미국 역대 대통령 소속 정당과
미국 경기 사이클

　미국 역대 대통령이 속했던 정당과 재임 당시 미국 경제의 변화를 연관지을 때, 경제 업적이 차기 대선에서 같은 당 소속 대통령 당선이나 연임에 어떤 영향을 주는지 간단히 살펴보겠다. 그 이유는 트럼프의 대통령 당선이 과연 오바마의 경제정책과 어떤 상관관계가 있었는지, 아니면 단순히 미국 국민들이 8년 연임을 허용한 정당의 대통령 임기가 끝나면 다른 정당의 대선 후보에게 기회를 줌으로써 정치적 힘의 균형을 맞추려고 한 것인지 요약해볼 수 있기 때문이다. 과연 대중은 정치와 경제를 얼마나 밀접하게 볼까?

　결론부터 요약하면 3가지로 정리할 수 있다.

　첫째, 미국이 독립전쟁 전 영국 또는 유럽에서 정치·경제적으로 일정 수준으로 독립하기 전까지 미국 대통령은 '연방정부'의 필요성, 즉 정치와 경제·군사적 안보에 대한 국가 이해관계를 제대로 반영하기 위해 경제보다는 정치적 독립과 안정을 추구하는 방향으로 대통령선거에 집중했다. 따라서 독립 초기 미국 대통령으로는 영국과 유럽에서 완전한 독립과 영토 확장 등에 대한 정치적 리더십을 발휘할 수 있는 사람이 선출되었다. 예컨대 조지 워싱턴 초대 대통령부터 6대 퀸시 애덤스Quincy Adams까지 41년 동안은 민주공화당 소속 후보가 대통령으로 당선되었다. 후에 이들은 민주당과 공화당으로 각각 분리된다.*
1841년 이후 마틴 뷰런Martin Buren 8대 대통령 이후 모두 4번에 걸쳐 약 9년간 휘그당** 출신 대통령이 배출되었다. 하지만 휘그당은 노예제도에 대한 당령을 결정하는 데 머뭇거리다가 해체되었다. 남북전쟁

---

* 조지 워싱턴 초대 대통령은 정당에 소속되지 않았다. 단지 독립을 위한 연방제 지지자의 한 사람으로 대통령에 선출되었다. 이후 존 애덤스 2대 대통령이 연방파(Federalist)로 당선되었고, 이후에는 지금의 민주당과 공화당의 전신인 민주공화당(Democratic-Republican) 소속 후보들이 당선되었다. 3대 토머스 제퍼슨(Thomas Jefferson), 4대 제임스 매디슨(James Madison), 5대 제임스 먼로(James Monroe) 정권 이후 존 퀸시 애덤스가 대통령 후보로 출마했다. 하지만 영국과 전쟁에서 국민적인 영웅으로 떠오른 앤드루 잭슨(Andrew Jackson)이 출마하면서 1824년 대통령선거에서 미국 선거 역사에서 대통령 선출이 의회로 넘어가는 최초의 사태가 벌어졌다. 즉 잭슨은 득표수에서 존 애덤스를 앞섰으나 선거인단 투표에서 다수표를 얻은 후보가 없었기 때문에 대통령 선출은 역사상 처음으로 의회로 넘어갔고 1824년 2월 9일 의회 선거 결과 존 애덤스가 6대 대통령으로 당선되었다. 하지만 존 애덤스가 후보 중 하나였던 헨리 클레이(Henry Clay)와 협상을 벌여 클레이의 6개 주(일리노이, 켄터키, 루이지애나, 메릴랜드, 미주리, 오하이오)에서 지지를 얻어내고 대통령에 당선된 뒤 클레이를 국무장관으로 임명하자 잭슨과 그의 지지자들이 크게 반발했다. 이로써 1824년 존 애덤스가 당선이 확정된 직후 민주공화당은 창당 32년 만에 앤드루 잭슨 지지파였던 민주당과 존 애덤스 지지파였던 국가공화당(이후 다시 휘그당으로 전환)으로 나뉘었다.

** 미국의 휘그당은 1833~1869년까지 존재했던 정당으로, 영국 최초 정당이라 할 수 있으며 왕정에 반대한 휘그당의 정책 성향과 매우 비슷했다. 귀족을 중심으로 왕권에 도전하는 형태의 정당 정책을 중시했던 영국의 휘그당과 같이 7대 대통령 앤드루 잭슨이 자신을 '왕'으로 칭하면서 독재적 정치를 펼치자 이에 대한 반발로 결성한 정당이다. 하지만 노예제도를 둘러싸고 남북이 대립하는 와중에 자신들의 분명한 정체성을 내세우는 데 실패하면서 남북전쟁 이후 해체되었다.

직전인 1853년 14대 프랭클린 피어스_{Franklin Pierce} 이후 미국 대통령은 민주당과 공화당 중에서 선출되기 시작했다.* 남북전쟁 직전·직후까지 미국은 경제문제보다는 정치적으로 유럽의 영향권에서 벗어나는 데 초점을 맞추었다.

둘째, 독립과 영토 확장, 남북전쟁을 거쳐 정치적 정체성 갈등과 지역 문제 충돌이 어느 정도 해결되면서 정치 안정은 사회 안정으로 이어졌고, 다시 새로운 기술과 문명 발전이라는 인간의 가치 있는 삶을 위한 노력에 집중하게 된다는 점에서 시대 변화를 읽을 수 있다. 따라서 19세기 후반부 이후 미국은 정치 안정과 함께 경제문제에 좀 더 많은 관심을 가지고 이해관계 확대에 집중하게 된다. 1890년 이후 '반독점법_{Antitrust Act}'이 발의되었고, 미국의 거대한 섬을 주장하던 '먼로주의'에서 대외문제에 적극 개입을 주장하는 '윌슨주의'까지 연장되는 모습을 볼 수 있다. 19세기 말에서 20세기 초입에 걸쳐 미국의 정치·경제는 대내외적 변수 모두를 본격적·동시다발적으로 고려하기 시작함으로써 '속내'와 '겉내'를 정확히 구분해 전략·전술적으로 시스템을 갖추어나가기 시작한다. 따라서 19세기 말에서부터 20세기 초입의 제1차 세계대전 직후까지 미국은 대내외적 경제문제에 좀더 많은 관심을 쏟기 시작한다.

셋째, 1929년 대공황과 제2차 세계대전 이후 경제가 군사안보를 떠

---

* 남북전쟁 이후 잠시 연방정부당(War Union)의 앤드루 존슨이 17대 대통령으로 당선된 것을 제외하면 민주당과 공화당 소속 대통령이 배출되기 시작한다.

받치는 현실적이고 가장 실질적인 충분조건임을 명확히 함으로써 정치와 경제는 불가분의 관계에 놓이게 되었고, 경제정책에 대한 판단과 결정 책임은 의회선거와 대통령선거 등 정치적 선택의 결과로 나타나기 시작한다. 여기서 한 가지 흥미로운 사실은 미국의 시민들이 한 정당의 대통령이 연임에 성공한 후 연이어 같은 정당 소속 대통령을 다시 선출하는 경우의 수가 그다지 많지 않다는 점이다. 제2차 세계대전 이후 한 정당에서 같은 사람이 연임하든, 다른 후보를 내서 정권을 운용하든 8년이라는 시간이 지나고 나면 반드시 다른 정당 소속 후보를 대통령으로 선택해왔다. 4년 중임제의 미국 대통령선거를 고려할 때 과연 첫 임기 4년에 무엇을 할 수 있을지, 대통령 업무와 정책 결정을 제대로 할 수 있을지 의문을 품을 수 있다. 하지만 미국 정치가 단순히 대통령제 중심의 정부 운용 형태로만 이루어지는 게 아니라 의회와 사법 등 엄격한 삼권분립 시스템으로 구축되었다는 점에서 크게 우려할 바는 아닌 듯하다.

이처럼 미국 대통령선거와 경기순환의 상호 연관성은 시기별로 다양한 형태를 보여주지만, 제2차 세계대전 이후 정치와 경제는 매우 밀접한 관계가 있음을 알 수 있다. 이를 가장 단적으로 보여주는 구호가 1992년 대선 과정에서 빌 클린턴 후보 진영이 내세운 '문제는 경제야, 바보야'일 것이다.

그렇다면 특정 정당 소속 대통령과 미국 경제의 경기순환 사이에는 어떤 상관관계가 있을지 좀더 구체적으로 알아보자. 일반적으로 미국

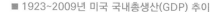

■ 1923~2009년 미국 국내총생산(GDP) 추이

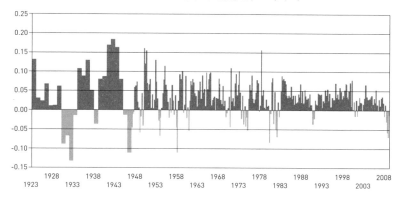

* Data are annual from 1923 to 1946 and quarterly from 1947 to the second quarter of 2009.

자료: 위키피디아, List of Recessions in the United States.

공화당 소속 대통령 정부 시기에 미국 경제도 호황기일 거라고 생각할 수 있다. 물론 그 반대의 경우도 가능하다. 공화당은 대개 부자 감세, 친기업 정서, 각종 규제 완화를 내세운다. 그리고 군산복합체 경제인 미국이 대부분 공화당 정부 시기에(제1·2차 세계대전 제외) 전쟁을 치렀기에 이처럼 추정하는 것도 당연할 수 있다. 반면 민주당 소속 대통령은 성장보다 분배를 강조하고, 인권 문제와 친이민정책을 강조함으로써 성장보다는 분배에 초점을 둔 것으로 예상할 수 있다.

하지만 위 그림에서 보여주는 결과는 이와 같은 추론과 정반대 모습이다. 예컨대 1929년부터 2017년까지 연임 포함 민주당 소속 대통령이 7명, 공화당 소속 대통령이 8명 당선되었는데 각 정당 소속 대통령 정부 기간의 평균성장률을 보면 민주당 4.4%, 공화당 1.0%로 민주당 정부 시기 경제성장률이 공화당 정부의 그것보다 무려 3.45%포인트나 높게 나왔다. 그렇다면 미국 국민들은 성장보다 분배에 관심을 더 많이 둔다는 얘기가 될까? 아니면 공화당 정부가 대개 산업 구조조정과 성장을 위한 시스템 전환을 수행한 반면, 민주당 정부는 공화당 정부의 이 같은 구조조정의 열매를 거둬들인 것으로 보는 게 맞을까? 민주당 소속 대통령 기간 연평균 성장률 4.4%와 공화당 소속 대통령 기간 연평균 성장률 1.0%의 의미는 과연 무엇일까?

한편 미국 경제가 대공황에 빠져든 후버 대통령 기간과 프랭클린 루스벨트 대통령의 경기부양책이 무한대로 펼쳐지던 1929년과 1945년 기간을 제외하면, 위 내용은 약간 달라진다. 즉 공화당 대통령 시절 미국의 연평균 경제성장률은 2.7%를 기록했고, 민주당 대통령의 경우 연평균 경제성장률은 3.6%를 나타냄으로써 두 정당 간 경제성장률은 1%포인트 정도 차이를 보인다. 따라서 공화당 정부 때 미국 경제의 성장세가 민주당 정부 때보다 높을 것이라는 추정은 틀렸다는 것을 알 수 있다. 아울러 아무리 경제가 긍정적인 평가를 얻어냈다 하더라도 같은 정당 소속 대통령을 8년 이상 선출한 사례는 제2차 세계대전 이후 전혀 없었다는 점에 주목할 필요가 있다.*

다음으로 미국의 정치·경제사 가운데 근대, 즉 19세기 초반과 중반 이후 정치와 경제는 어떤 관계를 보이는지 살펴보자. 독립전쟁과 남북전쟁 등 대내적 정치 변수들이 안정되자 미국은 '경제' 문제로 눈을 돌리게 된다. 즉 미국의 다양한 대내외 정치·경제정책은 독립전쟁 이후 영국에서 독립하는 데 모든 것을 집중할 수밖에 없었을 것이다. 하지만 '윌슨주의'가 등장하고 글로벌 리더십을 갖추기 위한 본격적인 워밍업이 시작되면서 20세기 초입 이후 미국은 새로운 정치·경제적 가치와 정체성을 구축한다. 미국은 '국가안보National security'의 정의를 확장하면서 정치적 안보와 경제적 안보라는 2가지 핵심 축을 놓고 본격적인 고민을 시작했을 것이다. 예컨대 미국은 '북미 자유무역협정'과 환대서양 자유무역협정TAFTA; Trans Atlantic FTA 등을 통해 경제 안보에 총력을 쏟는다는 속내를 넌지시 내비쳤다.

---

* 사실상 독립전쟁 이후 미국 경제는 영국 의존 경제에서 독립 경제로 새롭게 태어나는 고통을 경험하게 된다. 이른바 '1785년 패닉(Panic of 1785)'이 그것이다. 한편 영국에서 독립한 이후 경기 확장 국면에서 그동안 과잉투자에 더해 영국과의 제조업 경쟁에서 상당한 부채를 떠안게 된 연후에 나타난 신용도 위기로 미국 경제는 4년간 경기침체를 맞이한다. 그래서 '1785년 패닉'이 바로 강력한 연방정부가 필요하게 되는 실마리가 되었고, 1789년 조지 워싱턴 대통령이 초대 대통령으로 당선되어 1797년까지 연임하게 된다. 결론적으로 보면, 미국 독립 초기의 경제와 정치적 배경이 밀접한 상관관계가 있음을 나타낸 것이기도 하다.

한편 『오즈의 마법사』에서 지적했듯이, 1881년부터 제1차 세계대전 직후까지 미국 경제 상황을 요약해보면 다음과 같다. 1882년부터 1891년까지 경제 불황이 지속되었는데 이 당시 미국 경제 불황은 철도건설에 따른 자금 조달과 철도노동자 파업 사태, 화폐 주조와 관련한 금은 채굴과 광산업의 부실화 등을 주요 요인으로 지적할 수 있다. 마침내 1893년에는 유럽 투자자들에게서 미국 철도 건설 투자가 모두 철회되다시피 하자 증시가 폭락하고 은행이 부도 나는 등 금융위기가 가속된다. 이런 문제에 대한 대응으로 미국에서는 '포퓰리스트 운동'과 '자유 은화 주조 운동(Free Silver Movement)'이 일어난다. 당시 실업률 통계는 정확하지는 않지만 8.2~18.4%까지 되는 것으로 알려져 있다.

미국 경제의 성장과 불황이 지속되는 가운데 1907~1908년 경기침체가 지속될 당시 연방준비은행제도를 의회에서 공식적으로 처음 논의한다. 한편 1910~1911년에도 1% 초반대의 국민총생산 성장률로 경기침체가 지속되는 가운데 1913~1914년 제1차 세계대전으로 미국의 생산과 소득이 모두 급락하게 되자 비로소 의회는 연방준비은행법을 통과시키고 이에 따라 연방준비은행을 출범시킨다. 1869년에서 1885년까지 공화당 소속 후보가 연거푸 대통령으로 당선되었고, 1885년 앞서 지적한 민주당 소속 그로버 클리블랜드가 대통령으로 당선되었으나 경기침체에 이은 불확실성 확대로 1889년에는 공화당 소속 해리슨이, 그리고 해리슨 대통령의 경기극복 정책 실패와 1893년 유럽 투자자들의 미국 철도사업 투자 철회에 이은 불황으로 다시 민주당 소속 그로버 클리블랜드가 대통령으로 당선된다. 하지만 1893~1896년 불황이 지속되자 1897년에 윌리엄 매킨리 공화당 소속 후보가 대통령으로 당선되었고 이후 시어도어 루스벨트, 윌리엄 태프트로 이어지는 공화당 소속 후보가 계속 대통령으로 당선되면서 제1차 세계대전을 맞게 된다. 이른바 '윌슨주의'를 내세워 미국의 '대외 책임과 개입'을 주장한 우드로 윌슨 민주당 소속 대통령 재임 기간(1913~1921) 미국 경제는 심각한 하이퍼인플레이션(hyper inflation)과 1920년에서 1921년까지 약 10개월간 짧지만 매우 힘든 공황경제를 맞이한다.

한편 경제안보와 관련해 2008년 미국발 경제위기에서 크게 눈에 띄는 흥미로운 사실이 있다. '어떻게 하면 기축통화로서 미국 달러화의 위상을 더욱 강화할 수 있을 것인가' 하는 문제였다.

1885년 이후 금본위제도와 은본위제도 등 사실상 자본의 중요성에 눈을 뜬 미국 경제는 달러화의 글로벌 기축통화 지위가 얼마나 중요한 소프트웨어software인지 충분히 인지했다. 『오즈의 마법사』에서처럼 금본위제도에서 은본위제도로 전환을 추구하던 당시 미국 경제는 2008년 서브프라임 모기지 사태 이후 유엔을 비롯한 유럽 선진국이 미국 달러화의 기축통화 위상과 신뢰의 불확실성에 문제를 제기하자 이를 보완하기 위한 금본위제도 부활 가능성에 대한 연구와 토론, 논쟁이 벌어진 것과 어느 정도 겹치는 부분이 있다.

1920년대와 1930년대에는 미국의 경제상황과 국민들의 특정 정당 소속 대통령 선출 사이에 밀접한 상관관계가 눈에 띄게 나타나지 않는다. 예를 들면 28대 우드로 윌슨 민주당 정부가 경제공황과 함께 8년 연임을 마치는 시점에서 결국 워런 하딩 공화당 소속 대통령 후보가 29대 대통령으로 당선된다. 이후 1923~1924년, 1926~1927년 공화당 정부 기간에 미국 경제는 비교적 가벼운 경기침체를 경험하다가 캘빈 쿨리지 대통령 임기 말에 대공황 조짐이 본격화되었는데도 곧바로 민주당 후보가 대통령으로 당선되지 않았고, 1929년 대선에서도 허버트 후버 공화당 소속 후보가 대통령으로 당선된다. 따라서 아직까지는 대공황을 경험하는 와중에도 경제와 정치는 서로 밀접한 상관관계를 보이지 않는 듯하다.

공화당 정부에서 프랭클린 루스벨트의 민주당 정부로 바뀐 것은 제2차 세계대전이 시작되고 미국 경제의 대공황이 채 끝나지 않았을 때 1933~1945다. 따라서 대공황과 제2차 세계대전 이후 경제적 업적과 정치적 선택이 밀접한 상관관계를 보인다면 루스벨트 대통령 이후 민주당 대선 후보가 승리하는 것이 당연한 순리처럼 보인다.

대공황에서 성공적으로 탈출하고 제2차 세계대전에서 승리한 것이 결국 해리 트루먼Harry Truman 민주당 소속 후보가 33대 대통령으로 당선되는 데 가장 든든한 후원자가 되었다. 민주당 정부가 12년 집권에 성공한 것은 루스벨트 대통령의 경제위기 극복과 제2차 세계대전 승리가 가장 중요한 실마리가 되었을 것으로 짐작된다. 하지만 문제는 전시체제, 즉 경제·정치·군사·사회 등 모든 방면에서 전쟁을 수행하는 경제체제에서 전쟁이 끝나고 시장 중심의 평화 경제체제로 얼마나 효율적으로 자연스럽게 전환되느냐에 있었다. 바로 이 점이 미국의 정치와 경제에서는 경험해보지 못한 또 다른 충격이었을 것이다.

제2차 세계대전 이후 냉전체제로 소련과 경쟁 관계에 돌입하면서 곧바로 6·25전쟁이 일어나는 가운데 미국 경제는 1949년과 1953년 인플레이션 압력이 가중되기 시작한다. 이렇듯 비교적 짧은 불황을 경험하자 미국 국민들은 과거 대공황의 충격을 기억하는 가운데(경제학에서는 부정적 충격이 긍정적 충격보다 오래간다고 본다) 제2차 세계대전에서 승리를 안겨주었던 공화당 소속 '아이크Ike; Dwight Eisenhower'를 1953년 34대 대통령으로 선출한다. 그렇다면 드와이트 아이젠하워는 대선에서 무엇에 집중했을까?

먼저, 경제문제에 집중했다. 아이젠하워는 자신이 제2차 세계대전 당시 유럽, 특히 독일에서 목격한 고속도로 '아우토반'을 떠올렸다. 그리고 1956년 고속도로를 건설하기 위한 법안Federal Aid Highway Act of 1956에 서명하면서 전국 48개 주와 워싱턴D.C.를 연결하는 동서횡단 고속도로 건설을 시작한다. 연방정부가 비용을 90% 정도 대고 나머지 10%는 주정부가 부담하도록 하는 등 동서 간 이동을 본격적으로 준비한다.

미국 연방고속도로의 공식 이름은 고속도로 입간판에서 볼 수 있듯이 '아이젠하워 인터스테이트 및 디펜스 고속도로Dwight Eisenhower National System of Interstate and Defence Highways*다. 그렇다면 이 고속도로가 생김으로써 어떤 일들이 일어났을까? 사람이 이동하고 서부와 동부의 물류체계가 새롭게 변하기 시작했으며 곳곳에 위락시설이 들어서면서 다양한 공법과 토목기술 등이 발전했다. 물류 이동 시스템은 '오라클Oracle'의 소프트웨어 기술과 함께 I40에도 가장 중요한 빅데이터를 구축하는 데 큰 도움이 될 것으로 보인다. 고속도로 건설 자체가 새로운 사회문화 혁명을 불러오고, 이어 경제와 정치적 변화로까지 이어지는 것이다. (이런 점에서 한국 경제에서 경부고속도로 건설이 어떤 위치를 점하는지, 당시 이런 미래에 대한 비전을 갖지 못한 사람들은 누구였는지 한번

---

* 아이젠하워 고속도로는 계속 연장 건설되어 2016년 현재 총길이가 약 7만 7,556km에 이른다. 2016년 현재 미국 전역 도로교통 이용에서 주간 고속도로(Interstate system)는 평균 약 0.4km 정도 주행하는 것으로 추정된다. 한편 총건설 비용은 2016년 기준으로 4,990억 달러(약 600조 원) 정도 투입된 것으로 알려져 있다.

쯤 짚어볼 필요가 있다.)

아이젠하워 대통령이 재임한 8년 동안 연준의 금리 인상에 따른 1958년 일시적인 불황을 제외하면 미국경제연구소NBER; National Bureau of Economic Research에서 보기에 미국 역사상 두 번째로 긴 경기호황기를 맞이했던 것으로 평가된다. 그런데 왜 미국 국민들은 아이젠하워 대통령이 8년 재임을 마칠 때쯤 공화당 정부의 재집권을 선호하지 않고 민주당 소속 젊은 대통령 후보 존 F. 케네디에게 열광했을까? 1961년 1월, 44세의 젊은 케네디는 35대 대통령으로 취임했다. 당시 그의 공화당 상대 후보는 1969년 대통령으로 당선되는 리처드 닉슨Richard Nixon이었다. 닉슨은 케네디에게 10만 표 차로 낙선했다.

케네디 대통령은 1961년부터 1963년 암살당하기까지 불과 2년 동안 대통령직에 있었지만 미국 국민들은 그를 링컨Abraham Lincoln, 프랭클린 루스벨트, 워싱턴 등과 어깨를 나란히 하는 미국 역사상 위대한 대통령으로 생각한다. 그 이유는 크게 2가지다. 하나는 시대의 변화가 그를 불러냈다는 점이고, 또 하나는 겨우 2년간 재임했지만 제2차 세계대전 이후 미국이 냉전체제에서 맞닥뜨렸던 위기의 순간을 가장 미국식(카우보이)으로 미국 국민들의 자존심을 지키면서 지혜롭게 극복했다고 평가하기 때문이다.

먼저, 아이젠하워 대통령 재임 시기 미국 경제는 비로소 전시체제에서 평화체제에 따른 시장경제체제로 성공적으로 전환했다는 평가를 받았다. 따라서 당시 시대 상황은 경제성장보다 분배문제와 인권문제 등 사회복지제도에 좀더 관심을 보이기 시작했다. 즉 미국 국민들은 산업발전 이후 사회복지제도와 이민정책 같은 좀더 인간다운 삶에 대한 욕구를 채워줄 수 있는 대통령을 선호하기 시작했다.

둘째, 제2차 세계대전 중 고속 어뢰정의 해군 장교로 근무하면서 자신의 배가 일본군에 격침되자 위험을 무릅쓰고 동료 병사를 구한 전쟁 영웅이었듯이, 임기 동안 피그스만 침공, 쿠바 미사일 위기, 베를린 장벽 갈등, 소련과 우주 경쟁, 베트남 전쟁 간접 개입, 미국 민권 운동 등 변화가 많이 일어났지만 케네디는 이를 모두 지혜롭게 극복함으로써 미국 현대사 속 가장 위대한 대통령으로 기억되고 있다.

요약하면, 1960년대 초반 시대 상황은 바로 이러한 변화를 읽어낼 사람이 필요했다. 케네디 대통령은 재임 기간이 짧았지만 미국의 자유주의와 민주주의 정치질서를 지켜냄으로써 이에 대한 상징으로 국민들에게 기억되는 것이다.

여기서 또 다른 중요한 가치를 발견하게 된다. 즉 경제와 정치적 상관관계와 함께 시대 상황의 변화를 제대로 읽고 이에 답할 수 있는 직관과 비전, 지혜를 갖춘 사람이 국민의 선택을 받는다는 점이다. 국민이 경제가 발전하면 무한대의 경제성장을 보여주는 지도자를 선호하는 것이 아니라, 어느 시점이 지나면 성장에 따른 분배의 형평성·투명성·효율성 등 이른바 사회정의라는 사회·경제적 가치에 집중함으로써 또 다른 리더십을 갖춘 인물을 선호한다는 것이다.

어쩌면 이러한 변화는 경제와 정치적 상관관계에서 아주 작은 변화의 한 축으로 정의할 수도 있다. 따라서 이런 관점에서 트럼프를 선택한 미국 국민들의 생각도 다시 한 번 살펴볼 필요가 있다. 물론 이러한 판단과 선택은 1920년대 이후 미국 대통령 선거에서 8년 이상 같은 정당 소속 대통령 후보를 선택하지 않는 모습에서도 찾아볼 수 있다. 그것이 사회적 요소이건, 정치·경제적 변수이건 미국은 늘 변화를 추구한다.

케네디가 갑작스럽게 암살된 뒤 부통령이던 린든 존슨Lyndon Johnson, 1963~1969이 대통령직을 승계해 1969년까지 연임에 성공했다. 하지만 앞서 아이젠하워 대통령 8년간 성공적인 경제안정과 발전에도 미국 국민이 민주당 대통령 후보 존 F. 케네디를 선택했듯이, 민주당 8년 이후인 1969년에는 마찬가지로 리처드 닉슨 공화당 후보가 대통령으로 당선되었다.

당시 시대 상황은 마오쩌둥의 '68문화혁명'이 베를린 청년운동으로 이어지고 베트남 전쟁에 대한 반전운동이 확산되는 등 정치사상적으로 변화가 상당하던 시기였다. 결국 명분 없는 베트남 전쟁에서 패배한 존슨 대통령의 민주당은 대선에서 공화당의 리처드 닉슨에게 패배한다. 닉슨 또한 연임에 성공했지만 곧바로 워터게이트 사건Watergate Affair으로 물러나는 과정에서 1차 오일쇼크로 미국 경제는 물론 세계 경제가 스태그플레이션Stagflation, 성장은 정체되는 가운데 물가는 급등하는 현상으로 모두 급락하는 상황을 맞이한다.

닉슨의 잔여 임기를 채운 제럴드 포드Gerald Ford, 1974~1977 대통령이 중동문제와 오일쇼크 위기를 원만히 해결했지만 국민들은 민주당 후보 지미 카터Jimmy Carter를 선택한다. 여기까지 보여준 미국 국민들의 정치·경제·사회적 가치사슬의 연계성은 시대사적 변화와 경제문제가 결국 정치적 선택으로 이어지는 형태를 정형화하는 과정이었다. 이런 순환구조는 1960년부터 1980년까지 '위대한 사회'에서 인권 문제와 이민, 메디케어와 이 문제를 통해 성공적으로 안착되면서 하나의 매듭을 짓게 된다.

요약하면, 제2차 세계대전이 끝난 뒤 미국은 1960년부터 전시체제에서 평시체제로 정치적·경제적·시대사적 변화가 안정되자 곧바로 현실문제, 즉 인권·이민·분배 등의 문제로 눈을 돌렸다. 이는 케네디 대통령이 암살되고, 베트남 전쟁에 휘말렸으며, 워터게이트 사건 등으로 현직 대통령이 탄핵 직전 사임하는 등 우여곡절을 겪으면서 일단락된다. 이어서 나타나는 문제는 독립 이후 앞서 설명한 문제들보다 더 정밀하고 세밀한 경제문제로 집중된다.

39대 지미 카터 대통령 시절인 1980년의 불황은 연준 의장 폴 볼커 Paul Volcker의 노력으로 다소 진정된 것으로 볼 수 있다. 당시 볼커 의장은 2차 오일쇼크의 문턱에서 1970년대 초반 1차 오일쇼크 이후 비용 상승 인플레이션Cost Push Inflation, 유가가 상승함에 따라 모든 생산물가가 동반 상승하는 경우으로 급등했던 물가를 잡기 위해 연준의 기준금리를 재빨리 인상했다.

한편 1981년 '이란 혁명'으로 국제유가가 다시 고공행진하자 2차 오일쇼크를 맞았지만 볼커 의장은 금리 인상을 중단하지 않았다. 하지만 지속적인 긴축통화정책이 오히려 유동성 축소에 이은 또 다른 경기 위축을 초래하는 양상을 띠게 되었다. 결국 미국 역사상 가장 미지근한 인기를 누렸던 카터 대통령이 재선에 실패하면서 미국 국민들은 캘리포니아주지사 출신 로널드 레이건Ronald Reagan, 1981~1989 공화당 후보를 40대 대통령으로 선출했다.

레이건 대통령의 경제정책에서 핵심은 '신자유주의' 또는 전 피터슨 국제경제연구소 존 윌리엄슨John Williamson의 '워싱턴 컨센서스Washington Concensus'다. 이는 규제를 풀고 국영기업이나 공기업을 민영화함으로써 새로운 경쟁력을 창출하며, 국제무역거래 시장을 완전히 개방함으로써 완전경쟁이 가능하게 하자는 논리다. 1990년대 초반 미국은 세계 무역질서에 큰 축을 2개 놓았다. 첫 번째가 1993년 체결된 우루과이라운드협상 결과 세계무역기구WTO체제가 시작된 것이고, 두 번째는 이보다 1년여 앞선 1992년 10월 11일 체결된 '북미 자유무역협정'이다. 첫 번째가 다자간 무역협상이라면, 두 번째는 미국의 무역 당사국이 직접 일대일로 자유무역협정을 체결한 모델이다.

미국이 국제무역에서 이와 같이 큰 두 축을 시뮬레이션한 이유는 미국의 무역수지 적자가 좀처럼 개선되거나 호전되어 흑자로 돌아서지 않았기 때문이다. 무역적자 누적 현상과 재정수지 적자라는 쌍둥이 적자문제를 해결하려는 미국의 노력은 1985년 뉴욕 플라자호텔에서 열린 G7 재무장관 회담 결과 나온 독일 마르크화와 일본 엔화의 45% 절상에도 충분히 반영되었다. 미국의 적자 누적 현상을 개선하고 규제완화와 인수 합병을 통한 새로운 기업문화를 창조하는 것이 '레이거노믹스Reaganomics'의 핵심 가치라고 볼 수 있다. 당시 미국 경제에는 새로운 제조업, 즉 컴퓨터 중심의 새로운 3차 산업혁명이 스탠퍼드대학교 근처 실리콘밸리에서 태동하고 있었다.

레이건 대통령 재임 기간에 미국 경제는 자본주의의 새로운 장을 열기 시작했다. 겉으로는 미국 달러화 약세였지만 속내는 미국 달러화 강세에 집중했으며, 플라자 합의 이후 시카고 금융시장에는 새로운 금융 관련 파생상품derivative markets이 소개되어 미국 중심의 새로운 금융서비스업이 달러를 세계 기축통화로 본격적으로 자리매김하는 데 결정적 역할을 하게 된다. 따라서 내부적으로는 산업구조를 '하드웨어hardware' 중심에서 '소프트웨어software' 중심으로 경량화하고 3차 산업혁명에 대비하는 형태로 스타트업startup 기업과 벤처금융venture capital 등을 소개했다. 새로운 금융서비스업이 제조업보다 친환경적이고 부가가치 창출력이 크며, 세계 기축통화로서 미국 달러화의 위상을 공고히 하는 데 결정적 역할을 할 것으로 보았기 때문이다.

한편에서는 '레이거노믹스'가 세계 경제질서에서 개발도상국들의 자본시장을 공략하기 위한 것이었다거나 비교열위에 있는 개도국 제조업 시장을 공략하기 위한 수단이었을 거라고 지적한다. 하지만 미국으로서는 20세기 말엽에 이르러 21세기 세계 패권 유지의 필요성과 전략·전술적 가치체계 구축이 더없이 중요했다. 1970년부터 1990년까지 실리콘밸리를 중심으로 창출된 3차 산업혁명, 즉 컴퓨터와 인터넷, 개인 컴퓨터의 등장은 이른바 무역수지 적자 누적, 달러화 약세, 규제완화, 시장개방 등 '겉내'나 하드웨어에 감춰진 실질적 '속내' 또는 소프트웨어적인 '스마트웨어smartware'였을 것으로 판단된다. 제조업과 국제무역 측면(겉내)에서는 신자유주의 경제정책에 집중하는 것으로 비쳐졌지만, 금융과 신자본주의적 서비스업(속내)의 발전을 위해 미국은 컴퓨터와 인터넷 등 정보통신망을 통한 새로운 산업혁명을 1970년부터 20년 동안 매우 세밀하고 조심스럽게 준비해온 것으로 보인다.

이러한 변화는 결국 미국 대통령의 직관과 비전을 토대로 국민들을 설득하고 이를 위해 소통할 수 있는 다양한 관계망을 보유한 덕분이라고 할 수 있다. 1987년 베를린 장벽이 있었던 브란덴부르크문 앞에서 레이건 대통령은 고르바초프Mikhail Gorbachev 소련 공산당 서기장에게 "평화를 원한다면, 소련과 동유럽의 번영을 찾는다면, 자유를 원한다면 이 문으로 오시오. 고르바초프 씨, 이 문을 여시오. 이 장벽을 찢어 허무시오"라는 역사적인 명연설을 했다. 그리고 불과 2년 후 마침내 베를린 장벽이 무너졌고, 소련을 비롯한 동구권 공산주의가 몰락하는 시대사적인 거대 사건이 일어났다. 지도자는 역사를 직시하고 시대 상황의 변화를 제대로 읽어내면서 자신의 비전을 국민들과 정직하게 소통하고 실천함으로써 평가를 받는다.

레이건 대통령이 경제적 성공과 정치·외교적 대업으로 8년 연임을 마치자 대부분 다른 정당 후보를 선택하던 미국 국민들은 1988년 공화당 소속인 조지 부시를 41대 대통령으로 선출했다. 하지만 1990~1991년 벌어진 이라크 전쟁에서 승리했는데도 1990년 7월 이후 약 8개월간 실업률이 7.8%로 급등하고 경제성장률도 1991년 현재 −0.1%로 급락하면서 제2차 세계대전 이후 1980년대까지 미국 역사상 가장 긴 호황을 누린 미국 경제가 마침내 인플레이션과 금리상승이라는 경기불황 징후를 나타내자 미국 국민들은 또다시 경제문제로 관심을 옮기기 시작한다. 마치 레이건 대통령 재임 기간에 거침없이 진행되던 미국의 신자유주의 경제정책이 이제 더는 경기를 부양할 수 없는 임계치에 도달한 듯 보이기 시작한 것이다.

새로운 성장 엔진을 필요로 하는 불안한 심리가 1992년 대선에 반영된 것으로 보인다. 아칸소주지사 출신으로 민주당조차 기대하지 않았던 빌 클린턴이 42대 대통령으로 선출되었기 때문이다.

빌 클린턴이 당시 대선 구호로 사용한 문구가 바로 '문제는 경제야, 바보야'였다. 아마 미국 대통령 선거 역사상 경제문제 하나로 이처럼 간결하지만 가장 강력하게 메시지를 전달한 사례가 없었을 것이다. 1990년 이후 미국 사회는 냉전체제가 무너진 이상 정치·외교적 갈등 구조보다 경제문제로 지향점을 다시 새롭게 설정한 것으로 보인다.

하지만 8년 연임 이후 다른 정당 후보를 선택하는 원칙은 지켜졌다. 빌 클린턴 대통령에 이어 공화당 소속 조지 워커 부시 George Walker Bush 가 2000년 11월 43대 대통령으로 선출된 것이다. 닷컴 버블의 붕괴와 9·11 테러, 2008년 임기 말 서브프라임 부동산 위기로 미국발 금융위기가 세계 경제를 바람 앞의 촛불로 내몰 때 마침내 미국은 2가지 중요한 질문을 받게 된다. '20세기 글로벌 경제질서의 패권을 차지해온 미국 경제가 9·11 테러 이후 과연 지속적인 글로벌 질서의 패권을 유지할 수 있을 것인가?' '냉전체제가 붕괴된 후 미국을 위협할 수 있는 경제는 사실상 존재하지 않았지만, 1978년 시장개방과 2001년 세계무역기구 가입 등 전환기적 경제로 새 경제체제 도입에 적극적이었던 중국이 새로운 미래 도전 세력으로 부상하는 점에 대해 미국은 어떤

태도를 견지해야 할 것인가?'

2003년 이후 워싱턴 조야에서 G7과 함께 또 다른 글로벌 질서를 논의할 수 있는 G13 또는 G20 체제의 필요성을 끊임없이 제기한 것은 글로벌 패권국가로서 미국이 가지고 있던 여섯 번째 감각이 충분히 발휘된 경우라고 볼 수 있다. 미국 국민들은 21세기 후기 산업사회와 문명사회로 진입하면서 정치·경제·사회적으로 1960년대의 변화에 대응할 새로운 체제로 전환하는 것을 직간접적으로 요구받기 시작한 것이다. 과연 조지 워커 부시 대통령 당선자가 그런 큰 그림을 그릴 직관과 비전을 갖추고 국민과 국가의 이해관계를 극대화할 전략과 전술을 구사할 수 있는 지도자인가 하는 미국 국민들의 판단은 사후적으로 이루어질 수밖에 없었다. (이런 점에서 2008년 미국발 글로벌 경제위기는 김영삼 정부 시절인 1997년 한국 경제의 외환위기 상황과 대통령, 즉 미래를 보는 리더의 직관과 비전의 중요성을 비교할 수 있는 부분이다.)

당시 민주당에서는 42대 대통령 빌 클린턴 시절 부통령을 지낸 앨 고어Al Gore가 후보로 지명되어 대결을 벌였다. 하지만 플로리다주에서 재검표까지 할 정도로 매우 긴박한 각축전이 벌어졌으나 결국 선거인단을 271명 확보한 조지 워커 부시가 대통령으로 당선되었다. 앨 고어는 부통령으로 재임하는 동안 초고속 정보통신망의 조기 건설, 우주·국방 분야의 새로운 개념 정립, 1997년 기후 변화에 관한 교토의정서 창설 주도 등 다양한 의제에 관심을 보였다. 그렇지만 21세기 문턱에서 미국 국민들은 그보다는 새로운 미국의 설계를 내건 공화당 조지 워커 부시 후보를 선택했다. 조지 부시는 연임까지 성공했고,

2001년 9·11 테러 등을 거치면서 1.0%까지 추락했던 경제성장률을 한때 3%대 후반까지 반등시키는 데 성공했다. 하지만 그의 이러한 경제정책이 월가를 비롯한 금융 자본가들의 위선·탐욕과 타협한 결과라는 사실이 2008년 9월 리먼 브라더스 부도로 드러났다. 2008년 미국 경제성장률은 −0.3%였다.

21세기 미국이 그리는 새로운 변화는 무엇일까? 그 '변화'에 대한 답을 던지며 나타난 이가 바로 미국 역사상 첫 흑인 대통령인 버락 오바마다. 미국의 정치·경제가 일반적인 시스템으로 움직인다는 사실에 기초할 때, 미국 국민들이 첫 흑인 대통령을 선택한 데는 분명한 '변화' 메시지가 담겨 있는 것으로 보인다.

오바마 대통령은 실물경제 면에서 6조~7조 달러에 달하는 막대한 통화 및 재정팽창정책으로 미국 경제를 긴 대불황의 터널에서 탈출시키는 데 성공하는 결과를 가져왔다. 정치·외교적으로는 인도네시아를 비롯해 새로운 '아시아로 회귀Pivot to Asia' 정책을 통해 2008년 이후 G2로 부상한 중국에 대한 암묵적 견제 또는 '포위전략China Containment Policy'을 조용히 시작했다. 그 결과 10%를 넘던 실업률은 4%대 후반으로 떨어졌으며, 글로벌 전략에서 과거보다 선이 더욱 분명하지만 대외적 충돌을 피하는 현실적 정책을 무사히 수행한 것으로 평가받고 있다.

오바마가 임기를 시작한 2009년 −2.8%였던 경제성장률이 2.5%대 잠재성장률 수준으로 1년 만에 복원되었으며, 8년 재임하는 동안 연평균 경제성장률은 1.5%로(2009년 GDP 성장률을 빼고 7년 연평균 실질경제성장률을 계산하면 2.1%로 미국의 잠재성장률 수준으로 회복한 것을 알 수 있다) 나름 긍정적으로 평가할 수 있는 성적표를 손에 쥐었다.

하지만 오바마 대통령이 연임 포함 8년 임기를 끝낸 이후 미국 국민들은 힐러리 클린턴 민주당 후보보다는 정치적 경험과 대외정책에 대한 경험이 없지만 부동산 사업가이면서 '위대한 미국'의 영광을 '다시 한 번'이라고 주장하는 도널드 트럼프를 45대 대통령으로 선출한다. 일부에서는 선거 캠페인 과정에서 민주당 후보 힐러리의 전략실패 또는 전략 부재의 결과라고 평가하기도 한다. 그렇다면 과연 트럼프는 독특한 '변화'를 국민들에게 보여준 것이 있었던가?

힐러리 클린턴Hillary Clinton의 선거 전략 가운데 매우 취약하다고 지적된 것 중 하나가 바로 '빌 클린턴 대통령 당시 경제정책과 별반 다를 게 없고, 심지어 오바마 정부의 경제정책 대부분을 고스란히 재탕한 듯한 공약'이었다는 점이다. 그렇다면 트럼프의 대선 공약은 이와 달리 어떤 뚜렷한 '변화'를 얘기했을까?

2016년 트럼프 대선 캠프의 주요 구호들을 보면 '트럼프를 멈출 수 없다Can't Stump the Trump' '나는 여러분과 함께한다I'm with you' '그녀를 보라Look her up' 등과 같이 매우 단조롭다. 그의 대선 캠프 구호들은 '미국을 다시 하나로!Make America One Again' '미국을 다시 자랑스럽게Make America Proud Again' '미국의 제조업을 다시 강하게Make Manufacturing Great Again' 같이 구호의 끝말에 모두 '다시'가 붙을 뿐 21세기다운 새로운 구호는 전혀 보이지 않는다.

그럼에도 트럼프가 2015년 6월 16일 처음 공식적으로 미국 대선에 나서겠다고 선언한 지 불과 1년 4개월여 만에 45대 대통령으로 당선된 것은 어떤 의미가 있을까? 그의 당선은 미국 국민들과 정치·경제·사회에 어떤 의미가 있을까? 부동산 브로커로서 경제 전문가이니까 미국 경제를 다시 일으켜 세워달라는 의미일까? 중국이 G2로 새롭게 부상하는 상황에서 스스로 전문협상가라고 하듯 향후 다양한 대중국 협상에서 미국의 이해관계를 대변할 수 있는 전략적 마인드를 갖춘 사람이라고 보았을까? 아니면 21세기 글로벌 질서와 패권의 변화를 앞두고 국제질서의 판을 새롭게 정립해달라는 의미일까?

이 모든 의문은 2018년 11월 중간선거 결과와 2020년 재선 도전에서 밝혀질 것으로 보인다. 먼저 2018년 11월 중간선거에서 밝혀진 사실은 4가지로 요약할 수 있다.* 첫째, 트럼프의 정부 운영 행태에 대한 미국 국민들의 불만이 드러났다. 특히 젊은 세대와 여성들이 트럼프의 국정 운영 방식이 일방통행식이고 비인권적이며, 인종차별주의적이고 성차별주의적이라는 평가를 내린 듯하다. 베네수엘라와 콜롬비아에서 온 난민이 미국·멕시코 국경으로 걸어서 이동하다가 국경수비대 검문에서 체포된 경우, 아이들과 부녀자들을 격리하는 등의 비인권적 정국 운영은 인권을 최우선으로 하는 미국의 대외정책에 상당

---

* 미국은 2018년 11월 중간선거에서 임기가 2년인 하원 435석을 새롭게 선출하고, 연방 상원의원 100명 중 35명을 새로 선출했다. 그 결과 상원은 공화당 53석, 민주당 47석으로 공화당이 여전히 다수당을 유지했으며, 하원은 공화당 199석, 민주당 235석으로 민주당이 다수당이 되었다. 한편 주지사선거에서 공화당이 27석, 민주당이 23석을 얻으면서 전통적으로 백악관과 정부를 장악한 정당과 의회를 장악한 정당을 분리하는 '분리주의' 원칙을 다시 한 번 확인하게 되었다.

히 부정적인 이미지를 줄 수밖에 없었고, 미국 내 많은 불법체류자와 이들과 관련된 인권단체, 가족들의 반발을 불러온 것으로 보인다.

둘째, 트럼프가 '위대한 미국을 다시 한 번'이라는 슬로건을 내걸고 당선되었지만 이는 단지 슬로건이었을 뿐이다. 정부 출범 당시부터 주요 부처 장관직 임명에서 대통령 비서실 내 팀워크에 이르기까지 트럼프가 어느 하나 제대로 '위대한 미국'을 운용할 수 있는 능력을 제대로 보여주지 못했다고 평가되었다. 미국에서 대통령, 부통령 다음으로 중요한 국무장관 역시 다양한 외교적 경험을 토대로 미국 외교정책의 근간인 동맹외교정책을 주도할 만한 인물이 기용되어야 하는데 그렇지 못했다. 2018년 3월 31일 임기를 마친 렉스 틸러슨 국무장관에 이어 현 마이크 폼페이오 국무장관으로 이어지는 과정도 매끄럽지 못했다. 결국 동맹외교의 중요성이 악화되는 가운데 중간선거가 끝난 이후 한 달여 만에 북대서양조약기구 운용 방식에 근본적인 이견을 보인 짐 매티스James Mattis 국방장관이 사임하는 사태까지 벌어졌다.

셋째, 트럼프의 정직성 문제와 연루된 탄핵 가능성 문제다. 출범 초기부터 러시아와의 스캔들을 비롯한 각종 불법적 선거와 선거 비용 운용, 개인 사업 문제와 연루된 탈세 문제, 선거 당시 주요 인사들의 대거 구속 사태와 로버트 뮬러Robert Mueller 특검을 통한 문제제기 등이 이에 속한다. 이와 관련한 의회 청문회와 대통령 탄핵과 관련한 사안들은 중간선거 전후 많은 미국 국민뿐만 아니라 국제사회의 관심 사항이 될 수밖에 없다. 뮬러 특검을 비롯한 트럼프에 대한 민주당의 압박은 이제 시작에 불과하다. 2016년 11월 대선 당시 트럼프의 변호사로 활동했던 마이클 코헨의 2019년 2월 28일 하원 '감시위원회Oversight Committee' 청문회를 필두로 본격화할 전망이다.

이미 이와 같은 청문회의 영향력은 같은 날 베트남 하노이에서 열린 북미정상회담에서 나타난 결과를 보면 충분히 이해할 수 있으리라 짐작된다. 하지만 미국의 민주정치 시스템을 감안할 때 대통령 탄핵은 그리 간단한 문제는 아닐 것으로 보인다. 민주당은 트럼프의 도덕성, 정직성, 신뢰성을 강하게 압박하면서 2020년 대선에서 민주당 후보의 압승을 유도하는 전략으로 가져갈 가능성이 높아 보인다. 물론 청문회를 비롯한 뮬러 특검 조사에서 '결정적' 단서와 증거가 나올 경우, 미국 역사상 초유의 대통령 탄핵도 이루어질 가능성을 배제할 수 없다. 하지만 그동안 앤드류 존슨Andrew Johnson, 1865~1869 17대 대통령과 빌 클린턴 42대 대통령에 대한 하원 탄핵 의결이 통과된 적이 있을 뿐 상원 의결까지 거친 실질적 탄핵은 한 차례도 없었던 점에 유의할 필요가 있다.

넷째, 중간선거 결과는 매우 주관적으로 해석할 수 있게 되었다. 우선 상원에서 공화당은 다수석인 53석을 유지함으로써 러시아와의 개인적 사업과 불법 선거 관련 스캔들 연관성, 대선 불법 선거자금 운용 등과 관련한 결정적 위법 사실이 밝혀지지 않는다면 트럼프에 대한 탄핵은 사실상 불가능해졌다는 의미에서 트럼프가 말하는 '승리'라는 말을 이해할 수 있다. 여기에 트럼프의 지난 대선 지지층이 거주하는 이른바 '러스트 벨트Rust Belt, 오하이오-펜실베이니아' '바이블 벨트Bible

Belt, 중남부 기독교 원리주의 지역 ''팜 벨트Farm Belt, 중서부 지역 ' 등과 미국의 전통적 보수 지지층의 결속을 고려한다면, 향후 대선에서도 해볼 만하다는 자신감을 얻었을 것이다. 물론 경제도 나쁘지 않다. 하지만 이번 중간선거에서 그동안 선거 참여에 다소 미온적인 태도를 보였던 많은 젊은이와 여성 유권자들이 대거 참여함으로써 향후 대선에서 민주당이 지난 대선의 뼈아픈 실패를 반복하지 않을 거라는 점도 눈여겨봐야 한다.

사실상 공화당은 다소 느긋한 모습이지만 내부적으로는 트럼프 재임은 물론 공화당 후보의 대통령 당선을 낙관할 수 없게 되었다는 점에서 긴장하지 않을 수 없다. 과연 미·중 간의 무역 분쟁, 북대서양조약기구를 비롯한 전통 동맹국가들과의 관계 발전, 북미정상회담의 결과 등이 어떤 미래 불확실성 변수로 트럼프와 공화당의 정치적 입지에 영향을 줄지는 좀더 지켜봐야 한다. 다만 워싱턴D.C.를 비롯한 일반적인 지식층 사회와 이민단체, 소수 인권단체 등의 입장은 이번 선거에서 다소 명확하게 노정되었다. 이 점에서 하원 의사봉을 다시 잡은 낸시 펠로시Nancy Pelosi 하원의장의 말처럼 민주당이 '승리'했다는 해석이 옳을 수 있다. 참고로 이번 선거에서 투표율은 지난 대선 때보다 무려 10%포인트나 높아진 49%였다.

2018년 6월 이후 중국과 무역 전쟁이 본격적으로 시작되었다. 트럼프가 행동보다는 거친 말이 앞서는 '허풍쟁이'이기 때문에 크게 기대할 것이 없다는 비판이 있다. 하지만 그의 자서전 『트럼프, 포기란 없다』에 나타난 트럼프는 우리가 SNS나 방송에서 접하는 무책임하고 즉흥적이며, 스스로 정신적·윤리적 가치체계가 무질서한 금수저가 아니라는 조심스러운 지적도 있다. 그렇다면 트럼프는 과연 어떤 사람인가. 트럼프 시대는 어떤 시대를 의미하는가? 트럼프는 고장 난 미국을 다시 일으켜 세우겠다고 했지만 지금까지 그가 보여준 말과 행동이 오히려 미국을 더 큰 장애자로 만드는 것은 아닐까?

사업을 영위할 때 예기치 못한 문제들을 맞닥뜨릴 수밖에 없듯이 미국 대통령으로서 트럼프는 수많은 대내외 정치·경제적 변수와 함께 늘 힘든 도전을 받아야 한다. 트럼프 자신이 자서전에서 밝혔듯이, 아무리 희박한 성공 확률이라 하더라도 자신은 반드시 그 도전을 성공으로 이끌어낼 수 있다는 자신감은 자기 체면일까, 아니면 경험에서 나오는 철저한 실습의 결과물일까? 그런 트럼프의 말과 행동이 과연 미국이라는 거대한 주식회사에도 통할까? 미국 국민들은 트럼프 CEO를 충분히 믿을까?

지금까지 트럼프가 보인 행보 가운데 분명한 사실이 하나 있다. 그가 북핵 사태 해결 방식에 접근하는 전략과 전술, 중국과 이른바 '무역전쟁'으로 불리는 '기울어진 운동장을 바로잡는 일'이 결코 2인 3각 경기처럼 뛰다가 넘어질 수도 있는 부주의한 전략·전술에 근거한 것이 아니라는 점이다. 그는 주도면밀하면서도 사업가로서 발달된 어떤 감각에 따라 돌다리도 두들겨보고 건너는 접근법으로 집중하고 있다. 트럼프의 좀더 구체적인 대내외 전략을 이해할 수 있는 몇 가지 실마리를 정리하면 다음과 같다.

첫째, 트럼프 자신이 백악관 내 보좌진과 국무부를 비롯한 정부 주요 각료들과 소통하는 데 문제가 있음에도 미국의 정확한 삼권분립 원칙과 글로벌 질서 운용체계의 시스템적 작동원리가 결코 그 한 사람 때문에 붕괴되거나 무시되지 않는다는 사실이다. 예컨대 트럼프가 추진한 오바마케어의 완전 폐지는 공화당 소속 의원들의 반대로 없었던 일이 되었다. 북미 자유무역협정, 한미 자유무역협정 등 자유무역협정과 북대서양조약기구와 한국의 방위비 증액 문제 등이 상호 연계되어 집중되는 점은 트럼프가 충분히 협상의 한 축을 틀어쥐고 최대한 활용하는 동시에 미국의 이해관계를 극대화하는 방향으로 전개하고 있는 것이다. 다만 한국 등 전통적 동맹 국가들이 고개를 가우뚱하거나 미국이 변했다고 하는 이유는 제2차 세계대전 이후 미국이 보여준 '겸손'한 리더십이 트럼프에게서는 전혀 보이지 않는다는 점 때문일 것이다.

트럼프는 오직 앞만 내다보고 미국의 이해관계에만 집중할 뿐 글로벌 질서 변화에 미국이 모든 책임을 지면서 무역수지 적자와 재정수지 적자 같은 비용을 일방적으로 부담할 수 없다는 태도를 명백히 했다. 그의 주장을 잘 받아들이고 그에 적응할 수만 있다면 세계 경제도 매우 건전해질 가능성이 높다. 미국 의존도가 줄어들고 미국 달러화 자산의 가치 변화가 안정적일 때 비로소 세계 경제는 새로운 성장축 또는 지역 협력 가능성을 숙고할 수 있기 때문이다.

중국은 미국과 경쟁하기 위해 군사력을 강화하고 막대한 국방비를 투자하는 등 2040년까지 미국 군사력을 추격하겠다는 비전을 세웠다. 하지만 이들이 군비경쟁, 지역 안보경쟁 등 비효율적 경쟁체제보다 건설적이고 경제 협력적인 시스템 구축에 집중할 경우 세계 경제는 더욱 성장·발전할 것이 분명하다. 이때 다시 달러화의 기축통화 지위와 그 기득권을 통한 미국 월가로 대변되는 투자자본 또는 달러 자본주의가 어떤 형태로 21세기 후기 산업경제질서에 영향력을 행사하려고 할지는 세계 모든 주요 국가가 집중하고 주의해야 할 대목이다.

이미 다보스 포럼 등에서 '포용적 성장inclusive growth'이 화두로 등장했듯이, 1960년대 미국의 경제발전이 사회운동으로 전환되어 나타났듯이, 양적·물질적 성장만이 모든 사회의 궁극적 목표가 될 수는 없다. 투명한 분배와 사회복지제도에 대한 갈망이 성장과 함께할 때 성장은 더욱 확대될 수 있다. 따라서 트럼프의 생각이 과연 이러한 역사적 교훈과 자신의 실제적인 비즈니스 운용 경험과 얼마만큼 일치하는지, 아울러 자신의 경영철학과 미국의 대내외 정치·경제질서 패러다임 변화와 얼마나 코드가 일치하는지 등에 대한 분석과 연구가 중요하다.

요약하면, 미국의 주요 대내외 정책 가운데 일부는 의회를 중심으로 이루어진다. 그래서 대통령은 의회와 함께 나름의 직관과 비전을 가지고 주요 대내외 정책에 대해 소통하는 가운데 때로는 설득하고 때로는 설득되는 과정에서 21세기 대내외 정책의 정형을 만들어내야 하는 과제를 받은 것처럼 보인다. 여기에 연방준비위원회(이하 연준)

의 독립성과 함께 21세기 새로운 금융자본주의 시대에 연준은 어떤 역할을 하게 될지, 이에 맞추어 미국의 달러화 시스템이 21세기 사이버 공간에서 어떤 새로운 금융 시스템으로 전환될지 등은 트럼프 정부가 반드시 준비하고 그 답을 써야 할 것이다.

트럼프의
직관과 비전은?

미국 역대 대통령들은 정치와 경제문제에서 다음과 같은 특징을 보여왔다. 이는 크게 5가지로 정리할 수 있다.

첫째, 초기에는 정치적 독립이 중요했기에 경제문제보다 영국과 유럽 등으로부터 자주독립된 연방정부를 수립하는 리더십을 강조했다.

둘째, 남북전쟁 등을 거치면서 정치가 안정되자 국민들이 관심사를 경제발전으로 변화시켜나가기 시작한다. 하지만 제1·2차 세계대전과 1929년 대공황으로 경제문제가 정치적 대선의 선택 문제로 조금씩 연결되기 시작했다.

셋째, 1960년 이후 미국 경제는 비교적 성공적으로 전시체제에서 평화체제로 전환됨에 따라 이민과 흑백 갈등 등으로 나타난 인권 문제와 경제성장에 따른 분배문제, 사회복지제도로 관심사가 전환되기에 이른다. 결국 경제문제와 분배문제가 정치적 독립에 대한 리더십을 뛰어넘게 됨으로써 정치와 경제가 어느 정도 밀접한 상관관계를 보이기 시작한다.

넷째, 1981년 레이건 대통령 이후 미국 경제와 세계 경제는 제2차 세계대전 이후 가장 호황기적 시간을 보냈지만, 미국은 이 기간에 컴퓨터와 인터넷의 발달로 새로운 성장동력을 준비하고, 이를 뒷받침할 수 있는 파생상품과 벤처캐피털 등 신자본주의적 금융서비스 모델을 준비함으로써 기축통화로서 달러화의 패권 유지를 더욱 공고히 한다. 이를 통한 새로운 리더십이 소련과 '냉전체제'를 붕괴시키는 데 성공함으로써 글로벌 질서에서 새로운 가치질서New Normal를 형성할 수 있는 체제 전환에 나선다.

다섯째, 8년 연임 이후 새로운 정당 소속 대통령 후보를 선택함으로써 미국 국민들은 늘 '변화'라는 가치를 사회적 핵심가치로 간주한다. 그러는 사이 21세기 초입의 9·11 테러와 미국 경제의 불황 진입, 2008년 미국발 글로벌 금융위기는 크게 3가지의 새로운 '보이지 않는 전쟁'을 일으키게 된다.*

이러한 '변화' 요구에 따라 미국 국민은 첫 흑인 대통령을 극적으로 선택했다. 그리고 2016년 45대 대통령으로 트럼프 공화당 후보를 선

---

* 화폐 전쟁, I40 전쟁, 의식과 가치혁명의 전쟁을 말한다. 곽수종, 『세계 경제 대전망』, 메이트북스, 2018 참조.

택했다.

오바마 재임 동안 미국 경제는 잠재성장률(한 국가가 가지고 있는 노동과 자본 등 투입요소를 모두 투입할 경우 생산 가능한 국내총생산 규모로, 미국의 경우 2.0~2.5% 수준으로 본다) 수준으로 성장세가 안정되었다. 따라서 더는 과거처럼 '성장growth'을 지정학적 '전쟁'이나 글로벌 경찰력에서 찾으면 안 된다.

트럼프에게 주어진 시대사적 과제는 어쩌면 2050년 21세기 반환점을 앞둔 현재 시점에서 I40을 통한 새로운 '발전development' 전략을 모색하는 것일 수 있다. 즉 클린턴 정부 시절 국방차관을 지낸 조셉 나이Joseph Nye 교수가 주장하는 군사력의 하드 파워hard power와 경제력의 소프트 파워smart power를 겸비한 스마트 파워smart power 구축에 집중하는 전략인 셈이다.

이를 위해 다음 3가지 충분조건이 충족되어야 한다. 이를 충족하는 과정에서 나타나는 대내외적 충돌은 트럼프 특유의 돌파력으로 뚫고 나가야 한다.

첫째, 기축통화로서 미국 달러화의 위상을 계속 유지해야 한다.

둘째, 중국의 불법적인 지적재산권 도용과 위반은 글로벌 경제질서에 위배되는 만큼 미국으로서는 분명한 제재를 가하지 않으면 안 된다. 중국이 미국의 축적된 정보통신 산업 또는 I40과 관련된 지적재산권을 확보하는 데는 3가지 방법이 있다. 로열티royalty나 지적재산권 사용료를 내고 미국에서 합법적으로 수입하거나, 불법적으로 복사 또는 훔치거나, 인력을 미국에 보내 연수·교육 과정을 거쳐 스스로 습득하게 하는 방법이다.

물론 중국 스스로 이를 개발할 수도 있다. 하지만 원천기술을 가지고 있다는 의미는 '이를 활용할 수 있는 경우의 수를 얼마나 창의적으로 다양화할 수 있는가' 하는 문제와 같다. 그런 점에서 중국이 하얀 도화지에 자기만의 창의적인 그림을 그리고 여기에 필요한 중요 정밀 부품과 소재를 확보하려 할 때 미국의 경쟁력과 기술, 이를 뒷받침할 수 있는 독일과 일본의 협력체계를 단기간에 따라잡을 수는 없는 듯 보인다.

미국은 첨단 바이오와 정보통신과 관련해서 새로운 기술을 개발해 1990년 개인용 컴퓨터 시대가 가져온 3차 산업혁명보다 더한층 업그레이드된 I40을 선도함으로써 글로벌 경제질서의 룰 세팅rule setting과 표준화standardization에서 기선을 잡아 21세기에도 여전히 조세경제tax economy*로서 위상을 더욱 강화할 필요가 있다고 판단할 것이다.

셋째, 새로운 '발전'이 있은 뒤에야 비로소 이 발전을 바탕으로 새로운 분야로 파급하거나 업종 다양화 등 '성장'이 뒤따를 수 있다. I40은 어떤 의미에서 그 자체가 또 다른 하드웨어 경제라 할 수 있고, 이를 통해 기득권을 더욱 강조할 수 있는 기축통화로서 미국 달러화의 위상

---

* 마이크로소프트(MS)사의 윈도우 10.0은 실물자산에 대한 투자 없이 소프트웨어 사용료 같은 커미션으로 수익을 내는 구조다. 미국 경제는 1970년대 중반 이후 제조업이 다국적 기업 형태로 해외로 이주한 이후 1980년대 금융업의 발전과 1990년 PC 혁명으로 자본과 소프트웨어가 결합된 형태로 경제력이 재편되고 있다. 제조업 생산 없이 단순한 지적재산권을 바탕으로 사용료가 기업 수익의 대부분을 점하는 형태의 경제적 지배력 구조를 정기적으로 세금을 거두어가는 형식에 빗대어 '조세경제(tax economy)'라고 한다.

은 소프트웨어라 할 수 있다. 미국은 이 하드웨어와 소프트웨어의 파워를 결합함으로써 스마트 파워 체제로 정치·경제질서를 확고히 하려는 전략을 추구할 것으로 보인다.

앞으로 중국의 추격이 만만치 않을 것으로 가정할 때, 중국의 활동 범위를 어느 정도 제한할 필요성은 늘 제기될 것이다. 이에 대한 전략이 바로 중국이 접하고 있는 14개 국경국가에 대한 우호적인 '이웃 전략the 3rd neighboring policy'을 통해 마치 중국을 포위하는 듯한 전략, 즉 중국 포위 전략을 지속하는 것이다. 오바마의 '아시아로 회귀' 전략이 매우 조용하게 이루어졌다면, 트럼프 재임 기간에는 더 적극적이고 직접적인 전술 전개가 눈에 띄게 늘어날 수 있다.

2050년 이후 세계질서 변화의 시나리오는 다양하게 그려질 것이다. 예컨대 미국과 유럽의 연대 강화와 중국과 인도의 아시아 패권 구축, 미국+유럽+인도로 이어지는 축과 중국+러시아 축의 세력 대결, 미국과 유럽+중국+인도+러시아의 새로운 지정학적 전개 등 21세기 후반 글로벌 패권 경쟁이 미국과 중국을 중심으로 움직일 수 있다는 판단이 미국과 중국의 협력 가능성보다 확률적으로 더 높은 듯하다. 만일 미국과 중국이 협력관계를 강화한다면 세계 경제는 어떤 방향으로 흐를까? 이 모든 것이 긍정적일 것으로 생각해도 좋을까?

이러한 경쟁과 협력 과정에서 다양한 가치와 질서체계가 나타났다가 사라지겠지만, 제2차 세계대전 이후 미국이 20세기를 풍미할 수 있었던 가장 중요한 덕목에 집중하면, 그것은 바로 '겸손'과 '책임'에 대한 믿음에 있었다고 할 수 있다. 이에 비해 중국의 '글로벌 전략'으로 표현되는 '도광양회韜光養晦'와 '화평굴기和平堀起'는 각각 어떤 평가를 받게 될까? 시진핑과 트럼프는 '동상동몽'을 하는 것일까, 아니면 서로 다른 속내를 감춘 채 각자 다른 꿈을 꾸고 있을까? 이 두 사람 가운데 누가 더 시대 상황 변화를 직시하고 현재와 미래에 대한 올바른 직관과 비전, 로드맵을 만들어낼 수 있을까? '기득권 프레임'을 전제로 할 때 미국이 중국보다 여러 가지 점에서 앞선다는 것은 분명 타당한 평가다. 하지만 이러한 형세가 앞으로도 지속될 거라고 보기에는 무리가 있을 수 있다. 그렇다면 트럼프는 과연 무슨 생각을 하고 있을까?

단순히 경제만 보더라도 지금까지 경제학은 인구 5억 명 이상의 경제를 두고 거시·미시 등 다양한 경제이론을 모델화 또는 정형화한 적은 없다. 물론 가정을 바탕으로 단순히 재화 2개와 소비자 2명을 두고도 경제이론을 정립할 수는 있지만 '규모의 경제economies of scale'가 변하면 '범위의 경제economies of scope'도 변할 수밖에 없다. 그러면 '밀도의 경제economies of density'도 변하기 마련이다. 바로 이 점에서 미국 국민들은 트럼프의 직관과 비전, 다양한 도전에 대해 결코 물러서지 않는 '카우보이' 같은 승자의 정신을 요구했는지 모른다.

그렇다면 트럼프도 과연 이와 같이 생각할까? 20세기 글로벌 패권국으로서 군사력과 경제, 특히 기축통화를 배경으로 한 자본력을 갖춘 미국이 21세기를 넘어 22세기에도 여전한 패권국가로 남아 있을까? 트럼프의 말과 행동은 거칠고 정제되지 않았다. 그런 그가 과연 미국 중심의 미래 질서를 그려낼 리더로서 직관과 비전을 가지고 있을까? 이제 하나씩 이 의문에 대한 답을 찾아보자.

· 미국 정치에서 독재라니!
· 시진핑은 누구인가?
· 2050년 굴기 이후 중국과 미국의 위상

3장

장기집권에 성공한
시진핑이 부럽다

미국은 20세기 이후 글로벌 거버넌스의 중심이자 핵심이었다. 하지만 20세기 냉전체제의 붕괴와 소련의 해체, 21세기 중국의 급부상으로 새로운 도전을 받기 시작한 가운데 미국에서는 정치와 외교적 경험이 거의 없는 트럼프가 45대 대통령으로 당선되었다. 트럼프와 미국 언론은 아슬아슬한 대립관계를 유지하고 있으며 미국 언론은 그에게 결코 우호적이지 않다.

의도적이건 의도적이지 않건 트럼프에 대한 기사는 대부분 그가 독단적이고 무식하며, 감정적이고 돌출·돌발적이면서 충동적이어서 미국의 기존 가치와 이념체계에 전혀 맞지 않는다는 점을 강조한다. 21세기 초입의 새로운 도전과 위기를 극복하고 미국 중심의 글로벌 뉴노멀과 패러다임을 구축할 시대사적 변화를 읽어낼 수 있는 대통령이 아니라는 것이다.

이런 와중에 '장기집권에 성공한 시진핑이 부럽다'는 말이 왜 나왔을까? 2018년 3월 3일 트럼프는 미국의 전통적인 언론인 모임인 그리다이언 클럽Gridiron Club* 만찬 연설에서 "언젠가 우리도 한번 해봐야 할 것Maybe we will have to give that a shot some day"이라며 중국 시진핑 주석이 제13기 중전회(중국 전국인민대표대회)에서 장기집권에 성공한 것을 두고 농담반 진담반으로 내뱉었다. 미국의 민주주의 가치에 전혀 해당되지 않는 말이었다.

미국 정치에서 '독재'라니? 미국 초대 대통령 조지 워싱턴에게 주변에서 종신 대통령이나 왕으로 추대코자 한다고 했지만 워싱턴은 미국 정치사의 정통성을 위해 제안을 거부하고 4년 연임의 8년 임기를 마

---

* 그리다이언 클럽은 약 130년 전 미국 워싱턴D.C.에서 주요 신문·통신을 대표하는 언론인들과 주요 정치인들이 봄과 함께 새로운 정치의 계절이 돌아오는 시기에 서로 만나 다양한 국내외 주요 현안을 놓고 격론과 토론을 벌이는 가장 오래되고 전통 있는 언론인 모임이다. 매년 3월경 미국 정치의 시작과 함께 열리는데, 주요 정치 현안에 대한 풍자와 위트로 미국 내외의 상황을 짚어보는 모임으로 알려져 있다. 빌 클린턴 대통령이 색소폰 연주를 한 곳도 바로 이곳이었다. 뜻 그대로를 보면 미국 어느 가정에서나 바비큐를 할 때 쓰는 '석쇠(gridiron)'에서 무언가를 구우며 하는 만찬의 의미인 모양이니, 대통령 등 주요 정치인을 불러놓고 언론인들이 이리저리 뜨거운 불로 요리하는 모양새를 나타내는 듯하다. 물론 정치인들이 언론인들의 날카로운 질문을 피해가거나 역공하는 묘미도 느낄 수 있다. 석쇠 위의 물건이 고기가 되었건, 옥수수가 되었건 모두 태워버려서는 먹을 수 없으니 '그을리되 태우지 않는다(Singe, but never burn)'는 원칙으로 상호 비판과 존경, 질타와 신뢰를 '차콜(charcoal)'로 사용한다.

치고 물러났다. 많은 사람이 워싱턴의 퇴임을 아쉬워하며 미국 건국의 아버지로서 앞으로 그에게 어떤 대우를 해야 할지를 놓고 고민했다. 그러던 차에 그의 농장이 워싱턴D.C. 근교에 있다는 것을 알고는 당시 미국 수도였던 뉴욕에서 지금의 워싱턴D.C.로 수도를 옮긴 것에서 미국이 추구하는 정치와 리더십의 정통성, 투명성 등 정의定意를 읽을 수 있다.

한편 미국의 다수 언론은 트럼프의 '실없는 말' 한마디를 놓치지 않고 중국의 독재정치를 미화했다느니, 본능적으로 독재 모델을 마음속에 품고 있다느니 하며 비판을 쏟아냈다. 그도 그럴 것이 러시아의 '차르' 블라디미르 푸틴 대통령, 터키의 '술탄' 타이이프 에르도안Recep Tayyip Erdogan 대통령, 필리핀의 로드리고 두테르테Rodrigo Duterte 대통령, 심지어 북한의 김정은까지도 지지·존경할 뿐더러 감사한다는 말을 서슴없이 하는 미국 대통령은 조지 워싱턴 초대 대통령 이후 처음이었기 때문이다. 또 20세기 글로벌 질서를 유지하면서 보여주었던 미국의 '겸손'과 '신뢰'는 오간 데 없이 가벼운 농담이 결코 농담으로 들리지 않을 수 있기 때문이다.

누가 무역 전쟁을 하면서 농담하듯이 "전쟁이나 해볼까" 하는 식으로
접근할 수 있을까? 가뜩이나 트럼프에 대해 비우호적인 CNN, 〈워싱
턴포스트〉〈뉴욕타임스〉 등 유수 언론은 미국 독립 이후 정치적 가치
인 "민주주의에 대한 미국의 열정과 이해관계, 책임감 등에 대한 분명
한 의식이 없다"라는 식으로 트럼프를 신랄하게 비판했다.

미국 정치에서
독재라니!

　트럼프는 본능적으로 독재 모델the authoritarian model을 찬양하고 선호
하는 사람일까? 그렇지 않다면 '그리다이언 클럽'에서 툭 내던진 독
재 찬양 발언에는 어떤 의도가 담겨 있었을까? 어쩌면 다분히 의도적
일 수도, 그렇지 않을 수도 있다. 만일 의도적이었다면 긍정과 부정의
의미를 모두 포함하게 된다. 미국 언론이 트럼프 자신의 섬세하고 정
교한 외교 전략을 제대로 이해하지 못하고 단순히 가벼운 말과 행동
만으로 행간을 읽은 것으로 나타난다면, 미국 언론의 경박함과 내공
부족을 여실히 드러내 보일 수 있다. 트럼프를 지나치게 부정적 시각
으로만 바라본다면, 이는 오히려 미국의 국익과 가치를 언론이 나서
서 손상시키는 모습을 보여주는 것이기 때문이다. 그렇다면 트럼프를

새롭게 긍정적으로 평가해볼 필요도 있다.

결론부터 말하면, 2018년 3월 3일 그리다이언 클럽에서 트럼프가 한 발언은 유머 감각이 매우 부족한 대통령이 정치·외교적 경험이 미천한 가운데 불쑥 내뱉은 말로 보일 수 있다. 미·중 무역 갈등이 사실상 본격화되기 시작했으며, 어쨌든 미·중 무역 전쟁에서 미국이 그다지 밀리는 형국은 아닌 듯하다. 미국 내 다양한 싱크탱크와 JP모건, 골드만삭스 등 주요 투자은행이 미국 경제보다 중국 경제가 먼저 백기를 들고 협상에 나올 가능성이 높다고 할 만큼 매우 긍정적인 평가를 받고 있기 때문이다.*

예컨대 무역 전쟁이 중국의 금융위기를 초래할 가능성에 대해서, 먼저 최근 홍콩의 푸구이냐오Fuguiniao 신발 제조사가 부실채권으로 미국의 대중국 무역제재조치 이후 다섯 번째 부도를 낸 바 있다. 2018년 상반기 중에만 벌써 18개 기업 채권이 부실 채권으로 등록되었는데, 2017년 모두 23개였던 것에 비해 상당히 빠른 속도로 증가하는 추세임을 알 수 있다. 스탠더드앤드푸어스S&P는 2021년까지 기업

---

* 중국 경제의 3대 위험 요인은 첫째, 부동산 버블, 둘째, 그림자 금융, 셋째, 기업 부채를 들 수 있다. 이러한 금융 부분과 부동산 버블 간의 유착관계는 결국 지난 30년간 중국의 경제굴기 과정에서 나타난 과잉투자의 결과로 비쳐지기도 한다. 하지만 과거 한국 경제 개발기에 나타난 여러 가지 정황을 놓고 볼 때, 부동산 버블은 당분간 큰 위험 요인이 되기보다 늘 하나의 위험 요인으로 지적될 가능성이 높다. 다만, 그림자 금융과 기업 부채 부분은 향후 중국 자본시장의 건전성과 관련해 심각한 위기 요인으로 발전할 가능성이 높다. 일단 중국 기업 수출에 제동이 걸리면 이들 기업의 부도 급증 가능성이 확대된다. 중싱통신(ZTE)처럼 최근 미국의 지적재산권 등 국내법 위반으로 주요 부품 기술 수입 제재조치가 시행되자 당장 부도 위기를 맞이한 사례를 참고할 필요가 있다. 즉 중국 내 정보통신 기업들은 미국에서 기술 수입이 어려워지면 곧바로 부도에 직면할 가능성이 높은 것으로 평가된다. 따라서 중국 법원은 기업 보호조치를 강화하고, 기업 침체가 장기적으로 지속될 경우 중국 경제위기 가능성에도 법적 대응을 서두르고 있다.

부채가 11조 위안에 이르고, 대외 채무 역시 2,150억 달러 규모로 급증할 것으로 내다보았다. 종전까지 중국의 기업 부도·정리에 관한 정책은 '좀비기업' 정리로 이해되면서 긍정적으로 평가되었지만, 최근 중국 정부의 갈 지_之자 행보에다 미국이 무역 전쟁을 본격화하면서 자금 압력이 가중되자 좀비기업들에 대한 중국 정부의 지원과 대책 마련이 매우 불규칙적으로 이루어지는 모양새다.

한편 중국 위안화 절하가 가속화하는 상황에서 중국 기업들의 대외 채무 상환 문제가 가중될 것으로 보인다. 만일 외환시장에서 중국 위안화 절하가 불가피해질 경우, 외국계 자금 이탈이 더욱 가중되고 향후 미국 연준의 금리 인상으로 자금 이탈의 악순환도 가세할 것으로 보인다. JP모건에 따르면, 위안화가 5% 절하될 경우 중국 내 외국계 자본이 약 3,750억 달러 이탈할 것으로 추정한다. 이런 상황에서 앞서 지적한 미국 연준의 금리 인상, 위안화 절하 등과 맞물려 중국 외환시장 환경이 급속도록 악화될 가능성도 높다. 사실상 중국 중앙은행의 외환보유금 규모가 2018년 7월 5일 이후 꾸준히 감소하고 있음에 주목할 필요가 있다.

아울러 미·중 무역 전쟁 국면에서 미국이 전략적으로 선택 가능한 카드를 놓고 볼 때 중국의 그것보다 다양한 공격과 방어가 가능하다는 긍정적 판단과 평가도 있다. 결코 미국이 밀리는 모양새가 아니다. 2001년 미국의 적극적인 지지로 세계무역기구에 가입한 이후 중국의 경제는 표면적으로 또한 양적으로 연평균 10%대 초중반 이상 성장을 보이는 가운데 일본을 2010년 이후 세계 경제 3위로 내려앉히고 미국에 이어 2위로 부상했다. 2008년 베이징올림픽 이후에는 미국발 글로벌 금융위기를 틈타 세계 경제의 명실상부한 G2로 위상을 강화한 측면에서 볼 때, 미국으로서는 상당한 미래 위협 요인으로 중국을 새롭게 정의할 필요성이 점증하고 있다.

이런 시점에서 미·중 무역 전쟁은 중국산 수입품에 대한 관세로 일부 품목의 소비자 물가 상승이 불가피하지만, 그럼에도 중국과 향후 대외 거래에서 결코 명분 싸움에서 밀리지 않아야 한다는 정서가 국민들 사이에 존재한다. 예컨대 관세 부과의 경우 미국은 중국에 비해 3,500억 달러 이상 규모의 경제를 가지고 있다(대중국 수입 5천억 달러, 대중국 수출 약 1,500억 달러). 또 지적재산권과 금융시장 제재, 연준 금리 인상 등으로 중국에 대한 외국인 투자와 자본시장 압박 카드가 상당 부분 효력을 보일 가능성이 높다는 점에서 미국은 대중국 무역 갈등 구조 속에서 상당한 우위를 점하고 있다.

다만 이러한 관세 전쟁이 얼마나 오래갈 수 있으며, 미국 소비자와 제조업자들의 인내가 얼마나 오랫동안 지속될지는 예단하기 어렵다. 미국 내 수입물가 상승이 가계 가처분소득 하락으로 이어지고, 미국 금리 인상으로 연계되면서 2008년 이후 과도하게 풀려나간 유동성에 따른 버블 붕괴 등이 일어날 가능성도 배제하기 어렵다. 하지만 아직까지 미국 경제성장률이 잠재성장률 2.0~2.5%를 넘어서는 것을 볼 때, 대중국 무역 제재조치에 따른 미·중 무역 갈등에서 중국이 우위를 점하는 가운데 비교적 미국에 유리한 방향으로 협상을 이끌어낼 것으로 보인다.

중국으로서는 첫째로 유럽 국가들이 결코 중국 편에 서서 중국과 함께 새로운 기축통화제도 구축 등 무모한 대미 대응 협력체계를 구축할 의사가 전무하다는 점, 둘째로 주변 국가들조차 중국과 경제협력에서 한 발씩 빼는 모습을 보인다는 점에서 결국 미국 요구를 어느 정도 받아들이거나 향후 지적재산권 등을 통한 미국의 '조세경제' 체제에 순응할 가능성도 높아 보인다. 따라서 시진핑 중국 주석의 독재 권력 장악에 대한 찬양이 말 그대로 찬양이 아님을 간접적으로 알 수 있다.

트럼프의 독재 찬양이 실제와 다른 것은 최근 터키와 관계 악화에서도 엿볼 수 있다. 2018년 8월 11일 북대서양조약기구 정상회담 이후 미국과 터키 관계는 급격히 악화되기 시작했다. 이번 사태는 먼저 터키 정부가 미국인 목사 앤드루 브런슨Andrew Brunson을 석방하지 않고 가택연금했고, 이에 미국이 터키 장관 2명에 대한 제재조치를 발표하고 터키산 수입 철강과 알루미늄의 관세를 2배 이상 올리면서 본격화되었다.

트럼프는 "에르도안 대통령이 나에게 모욕을 주는 것으로 느꼈다"라고 서슴없이 말함으로써 터키 정부에 대한 불신을 직설화법으로 표현했다. 즉 북대서양조약기구 정상회담에서 양국 정상 사이에 암묵적으로 합의했다고 본 이스라엘 억류 터키 여성의 석방과 브런슨 목사 석방이 터키 측의 불이행으로 신뢰관계에 이상이 발생했음을 지적한 것이다.

두 나라는 제2차 세계대전 이후 북대서양조약기구 회원국으로서 오랫동안 동맹관계를 유지해왔는데, 최근 들어 다소 껄끄러운 위기 관계가 지속된 바 있다. 예컨대 얼마 전까지 터키 정부가 테러리스트로 규정한 터키 내 쿠르드족 민병대에 대한 미국의 지원 문제, 미국 펜실베이니아에 머물고 있는 반정부주의자 펫훌라흐 귈렌Fethullah Gülen의 신병 인도 문제 등이 터키 정부의 구체적 요구 사항에 포함되었을 가능성도 배제할 수 없다. 하지만 미국은 이와 같은 추가 요구가 지나치다고 판단한 듯하다.

만일 양국 간 교착상태가 장기화될 경우, 불필요한 오해에 따른 동맹관계의 붕괴로 이어지면서 터키의 북대서양조약기구 탈퇴 같은 극단적 선택도 가능하다는 지적이 있지만 터키의 북대서양조약기구 탈퇴는 쉽지 않을 것으로 보인다. 어쨌든 미국의 관세 폭탄에 더해 국제 신용평가사들의 터키 신용등급 강등으로 터키 경제가 최악의 상황으로 치닫고 있다.

아직은 미국과 터키의 군사동맹관계가 강력하다는 점에서 터키 경제의 침몰과 유럽·아시아 신흥 경제의 도미노 위기 상황으로 내닫지는 않을 것으로 보인다. 하지만 '21세기 술탄'이라는 별칭이 있고 향후 최장 30년 장기집권 가능성으로 권력을 더욱 공고히 한 에르도안 대통령에 대한 트럼프의 찬양은 결코 부러워하거나 자신도 그와 같이 독재권력을 추구하고자 한다는 의미는 아니었을 것이다.

또 한 가지, 트럼프는 푸틴 러시아 대통령의 장기집권을 진정으로 부러워할까? 푸틴은 2000년부터 2008년 5월까지 3·4대 러시아 대통령으로 8년간 재직한 이후 더는 연임이 불가능한 헌법에 따라 4년 간 총리로 머물다가 2012년 5월 6대 러시아 대통령으로 당선되었고, 2018년 5월 다시 7대 대통령으로 선출되었다. 러시아 정치의 역사적 배경을 다루기보다 2016년 미국 대선에서 트럼프가 당선될 때 러시 아가 개입한 것이 사실인지 아닌지 등에 대한 설왕설래가 많고, 로버 트 뮬러 특별검사의 조사가 진행 중인 사안인 만큼 매우 진중하게 이 문제에 접근하는 모양새다.

2018년 7월 열린 미·러 정상회담에서 트럼프는 러시아의 미국 대 선 개입과 관련한 문제에 대해 푸틴에게 러시아 책임을 묻지 않겠다 고 했다가 다시 "그가 나라를 책임지고 있기 때문에 향후 미국 선거 에 개입하면 참지 않겠다"라는 식으로 매우 어정쩡하게 대응했다. 또 한 미국 정보당국의 미 대선에 대한 러시아 개입을 부정했다가 번복 하는 모습을 보였다. 하지만 트럼프가 미스 유니버시아드 조직위원 회 운영위원 운영권을 가지고 있을 때 발생한 다양한 논란에 대해 푸 틴과 함께 성급하게 '러시아 게이트 종식'을 선언하는 과정에서 푸틴 의 장기집권을 부러워할 하등의 이유는 찾아볼 수 없다. 다만 트럼프 의 어떠한 약점이 푸틴과 러시아 정보당국의 데이터에 보관되어 있 을 수 있다는 추론은 가능하다.

그렇다고 푸틴의 장기집권과 독재자로서 갖는 권력의 범위와 크기 가 상대적으로 부럽다는 의미는 아닐 것으로 보인다. 오히려 스스로 생각하건대 아무도 리더로서 자신을 이해해주지 않는다는 점에서 외 로움을 느끼고 대통령에 당선되기 전 미처 갖추지 못한 정치·외교력에서 나오는 한계를 극복하지 못하고 있다는 점에서 바라볼 수도 있다. 미국 조야와 언론의 비난과 공격에서 벗어나고픈 의미로 해석할 수도 있다.

마지막으로, 김정은에게 미국 군인들의 유해를 송환하도록 해준 데에 '감사'하다는 명시적 단어를 언급한 것 역시 진심으로 김정은에게 '감사'한다는 의미보다는 오히려 당근과 채찍 중 당근으로 쓴 표현으로 보는 게 맞을 듯하다. 북핵 사태를 원만히 해결하고 2018년 11월 중간선거에서 성공적인 결과를 얻으려고 김정은의 북한 핵 탄두 런던 이송 등 극적인 시나리오를 위해 이른바 어르는 의미에서 그런 표현을 한 것으로 볼 수 있다. 그렇다면 트럼프가 독재자들에게 가지고 있는 속내가 찬양이라기보다 다소 낮은 단계의 희망 사항 정도라고 볼 때 일부 언론이 과도하게 트럼프의 이미지에 부정적인 색깔을 입히는 것은 아닐까?

요약하면, 트럼프가 미국 내외에서 해온 다양한 정치·외교적 협상과 타협은 크게 강온 전략을 동시에 내거나, 하나의 카드를 내놓되 진심으로 원하는 협상 카드는 뒤에 숨기는 형태로 행보를 보인 듯하다. 자신을 대단한 협상가라고 스스로 평가하면서 때로는 '블러핑 카드 bluffing card'도 서슴없이 행사하는 듯하지만 지금까지 그가 내보인 협상 전략은 매우 투명하다. 어떤 면에서는 직선적이고 무엇을 원하는지 분명히 알 수 있는 내용이 많았다. 아울러 미국의 위상이나 국가 이해관계의 선택지가 늘 상대 국가보다 우위를 점하고 있음을 정확하게 추정·계산한 후 여러 방면에서 다양한 공격에 나서는 것으로도 볼 수 있다.

여기에 동의한다면, 트럼프가 미국의 질서를 파괴하는 괴짜가 아니라 21세기 새로운 패러다임을 규정하는 전환기적 시점에 미국의 이해관계와 국제관계상의 위상을 새롭게 생각하고 이를 토대로 위상 정립에 좀더 정확하게 대응할 수 있도록 노이즈 마케팅을 성공적으로 수행하고 있다고 긍정적으로 평가할 수 있을 듯하다. 물론 기업 경영에서 이윤을 내기 위한 미시적 전략·전술과 국가 운영의 거시적 전략·전술 간에는 상당한 차이가 있을 수 있다.

트럼프에게 무조건적으로 반감을 가지고 있는 듯한 미국 언론의 보도 행태는 트럼프에 대한 부정적 이미지를 더욱 부각해서 자연스럽게 2018년 11월 중간선거와 2020년 대선에서 미국 유권자들에게 선택의 폭을 한곳으로 몰고 가기 위한, 어쩌면 트럼프에 대한 매우 음모론적이고 왜곡된 이미지를 강조하는 것일 수 있다. '겉내'가 '속내'가 되면서 트럼프의 진심을 이해하려고 하기보다 무조건 트럼프만 아니면 된다Everything but Trump는 식의 부정적인 답을 내놓았는데, 그것이 결국 거짓이 되는 제2종 오차第2種 誤差, Type II error를 범하지 않기를 바란다. 물론 이와 동시에 긍정적인 답을 내놓았는데, 그것이 결국 거짓이었다는 제1종 오차第1種 誤差, Type I error도 피해야 하는 실수이긴 마찬가지다.

한편 굳이 부정적인 측면을 지적하면, 앞서 〈뉴욕타임스〉와 CNN 등이 지적한 바 있는 트럼프의 정치적 경험과 판단의 미숙함, 대내외 외교적 힘의 역학관계를 전혀 고려치 않고 외교적 의례protocol에 맞지 않게 내뱉는 결례와 논란 등이 트럼프에 대한 부정적 이미지를 양산하는 꼬투리가 된다. 트럼프 스스로 미국을 대표하는 하나의 기관institute임을 인지할 필요가 있는 대목이다.

개인의 불안정한 정서적 일탈로 비쳐지는 부분이 20세기 이후 미국이 글로벌 질서체제에서 일종의 '팍스 아메리카니즘'을 구축하는 과정에서 보여준 겸손과 리더로서의 절제미에 전혀 부합하지 않음으로써 야기되는, 전통적으로 우호적인 '미국'의 이미지 훼손 가능성에 대해 충분히 고민해봐야 한다. 적어도 미국 대통령으로서 세계사적 시대 조류가 어떤 방향으로 흘러가는지, 이를 어떻게 이끌어나가고 미래에는 어떤 글로벌 질서의 패러다임을 창출해낼지 등에 대해 트럼프 자신의 직관과 비전을 비롯해 의회와 사법부의 지혜를 빌려야 할 것으로 보인다. 어쨌든 트럼프의 좌충우돌 언행은 앞으로도 상당한 논란의 대상이 될 것으로 보인다.

시진핑은
누구인가?

　시진핑은 스스로 중국 국기인 '붉은 오성기紅旗'처럼 자신의 심장에 흐르는 피는 공산주의의 붉은 피라고 정의한다. 철저한 사회주의 혁명가로 무장한 사람인 것이다.

　21세기 초입에 미국발 글로벌 금융위기가 시작되고 1991년 소련이 붕괴되면서 냉전체제가 무너지자 중국과 미국을 중심으로 한 새로운 G2의 대결 양상이 나타난다. 2017년 현재 미국의 GDP는 경상가격으로 19조 3,900억 달러, 중국의 GDP는 12조 100억 달러다. 만일 중국과 홍콩의 GDP를 더한다면 중국 GDP는 12조 3,600억 달러가 된다. 국제통화기금IMF에 따르면 2017년 현재 세계 경상 GDP 규모를 79조 8,500억 달러로 추정할 때 미국과 중국의 GDP 규모는 전체의 39.76%에 이른다. 가히 G2 경제라 할 만하다. 이러한 양국의 경제 규모는 2023년이 되면 세계 GDP 규모가 113조 5,600억 달러인 가운데 미국 GDP가 24조 5,400억 달러, 홍콩을 포함한 중국 GDP는 22조 600억 달러에 이르러 전체의 약 41.05%로 1.3%포인트 증가할 것으로 본다.

시진핑 주석이 주창하는 '제조업 2025'가 성공할 경우 2025년 이후 중국 경제는 마침내 미국을 앞질러 세계 1위 경제대국이 될 가능성이 매우 높다. 이러한 가정을 전제로 보면, 왜 트럼프가 미·중 무역 불균형에 대해 매우 강력한 대응을 결심했는지 이해할 수 있다.

미국에서 통상문제는 대개 정부가 주체가 아니라 의회가 주도하는 중요한 대외정책 중 하나다. 국내 문제로는 연방정부 예산안 편성과 심의가 의회의 가장 중요한 역할이다. 따라서 마치 대부분 언론이 말하듯 미·중 무역 마찰이 트럼프 한 사람이 나서서 가뜩이나 불안정한 세계 경제를 뒤흔드는 이른바 어리석은 행동이 아니다. 미국 의회와 정부 모두 중국과의 무역 불균형 문제를 지금 바로잡지 않으면 안 된다고 판단한 것이다. 2001년 미국의 이해 아래 세계무역기구에 가입하면서 엄청난 혜택을 본 중국에 G2로서 좀더 책임지는 자세를 요구하고 기존의 서구 문명이 18세기 이후 구축한 시장자본주의적 경제질서를 파괴하기보다 이에 순응하는 자세를 중국에 요구한 것이다.

이러한 트럼프의 생각과 미국 조야의 판단을 제대로 해석할 때 시진핑 중국 주석에 대응할 수 있는 정책과 전략적 선택의 범위를 추정해볼 수 있다. 즉 그러한 전략적 선택의 깊은 의식과 가치체계의 단초

causation를 찾기 위해 시진핑은 누구인지 이해할 필요가 있으며, 그러한 이해의 바탕은 시진핑의 성장 배경과 교육 환경은 물론 그가 정치무대에서 실제로 경험하고 극복한 무수한 도전과 실험정신에 함축되어 있을 것으로 본다.

따라서 간략하게나마 향후 논의할 트럼프의 다양한 대내외 정책에 대한 이해의 대척점에 서 있는 시진핑의 속내와 겉내를 파악하는 것 역시 트럼프의 말과 행동으로 나타나는 미국의 대중국 전략을 제대로 이해하는 데 충분조건이 된다.

시진핑이 누구인지 좀더 깊이 고민하려면 중국과 세계 경제가 직면한 21세기 후기 문명사회의 시대사적 환경을 어느 정도 이해할 필요가 있다. 20세기를 지배했던 정치 이데올로기적 '냉전체제'는 1991년 소련이 무너지면서 거의 끝난다. 21세기 들어서는 새로운 사조와 시대사적 변화가 또다시 시작되고 있는 것이 분명하다. 그렇다면 과연 그것은 무엇인가? 다음과 같이 크게 3가지로 볼 수 있다.

첫째, 21세기 상반기에 펼쳐지는 글로벌 패권 변화는 군사안보적 관점보다 경제안보적 환경이 더욱 중요해지고 있다는 점이다. 경제적 패러다임이 어느 정도 새롭게 짜인 뒤 이를 지키기 위한 군사적 안보 개념이 21세기 상반기를 지나 후반기부터 새롭게 주요 이슈로 등장할 개연성이 높다. 한편 경제안보의 개념에서 미시적 경제는 환율, I40을 비롯한 정보통신기술, 지정학적 경제 연대와 새로운 무역질서 등을 의미한다.

둘째, 2050년을 변곡점으로 세계는 새로운 글로벌 리더 체제를 맞이할 수도 있지만, 여전히 미국 중심의 글로벌 질서체제를 만들어갈 것으로 보인다. 결국 지역 간 협력체제가 어떻게 변화하는지가 가장 중요한 실마리가 될 것으로 보인다. 예컨대 대서양을 사이에 두고 미국과 유럽 간의 경제와 군사안보적 협력체계는 더욱 강화될 것이다. 북대서양조약기구는 러시아와 중국의 커밍아웃으로 와해되거나 해체될 가능성이 매우 낮다.

비록 최근 트럼프와 메르켈Angela Merkel 독일 총리를 비롯한 영국·프랑스 등의 불편한 동거가 지속되고 있지만, 이들은 국가와 지역 간 미래 협력이 중국과 '일대일로' 형태로 새로이 협력하는 것보다 더 큰 이해관계를 창출할 거라는 점에 한 치의 의구심도 없을 것이다. 따라서 유럽이 중국과 손잡고 '유라시아의 새로운 시대'를 열 것으로 보는 것은 매우 순진한 발상이다.

이러한 결론을 따라가면 우리는 매우 미시적인 경제질서까지 내다볼 수 있다. 즉 새로운 기축통화제도에 대한 합의, 정보통신기술 혁명과 미래 I40에 관한 중국과의 공유 등은 더욱 제약이 가해질 개연성이 높다. 중국이 이들 국가들로부터 이 같은 기술을 매입할 수는 있어도 '조세경제' 체제와 금융자본시장을 갖기는 어려울 것으로 보인다.

셋째, 소프트 파워가 2050년까지 하나의 질서체제를 갖추게 되면, 뒤이은 하드 파워에 관한 군사안보력의 격차로 결국 '스마트 파워' 경쟁에서 21세기는 미국과 유럽의 주도 아래 놓일 개연성이 크다. 물론 이를 깰 수 있는 길이 없는 것은 아니다. 중국의 하드 파워와 인도의 소프트 파워가 결합되면 19세기에서 20세기에 걸쳐 이루어진 미국과 유럽 중심의 서구 자본주의 체제가 중국과 인도 중심의 아시아 자본주의 체제로 전환될 수도 있다. 하지만 스마트 파워로 변환하기 위한 중국과 인도 간의 가치 공유와 글로벌 경제질서의 창출은 매우 불확실한 상태다.

요약하면, 21세기 새로운 글로벌 질서 변화와 패러다임 전환은 결국 군사안보적 경쟁보다 경제안보적 경쟁체제로 먼저 변화되고, 그 뒤를 이어 지역 간 세력 다툼이 곧 시장자본주의를 배경으로 한 서구 자본주의의 기득권과 중국·인도를 중심으로 한 신흥 자본주의 세력의 경쟁 관계로 발전할 수 있다는 것이다. 하지만 이러한 시대사적 전환은 중국과 인도의 가치가 오랫동안 공유되면서 상호 정치·경제·사회적 공감대가 이루어질 때 가능하다. 즉 언어와 문화 등 다양한 인문·사회학적 환경이 뒤따라 움직여야 한다. 결국 시진핑 중국 주석이 중국 경제의 양적 성장을 곧 글로벌 경제 속 중국 경제의 질적 변화로 치환하려는 정책과 전략은 매우 무모하고 위험하다. 우선 시진핑 주석이 글로벌 질서체제를 바라보고 이해하는 '관觀'을 추정해보자.

중국은 1949년 1월 장제스 국민당을 축출하고 공산화한 지 29년 만인 1978년 덩샤오핑의 '흑묘백묘黑猫白猫'론을 근간으로 선전 등 4개 경제특구를 처음으로 개방한다. 그리고 1978년 이후 30년을 경제개발의 1기로 삼았으며, 2008년 베이징올림픽은 중국 경제성장의 연착륙을 자평하는 축제로 볼 수 있다. 한편 중국 공산당은 2008년 이후

30년은 정치발전의 30년으로 본다. 1989년 천안문 사태 이후 경제발전이 인민들의 정치·사회적 성향의 동시적 변화를 촉발했다는 점을 인식한 중국에서 1997년 홍콩 반환, 1999년 마카오 반환 등으로 촉진될 새로운 정치 경제체제에 대한 실험도 2008년 이후 30년 동안 이루어질 것으로 본다. 이와 같은 전반적인 정치·경제·사회 환경의 변화 속에서 이후 시진핑 주석과 중국의 운명은 매우 중요한 의미가 있는데 그 이유를 하나씩 자세히 살펴보자.

먼저, 시진핑은 6·25전쟁이 끝날 무렵인 1953년 6월 태어났다. 중국 지도자 가운데 처음으로 제2차 세계대전 이후 태어났으며, 중국 대륙이 공산화된 이후 중국에서 출생한 첫 신세대 지도자다. 그의 출생은 매우 단순해보이지만 사실 중국의 베이비붐 세대라는 점, 중국 공산화 이후 주석으로 선출된 첫 세대라는 점 등에 대해 남다른 해석을 하는 경우도 있다.

시진핑은 2018년 3월 중국 헌법, 즉 당헌黨憲, 黨章까지 개정하면서 러시아 푸틴 대통령과 함께 표면적으로는 무소불위의 절대 권력을 휘두르는 동시에 사실상 장기집권의 길을 열었다. 2017년 중국 공산당 제19차 전국대표대회와 2018년 3월 11일 제13기 전국인민대표대회(전인대) 1차 회의 제3차 전체회의에서 '수정안修正案' 형식의 헌법을 개정해 공산당 권력 독점과 장기집권 의도를 그대로 관철한 것이다.

헌법 개정은 2004년 이후 14년 만에 이루어진 것으로, 〈인민일보〉는 사설에서 시진핑 주석 체제가 굳건해짐으로써 중화민족의 위대한 부흥의 여정이 드디어 시작되었다고 강조했다. 즉 이제는 아편전쟁과 청일전쟁, 제2차 세계대전 당시의 나약한 중국이 아니라 새로운 시대에 새 헌법으로 중국 특유의 사회주의 노선을 더욱 굳건히 해야 한다는 점을 강조한 것이다. 〈인민일보〉는 또한 시진핑 주석의 향후 집권을 10년 더 보장한다는 좀더 적극적인 지지 의사를 내비치기도 했다.*

시진핑의 정치 이력은 어떤가? 시진핑의 아버지 시중쉰Xi Zhongxun은 중국 공산당 군인 출신이다. 1968년 마오쩌둥의 문화혁명 당시 하방운동에 따라 얀춘으로 추방당했으며, 시진핑은 어렸을 때 아버지의 정치적 부침에 따라 한때는 량자허라는 시골의 토굴에서 생활한 것으로 알려져 있다. 시진핑은 '태자당太子黨' 소속이다. 태자당은 중국 공산당 초기 멤버의 후손들이 일종의 정치그룹을 형성한 모임이다. 비록 하방운동 기간에 사상적 핍박을 받기는 했지만 아버지가 중국 공산당 당원으로서 군인이었으니, 시진핑의 당성은 덩샤오핑의 복권과 함께 충분히 인정받았을 것으로 보인다.

시진핑은 칭화대학교를 졸업한 후 후지안성 성장1999~2002, 제장성 성장과 당서기2002~2007를 지냈고, 2007년에는 첸양규Chen Liangyu 후임으로 상하이 당서기로 잠시 근무했다. 2007년 10월 마침내 중국 공산당 중앙정치국위원회 상무위원으로 선출되었고, 후진타오의 뒤를

---

* 중국의 현행 헌법인 82헌법(팔이헌법)은 과거 마오쩌둥의 문화대혁명 시기의 우상화를 폐지하고 1978년 덩샤오핑을 주축으로 중국의 개혁·개방을 준비하기 시작할 때 국가 주석직의 종신제 폐지와 국가 지도자의 중임을 주요 내용으로 하는 헌법이다. 1982년 헌법은 그동안 1988년, 1993년 등 모두 5번 부분수정 형식으로 수정되었다.

이를 지도자로 관심을 받으며 5년간 상무위원회 위원직을 수행했다. 2008~2013년에는 부주석으로, 2010~2012년에는 중앙군사위원회 부주석으로 근무한 것으로 볼 때 중국 공산당에서는 시진핑에 대해 차세대 지도자로서 충분한 역량과 지혜를 갖춘 것으로 높게 평가했을 것이다.

그렇다면 시진핑의 가치관과 국가관은 어떤 면에서 기존의 다른 주석들과 차별성이 있을까? 첫째, 시진핑의 중국 공산당에 대한 충성심은 절대적이다. 둘째, 시진핑은 2012년 12월 첫 남방순례에서 '중국의 꿈中國夢'에 대해 자기 생각을 명확히 얘기한 적이 있다. 미국의 트럼프가 '위대한 미국을 다시 한 번'이라고 외칠 때 시진핑 역시 '위대한 중국을 다시 한 번'이라고 외쳤다. 이를 간단히 '중국의 꿈'이라고 표현했을 뿐이다. 셋째, 시진핑의 리더십은 중국에서는 적어도 21세기형 새로운 리더십을 의미한다. 예컨대 시진핑은 중국 상무위원 수를 종전의 9명에서 7명으로 줄이면서 공산당 내 기득권 세력을 완전히 물갈이했다. 시진핑과 리커창 총리를 제외한 상무위원 5명을 관례대로 태자당, 상하이방, 공청단 등으로 골고루 나누지 않고 완전히 새로운 구성원으로 임명한 것이다. 공산당 내 기득권 세력의 부정과 부패를 척결하지 않고는 중국 공산당이 오래갈 수 없다는 점에 주목한 듯하다. 그 자신이 임기 10년의 장기집권 체제를 선호한 이유도 종전의 파벌 간 나눠 먹기식 '집단지도체제'를 지양하고 완전히 새로운 인물들로 하여금 기득권 세력을 개혁·정리함으로써 장기집권 기간에 중국 공산당 내부 검열을 좀더 새롭게 하겠다는 각오를 한 것이다.

중국 공산당의 존립을 위해 기득권 세력의 부정·부패를 철저히 단속하지 않을 수 없다는 점을 강조한 시진핑 자신도 과연 개방·개혁 정책을 실시할지 매우 신중하게 고민한 적이 있다. 그렇다면 중국 기득권 세력의 부정·부패를 보면서 시진핑은 중국 경제의 지속적인 개혁·개방정책에 대해 회의적이었을까? 그렇지는 않다. 시진핑은 일반 대중(인민)이 좀더 좋은 교육을 받고 안정적인 직장에 다니며, 소득이 점증하는 만큼 안정적인 사회보장제도가 갖추어지고 수준 높은 의료기술과 의료보험제도를 바탕으로 국민 보건이 증진되어 여유로운 삶을 누리고 싶어하는 것을 '중국의 꿈'이라고 정의했다. 거창하고 화려한 것이 아니라 말 그대로 평범하고 일상적인 삶의 단면을 가지고 '중국의 꿈'을 정의했는데, 이는 2012년 남방순례에서 한 얘기다.

시진핑 주석은 2012년 12월 베이징 중앙정치 무대에서 본격적인 리더십을 발휘한 이후 처음 지역 방문지로 광둥성을 선택했다. 시진핑과 덩샤오핑에게 광둥성의 의미는 남다르다. 덩샤오핑은 1989년 천안문 사태 이후 공산당 내 보수파들에게 제동이 걸렸던 자신의 경제 개방·개혁 프로그램에 대한 신념을 재확인하기 위해 1992년 광둥성을 비롯한 남방순례에 나선 적이 있다. 1978년 자신이 처음 개방했던 4개 경제특구를 방문한 것이다. 그로부터 24년 후 시진핑은 덩샤오핑의 개혁·개방정책 또는 흑묘백묘론을 '중국의 꿈'으로 재정리했다. 그는 '중국이 경제 강국으로 부상하는 꿈, 이를 뒷받침할 수 있는 강력한 군대를 가진 중국 공산당군이 되는 꿈'을 얘기했다. 21세기 중국의 비전은 바로 이 '중국의 꿈', 즉 경제와 군사안보적 힘의 강화,

스마트 파워의 굴기에 있음을 분명히 했다. 여기서 말하는 '중국의 꿈'은 바로 중국 베이비붐 세대 지도자가 미래 세대에게 주는 위대한 중국을 다시 한 번The Great China again을 의미한다.

   그렇다면 시진핑 주석의 이와 같은 원대한 '꿈'은 어떻게 구체화될 수 있을까? 시진핑은 중국 공산당 운영에서 가장 중요한 한 가지 기본 원칙을 가지고 있다. 공산당 기본 규율을 엄격히 적용하고 내부 단결을 강조하는 것이다. 예컨대 상무위원 숫자를 9명에서 7명으로 줄이고, 공산당 내 기득권 세력의 부정·부패를 정리함으로써 정치·경제적 불안정성의 싹을 미연에 제거하며 좀더 강력하고 단결된 힘을 토대로 중국 공산당이 위대한 중국 건설의 선봉에 설 것을 강조했다. 이러한 맥락에서 보시라이와 저우융캉 등 거물급을 숙청한 것을 단순히 정적 제거로만 보는 것은 근시안적 판단이다. 이와 함께 공산당 내 기득권 세력에 대한 엄정한 처벌을 경고한 것임을 살펴야 한다.

   1989년 천안문 사태의 발단은 경제성장에 따른 중국 인민들의 정치적 자유의 목소리였다. 즉 민주화 요구로 볼 수 있어야 한다. 중국 경제가 성장·발전할수록 빈부격차가 심해질 경우, 이에 따른 양극화 문제는 곧바로 정치적 민주화로 연계되거나 자치민족주의 해방운동으로 연결될 수 있음을 고려하게 한다. 따라서 자신을 '중국 국가주의자'로 부르는 시진핑 주석이 향후 중국의 정치 일정을 단순히 자본주의 시장경제에 통째로 맡길 것으로는 보이지 않는다. 오히려 중국식 사회주의 시장경제체제를 더욱 강조함으로써 앞으로 어쩔 수 없는 정치 일정에 따라 다당제가 출현하고, 홍콩·마카오·타이완과 연계하는 점진적 정치체제의 변화 과정을 고려하더라도 중국 공산당 중심의 정치·경제·사회적 지배력을 결코 포기하거나 약화해서는 안 된다는 것이 바로 시진핑 주석의 공산당 내 반부패 드라이브 정책의 진정성 또는 속내다.

시진핑의 주요 정치·통치 철학을 좀더 살펴보면 크게 3가지로 요약할 수 있다. 먼저 앞서 지적했듯이 반부패 캠페인을 벌여 시장 친화적인 경제구조로 전환을 도모하되(경제개혁) 점진적인 정치 민주화로 정치·경제·사회적 안정과 중국 공산당 중심의 중국 국가주의의 연착륙을 도모한다는 것이 시진핑 정치철학의 핵심 가치 아닐까? 둘째, 이를 뒷받침할 수 있는 사법제도의 규율과 시스템을 강화해 사회질서와 경제질서 유지에서 법치주의를 강조한다. 셋째, '중국의 꿈'을 통해 인민과 국가의 일치된 지향점, 즉 중국이 미래에 대해 고민해야 할 가치기준에 대한 공감대를 꾸준히 넓게 확장하고 구체화한다. 이러한 목표를 위해 시진핑의 중국 공산당은 대내외 정책을 구체적으로 실행에 옮기고 있다.

대내 사회 안정용으로는 시민사회 운동의 확산을 방지하고, 급진적인 이데올로기적 다양성을 지양하며, 인터넷을 통한 무절제한 국가 비판에 대한 제재를 강화하는 등 미시적이고 구체적인 인민·국가 통제 방법을 강화하고 있다. 중국 시내 어디에서든 이러한 구호와 선전 포스터는 흔히 볼 수 있다. 대외정책으로는 일본과 남중국해 영유권 분쟁에서 논리적·실질적 우위를 점하는 데 외교력과 군사력을 집중하되, 일반적인 국제 무역거래에서는 자유무역과 글로벌화를 적극적으로 지지하고 옹호한다. 예를 들면 현재는 일정 부분 미진한 상태이지만 '일대일로一帶一路, One belt, one road'를 통한 유라시아 경제권 창출 노력을 계속하고 있다. 한편 2015년에는 1950년 중국 내전 이후 65년 만에 처음으로 마잉주Ma Yingjeou 타이완 총통과 정상회담을 하기도 했다.

하지만 중국의 대외정책은 2가지 점에서 상당히 무리하는 모습을 보인다. 첫째, 중국 스스로 경제적 위상의 급부상에 걸맞게 국제사회의 일원으로서 책임 있는 자세를 보이기보다 무차별적으로 기존 질서를 무시하거나 오염하는 방식으로 국제사회로부터 상당한 거부감과 저항에 직면하고 있다. 물론 근대 이후 서구 중심 국제질서의 변화가 불필요하다는 의미는 아니다. 하지만 갑작스러운 충격을 가할 때 세계 경제의 축은 흔들리게 되고, 그 결과 예측하기 어려운 세계 경제 위기 국면이 여러 곳에서 다양한 형태로 나타날 수 있다.

둘째, 흔히들 얘기하듯, 중국 역사에는 중국을 벗어나 영토를 확장하거나 식민지를 지배해본 경험이 거의 없다. 이는 글로벌 관계 속에 매우 중요한 '관시(망)' 형성에 결함이 되거나 허점이 많을 수 있다는 것을 의미한다. 중국 5세대 지도자 시진핑은 젊고 패기에 넘치는 리더십과 사회주의에 대한 열정을 토대로 국가안보위원회를 비롯한 다양한 중앙 공산당 조직체계에서 위상을 강화하고 장기집권과 일인 독재체제와 유사한 절대 권력의 기반을 구축했지만, 이것은 오로지 15억 중국 인민 대중과 관련한 정치적 배경일 뿐이다. 15억 인구의 정치·경제를 안다고 해서 타이완(인구 2,300만 명)을 통치한다거나,

이보다 훨씬 규모가 작은 홍콩(인구 740만 명 정도)을 일거에 중국 내륙 정치·경제에 편입할 수 있다고 보는 것은 큰 착각일 수 있다.

2017년까지 〈포브스〉는 세계에서 가장 영향력 있는 지도자로 푸틴 러시아 대통령을 지명했지만, 2018년에는 마침내 시진핑 중국 국가주석을 세계에서 가장 강한 권력과 영향력을 지닌 지도자로 꼽았다. 2007년 중국 공산당 중앙정치국위원회 상무위원에 오른 후 요직을 거쳐 2013년 3월 중화인민공화국 주석으로 취임해 당·정·군 등 주요 정치·군사 권력을 장악한 시진핑은 관료들의 부정·부패에 엄격한 개혁주의자로서 2017년 중국 전국대회에서 마침내 마오쩌둥에 이어 '시진핑 사상'을 생전에 당헌에 넣은 두 번째 지도자가 되었다. 이어 2018년 3월 11일에는 '시진핑 사상'을 국가 지도이념으로 헌법 서문에 포함했고, 국가 주석의 연임 제한을 삭제한 5차 개헌안을 통과시키면서 장기집권의 토대까지 마련했다.

그렇다면 포스트 시진핑은 또다시 시진핑이다. 그 이유를 간단히 요약하면 다음과 같다. 2050년, 즉 21세기 상반기 동안 중국 경제의 급부상에 필연적으로 따라올 수밖에 없는 정치 민주화와 전방위적·동시다발적인 대내외 정치·경제·군사·외교·안보적 불확실성들로부터 중국을 지켜내야 한다는 것이다. 여기에 '속내'와 '겉내'가 다 함축되어 있다.

리콴유 전 싱가포르 총리는 시진핑 주석에 대해 "시진핑은 어릴 때부터 다양한 삶의 질곡을 직접 체험하고 극복하며 견뎌냈기 때문에 매사에 매우 사려가 깊을 것이다. 아울러 넬슨 만델라Nelson Mandela 형 인간으로 감정 기복이 없고 안정되어 있다. 따라서 쓰라린 경험에서 접했던 다양한 사건의 부정적 그림자들이 그의 미래는 물론 국가 통치 철학을 세우는 데 결코 악영향을 주도록 허락하지 않았을 것이다. 그는 매우 인상적인 인물이다"라고 평가했다. 2008년 미국발 금융위기 당시 미국 재무장관이었던 헨리 폴슨Henry Paulson은 시진핑 주석이 "마지막 목표점까지 어떻게 도달할지 아는 사람"이라고 평가했다. 케빈 러드Kevin Rudd 전 오스트레일리아 수상 역시 "시진핑은 혁명가적 기질이 매우 강한 사람으로, 중국 공산당 군 복무 경험과 당원으로서 철저한 국가주의적 가치관이 자신의 말과 행동에 엄밀하게 스며든 사회주의자"라고 설명한 바 있다. 이들이 시진핑에 대해 공통적으로 지적한 것은 그가 '철저하게 중국 공산당에 충성스러운 사회주의자'라는 점이다.

중국의 정치·사회적 상황과 다양한 경제적 변수를 단순히 '팩트fact'가 아니라 '진실과 거짓truth and false'으로 이해하기는 쉽지 않다. 시민 대중과 언론에 대한 온라인·오프라인 형태의 통제가 극심하기 때문이다. 따라서 중국 핵심 권력 내부에 대한 확인되지 않은 소식들이 마치 사실인 양 흘러나오고 있다. 하지만 한 가지 분명한 사실은 미국과 중국이 21세기 후기 산업사회와 문명사회의 전반부에 다양한 이슈와 쟁점을 공유할 수밖에 없다는 것이다. G2로 불리건, G1이 그대로 유지되건 간에 트럼프는 '위대한 미국을 다시 한 번'을 명시적으로 외치고 있고, '미국 우선주의America First'를 강력하게 핵심 정책으로 실천하려고 한다. 그 반대편에 서 있는 시진핑의 중국 역시 '위대한 중국을 다시 한 번'과 '중국 우선주의China First'를 주장하는 양상이다.

짧게는 2020년까지, 길게는 2024년 중국의 '제조업 2025'의 완성까지 트럼프 미국 대통령과 시진핑 중국 주석 사이에는 상당한 긴장관계가 흐를 수밖에 없다. 21세기 글로벌 패권 경쟁에서 한쪽은 지키려하고, 한쪽은 빼앗거나 적어도 대등하다는 것을 인정받으려 하기 때문이다.

2050년 굴기 이후
중국과 미국의 위상

　시진핑 주석의 집권 연장과 관련해 서로 다른 3가지 관점을 충분히 알 때 트럼프가 마치 '독재 모델'을 찬양한 것처럼 얘기한 부분에 대해 좀더 깊은 '속내'를 이해할 수 있을 것이다.

　첫째, 트럼프의 '의사결정 방식'과 관련된 부분이다. 과연 트럼프가 부동산 재벌 기업인으로서 의사결정을 할 때 주변에 얼마나 많이 자문하고, 이견에 귀를 기울였으며, 때로는 참모들의 의견을 거의 모두 수용하면서 계약이나 거래를 성사시키거나 파기했을까? 아마 거의 없었다고 보는 게 타당할 듯하다. 부동산 재벌 기업의 오너인 자신의 의사결정에 결정적 영향을 주도록 허용하지 않았을 법한 상황에서 다양한 사람의 여러 의견을 수렴하고, 이를 다시 의회와 사법부 등과 균형된 권력의 논리로 논쟁하거나 협의해야 한다는 것은 그에게 매우 '불편한 진실'이다.

이에 반해 시진핑의 신속하고 강력한 최종적 의사결정 방식은 공산당 일당 독재체제하에서 그가 늘 경험했던 독자적 의사결정 구조와 거의 일치한다. 따라서 의사결정권의 독점에서 오는 사안에 대한 집중력과 과정이나 결과에 대한 책임, 이로부터 느끼는 압박감 또는 스트레스를 오히려 즐길 수 있다는 점에서 시진핑과 독재자들이 느끼는 감정은 바로 트럼프가 정치인으로 등판하기 전 느꼈던 감정선과 비슷한 것으로 볼 수 있다.*

이를 위해서는 결국 지도자의 미래에 대한 직관과 비전이 중요하다. 또한 이를 이해하는 주요 참모들의 로드맵 구축과 액션 플랜action plan 등의 전략·전술이 중요하다.

'제조업 2025'를 성공적으로 완수하고 '2050년 굴기'를 이루기 위해 중국 공산당이 일치단결한 모습을 유지하는 것이 21세기 후기 산업사회에 들어선 지금 19세기 중후반 이후 아편전쟁 등에서 드러난 중국의 취약점을 제대로 극복하는 것이라 생각할 수도 있다. 하지만 '독재권력'의 함정은 매우 깊고 위험하다. 예를 들면 시진핑 주석의

---

* 정부 운용과 기업 경영에서 의사결정 체계는 충분히 다를 수 있다. 과거 일본 소니(SONY)가 삼성의 무서운 추격의 배경을 설명할 때, 여러 원인 중 하나가 의사결정 시스템의 유연성과 신속함이었다. 삼성의 경우 부분적인 수평적 리더십을 통해 다수의 의사결정이 수평적으로 신속하게 이루어짐으로써 수직적 리더십으로 논의와 최종 결정까지 상당한 시간을 소비하는 일본 기업보다 의사결정이 빨랐고, 결국 투자의 효율성과 합리성이 크게 향상됨으로써 소니를 추월하는 발판을 마련했다는 지적이었다. 세계 경제의 기술 진보 속도가 매우 빠르고 효율적인 의사결정 시스템을 요구하는 20세기 중후반 이후에는 기업 경영의 의사결정 또한 온라인 결재 등 다양한 의사결정 체계를 갖출 것이다.

장기집권 의도는 공산당 고위관료들의 부정·부패를 척결하려는 것이라는 명분이 있지만 언제 어디서든 반대세력의 결집과 반발이 동시적으로 나타날 수 있다는 점도 간과할 수 없다. 따라서 시진핑은 중국 공산당 고위간부들뿐만 아니라 일반 인민대중에 대한 감시·감독 체계도 강화할 수밖에 없다.

2018년 8월, 하반기 중국 경제 운용 정책을 논의하는 베이다허北戴河 회의가 열렸다. 미·중 무역 전쟁의 지속 가능성, '일대일로' 협력국가들의 이탈 움직임과 가짜 백신 문제 등 예기치 않은 대내외 경제·사회적 문제가 곳곳에서 돌출하면서 중국이 조금씩 소란스러워지는 상황이 향후 시진핑 주석의 권력 유지와 향배에 어떤 실마리를 제공할지 현재로서는 아무도 알 수 없다.

둘째, 주요 정책 관련 의사결정 시스템의 효율성, 합리성, 투명성이 문제일 수 있다. 과거 한국의 경제개발에서도 이에 대한 예를 쉽게 찾아볼 수 있다. 만일 포항제철 건설을 결정하는 의사결정이 모든 국민의 청원이나 환경단체를 비롯한 시민단체들이 참여하는 형태로 이루어졌다면 과연 어떤 결과가 나왔을까? 물론 '하향식Top down' 의사결정 방법이 '상향식Bottom up'보다 반드시 우위에 있다는 것은 아니다. 사안에 따라 다를 수 있고, 시대적 상황도 사안이라고 하는 내용의 한 모서리를 충분히 차지한다는 점에 주목할 필요가 있다는 것이다. 어쨌든 당시 의사결정 시스템은 수직적이어서 의사결정 구조상 피라미드의 최고 정점에 있는 대통령의 재가가 떨어져야 정책이 실행에 옮겨지곤 했다.

트럼프는 일사불란한 내각의 움직임과 정책 실행을 희망할 수 있다. 하지만 미국 정치 시스템은 이미 입법·사법·행정의 삼권분립 체제로 비록 백악관을 중심으로 행정부의 의사결정이 신속하게 이루어진다 하더라도 의회와 사법부를 중심으로 한 견제와 균형의 축이 건강하게 남아 있다. 미·중 무역 갈등에서 의회의 지지와 이민정책에 대한 의회와 사법부의 제동은 이러한 미국 정치 시스템의 선진적 모습을 충분히 보여준다.

셋째, 트럼프가 생각하는 부러운 독재는 지금까지 미국 정치 역사에 거의 나타나지도 않은 부분이고, 고민해본 흔적도 없는 부분이다. 이러한 발상이 왜 나왔는지 헌법적 가치에서 고려해볼 수 있으므로 법정치학 개념으로 접근해본다. 시진핑 주석의 장기집권 플랜의 초점은 중국 공산당 헌법에 규정되어 있는 인민, 즉 국민들에 대한 정의와 관련이 있을 수 있다.* 어쨌든 이렇게 발상한 것보다 이런 얘기를 아무 거리낌 없이 자신의 최대 반대세력인 언론인들 앞에서 농담조로

---

* 중국 공산당 규약의 총강령 시작 부분은 이렇다. '중국 공산당은 중국 노동계급의 선봉대이며 동시에 중국 인민과 중화민족의 선봉대이고 중국 특색 사회주의 사업을 영도하는 핵심이다. 중국 공산당은 중국 선진생산력의 발전 요구를 대표하고 중국 선진문화의 전진 방향을 대표하며 중국의 가장 광범한 인민의 근본이익을 대표한다. 당의 최고 이상과 최종 목표는 공산주의를 실현하는 것이다.' 아울러 총강령에는 '중국 공산당은 인민을 영도해 사회주의 시장경제를 발전시킨다. 공유제 경제를 확고부동하게 공고·발전시키며 비공유제 경제발전을 확고부동하게 권장하고 지지하고 유도한다. 자원배치에서 시장의 결정적 역할을 발휘시키고 정부의 역할을 좀더 잘 발휘시키며 완비한 거시적 조정체계를 구축한다. 도시와 농촌 간의 발전, 지역 간의 발전, 경제와 사회의 발전, 인간과 자연의 조화로운 발전, 국내 발전과 대외개방을 통일적으로 계획하고 경제구조를 조정하며 경제발전 방식을 전환하고 공급 측의 구조적 개혁을 추진한다. 신형의 공업화·정보화·도시화·농업현대화의 동반 발전을 촉진하고 사회주의 신농촌을 건설하며 중국 특색의 신형공업화의 길로 나아가고 혁신형 국가와 세계 과학기술 강국을 건설한다'라고 되어 있어 중국 공산당과 당원 중심의 사회주의 국가건설을 목표로 한다는 것을 알 수 있다. 향후 이러한 '사회주의 국가' 건설과 '경제적 자유' 문제가 어떻게 상충할지 주목할 필요가 있다.

한 트럼프의 배포를 한번 정도는 긍정적으로 평가할 필요가 있지 않을까?

1932년 9월 22일과 23일 이틀에 걸쳐 샌프란시스코 '시빅 오디토리움'과 '코몬 웰스 클럽'에 모인 시민 1만 6천 명과 사업가 2천 명 앞에서 민주당 대통령 후보이자 뉴욕주지사였던 프랭클린 루스벨트가 연설을 한다. 루스벨트 민주당 대통령 후보는 공화당과 민주당의 근본적 차이점과 정부와 국민의 역할과 기능, 상호 의존성에 대해 새로운 정의定義를 제시한다. 이 연설에는 1929년 이후 대공황과 제2차 세계대전을 거치면서 미국 경제를 새롭게 구조조정하고 재건하고자 했던 그의 정치·경제적 직관과 비전, 즉 '뉴딜New Deal'정책에 대한 원대한 이상과 꿈이 담겨 있었다.**

일반적으로 정부와 국민의 관계를 설명할 때, 대개 정부가 국민을 위해 무엇을 할 것인가 또는 국민이 정부를 위해 무엇을 할 것인가에 초점을 두지만 그는 미국의 독립 투쟁사를 되돌아본다. 그리고 미국 국민들이 (독립국가로서) 정부의 권위를 지켜내기 위해 얼마나 투쟁해 왔는지 언급하고, 이러한 노력이 결국 힘 있는 유럽 권세가들의 착취와 인권유린을 피해 몰려온 수많은 이민자에게 꿈과 희망을 제공했

** 이를 '포스트 모더니즘' 또는 앞서 지적한 '63문화혁명 세대'적 관점에서 '보수(conservativeness)' 대 '진보(progressiveness)'의 갈등 관계 등으로 해석할 수도 있으나, 이런 관점은 인류 문명의 진화와 해당 국가와 사회의 발전 과정에 내재된 고유하고 독특한 정치·경제·사회·문화적 배경과 환경을 따로 떼어놓고는 정확하게 해석하기 곤란하다. 따라서 이처럼 한 국가가 지닌 복잡계적인 정치·경제·사회·문화적 내용을 너무 단순하게 일도양단(一刀兩斷)하려면 매우 주의가 필요할 수 있다.

다는 점을 강조한다. 아울러 그러한 꿈과 희망이 결국 미국 건국의 초석이 되었으며, 지금도 많은 이민자와 인권적 측면에서 소수자들에게 미국은 위대한 꿈과 미래를 펼치고자 하는 원동력이 되고 있다는 점을 강조한다.

루스벨트는 또한 미국이 단순히 유럽 봉건영주들의 정치적 탄압과 인권유린에 대한 두려움을 피해 도망치는 나라가 아니라 이를 뛰어넘어 더 위대한 꿈을 펼치고 두려움을 희망으로 승화해나가는 국가라고 강조한다. 이 역시 미국 건국의 아버지들과 시민들에게서 찾을 수 있는 공통점이라는 것 또한 강조한다. 예컨대 토머스 제퍼슨Thomas Jefferson은 빈민 없는 미국을 희망했고, 일정한 규모의 토지를 가지고 가족을 부양할 수 있을 만큼 정당한 노동의 대가를 충분히 받는 사람들이 대다수인 국가를 희망했다. 독립 이후 초기 서부개척사에서 충분히 실천 가능했던 가치였다. 여기서 바로 이러한 경제적 자유를 보장하는 정치 형태를 '공화국The Republic'이라 했고, 미국의 초기 공화국 연방정부는 경제적 평등과 기회의 균등을 모두 함축했다.

국가 운용에 관한 한 정치·경제적 자유는 19세기를 지나면서 미국의 정치·경제·사회적 가치체계의 핵심이 되었고, 앞서 설명한 대로 서부개척 시기를 지나며 누구나 땅을 소유하고 자산을 확보할 수 있는 기회의 균등과 경제적 자유를 투명하게 보장하게 된다. 바로 이러한 자유가 전 세계, 특히 유럽 시민들에게 미국을 전혀 새로운 기회의 나라로 믿게 했다.

루스벨트는 20세기 초입에 나타난 대공황과 제2차 세계대전으로 미국이 새롭게 변해야 한다는 점을 강조한다. 즉 새로운 가치체계가 필요하다는 점을 강조한 것이 샌프란시스코 유세문의 본질이다. 서부 개척 시대를 지나 농촌 경제 형태의 기회 평등과 경제적 자유체계가 산업화에 따라 조금씩 사회계급의 변화로 나타난다. 그러면 기업과 기업가들이 필연적으로 나타나면서 자산과 경제력이 집중되어 일반 시민들의 경제적 자유를 위협하게 된다. 개인의 경제적 자유를 위협 받게 되었다는 것은 개인들이 더는 먹고사는 문제에서 자유로울 수 없게 되었다는 것을 의미한다. 정부의 복지제도나 기업의 고용으로 비독립적·의존적으로 변할 수밖에 없게 된 것이다.

점차 작은 기업들이 하나의 대기업으로 융복합되는 과정을 거쳐 기업은 더더욱 이윤을 좇게 되고, 기업의 이윤극대화는 비용의 최소화와 노동 임금의 하락을 정당화하게 된다. 결국 봉건시대 군주들이 대중의 정치적 자유를 제한했다면, 시장자본주의 체제의 발전은 소수 기업들로 하여금 다수 중산층 또는 대중의 경제적 자유를 억압하고 착취하는 과정으로 전환되었다. 따라서 미국의 시민들이나 중산층은 자신들의 경제적 자유가 제약받는 동시에 정치적 자유 또한 보이지 않는 손에 구속받음으로써 더더욱 단조로운 생활을 할 수밖에 없게 된다. 가계소득의 제약, 즉 예산식 제약으로 개인의 경제활동이 자연스럽게 위축되기 때문이다. 따라서 기업이 요구하는 대로, 정부가 규제하는 대로 생산성 또는 복지제도의 이름으로 자신들의 정치적 자유가 위축되는 것을 이해할 필요가 있다.

예컨대 루스벨트가 대선 유세를 할 당시에 미국 경제는 약 600개

대기업이 운용했는데, 루스벨트는 이를 두고 '경제적 과두정치체제 Economic Oligarchy'라고 정의했다. 경제권력이 정치권력과 결탁하는데도 이 둘을 떼어놓지 못하면 중산층이나 일반 대중은 경제적 자유가 억압되고 제약되는 매우 단조로운 삶을 살 수밖에 없다. 루스벨트는 이러한 경제권력과 정치권력의 집중을 극복하기 위해 정부와 기업의 공동 책임 형태로 '경제적 헌법질서 Economic Constitutional Order'를 새롭게 창출해내야 한다는 점을 강조한다. 이를 경제민주화로 해석할 수 있다.

이는 국민의 기본권 가운데 경제적 자유, 즉 프랑스 혁명에서 나타난 자유·평등·박애 가운데 자유의 의미를 함축하고 있다. 물론 경제적 자유는 기업이 최대 이윤을 추구할 자유를 포함한다. 정부 또한 경제주체들인 개인과 기업이 추구하는 효용과 이윤의 극대화 등의 경제활동을 최대한 보장해야 한다. 하지만 이러한 개인과 기업 등 개별적·경제적 가치들을 동시다발적으로 추구할 때 미국 헌법이 지향하는 가치, 미국 헌법이 지키고자 하는 경제적 자유의 일반적 정의正義는 바로 중산층 middle class 보호에 있다. 그들을 보호하기 위해 공화국 가치체계 The Republic의 기본적인 정치·경제질서가 존재한다.

미국 역사에서 이른바 '경제적 위기'는 바로 이와 같은 경제적 불평등의 증가와 미국 중산층의 경제적 자유의 위축과 이에 대한 압력이 가중되는 것을 말한다. 이를 공화정에 대한 중대한 위협으로 간주하고, 미국 헌법의 가장 기본적 가치에 대한 중대한 도전으로 받아들이고 있다.

이를 중국 공산당의 당장黨章과 헌법적 가치에 대비해 해석해보자. 이 문제를 간단히 하면 다음과 같다. 과연 중국은 1949년 이후 8천만 공산당 당원을 위한 정치·경제·사회적 프레임을 가지고 갈지, 15억 국민 전체를 대상으로 하는 정치·경제·사회적 프레임을 새롭게 창출해낼지로 살펴보면 된다. 15억 인구 전체라고는 하지만 이를 위해서는 공산당 당원의 개념을 새롭게 정의할 필요가 있다. 그렇지 않으면 2020년 이후 중국이 대내외적으로 상당한 정치·사회적 소용돌이에 휘말릴 가능성이 적지 않다. 불확실한 변수는 있지만 국민총생산은 미국에 근접하고, 1인당 국민소득 역시 1만 달러에 도달할 것으로 보이기 때문이다.

2018년 현재 시진핑 주석은 정치·경제·사회적 프레임 가운데 아직은 경제 프레임을 중시해서 미국과 함께 G2체제 구축에 올인하는 듯 보이지만, 경제발전이 중국적으로 정치·사회적 프레임 변화와 개혁을 불러온다는 점도 간과해서는 안 된다. 지금까지 인류 문명사적으로 경제발전이 늘 정치체제의 변화를 유도해왔기 때문이다. 이런 관점에서 볼 때 트럼프의 '언젠가 우리도 한번 해봐야 할 것Maybe we'll have to give that shot someday'이라는 표현에는 어떤 의미가 담겨 있을까? 시진핑 주석의 집권 연장 의도는 어떤 점이 서로 다르고 또 같을까?

일반적으로 트럼프는 정치인으로서 대내외적으로 적(?)이 많다. 미국 내 언론도 그다지 우호적이지 않다. 지난 대선 당시 러시아와 공모설에 대해 로버트 뮬러 특별검사 측이 수사를 진행하고 있다. 트럼프의 큰딸 이방카Ivanka Trump와 그의 남편 쿠슈너Jared Kushner가 백악관에서 활발하게 활동하지만, 대선 당시 선거 참모였던 매너포트는 탈세 혐의로 조사를 받고 있다. 이런 복잡한 속내를 단순히 독재를 해보고 싶다는 것으로 내비쳤다고 판단하면 너무 왜곡된 시각일 수 있다. 시진핑 주석이 경제건설과 공산당 부정·부패에 대한 강력한 처벌 의지를 내비치면서 2050년 이후 미국과 대등하거나 우위에 선 G2 또는 G1을 꿈꾸는 것을 과연 트럼프 미국 대통령과 미국 조야가 조용히 운명처럼 지켜만 보고 있을까? 20세기를 지켜온 미국의 글로벌 거버넌스 시스템, 즉 '팍스 아메리카니즘'이 쉽게 허물어질까?

트럼프는 2017년 취임 직후부터 2020년 연임을 위한 캠페인 팀을 가동하고 있다. 그가 말하는 '독재'가 2번 연임을 말하는 8년인지, 아니면 시진핑 주석과 푸틴 대통령 같은 장기집권을 의미하는지, 아울러 그러한 배경에는 21세기 후기 산업사회에서 미국의 절대적 위기감에 대한 우려가 있는지, 아니면 미·중 갈등과 미·러 갈등 속에 새로운 중장기 포석을 위한 전략적 포지셔닝인지는 좀더 지켜볼 필요가 있다. 경제적으로 미국이나 중국과 견줄 수 없다지만, 여전히 핵탄두를 7천 개 이상 보유하고 있는 러시아가 강대국인 것은 틀림없다. 또 다른 '차르'인 러시아 푸틴 대통령은 어떤 생각을 할까?

향후 중국이 1인당 국민소득 1만 달러를 넘어 경제 강국으로 위상을 구축할 경우, 중국 정부나 중국 공산당은 하나의 '정부'로서 자신의 기능, 역할과 한계에 대해 새로운 정의가 필요할 것이다. 언젠가는 경제발전에 따라 정치적 정체성의 변화가 불가피할 테고, 이를 중국 공산당 일당 독재로 이끌고 갈지, 아니면 보수 대 진보, 공화 대 민주,

일당체제 대 다당제 등 다양한 형태의 정치 프레임으로 변해갈지를 두고 이런저런 고민이 시작될 것이다. 그 고민의 끝단에서 대중 인민과 8천만 공산당원으로 된 두 축이 중심이 될 것으로 보인다.

하지만 세계 정치사의 흐름을 놓고 볼 때, 경제발전과 사회 변화의 추세에 따라 지금의 중국 공산당 일당 독재체제는 항구적일 수 없다. 어느 시점에 다다를 경우, 기존의 공산당 전통을 토대로 사회주의 혁명의 정통성을 잇는 보수적 공화당과 새로운 경제질서와 정치적 민주주의 가치를 강조하는 진보적 민주당 형태로 나뉠 가능성도 있다. 결국 다당제와 양당제 형태로 정치적 정당구조 변화의 경계선에 다다를 수밖에 없다. 정치 변화와 경제적 환경 변화는 매우 밀접한 상관관계를 보이기 때문이다. 중국의 정치와 경제발전이 과연 중국 공산당 일당 독재체제하에서 지속될지는 향후 세계사적 검증을 토대로 좀더 면밀히 관찰해야 할 것이다.

· 미·중 무역 갈등의 속내
· 중국의 환율정책을 짚고 넘어가기
· 치밀한 계획 아래 진행되는 중국 견제
· 미국은 왜 늘 남 탓만 하는가?
· 장군멍군, '암흑물질'과 시진핑의 실수
· 덩샤오핑과 후진타오의 '굴기'를 잘못 이해한 시진핑
· 미·중 무역 분쟁의 승자는?

4장

공정하지 못한 무역을
바로잡겠다

공정한 무역이란 무엇인가? 경제학에서 말하는 로빈슨 크루소의 경제를 이른바 자립경제Autarky economy라고 부른다. 북한 경제도 일종의 자급자족 경제라고 한다면, 대개 이런 경제에는 대외 경제활동이 없다. 말 그대로 자급자족하는 시스템이기 때문이다. 한 국가의 경제가 시장을 개방하고 상품과 용역(서비스)으로 대외 거래에 나서기 시작하면서 대외 무역external trade 논리가 만들어진다. 국내 시장의 거래 역시 무역이지만 이는 대내 무역internal trade, intra-national trade이라 말할 수 있다. 따라서 우리가 일반적으로 이야기하는 무역은 대외 무역을 의미한다.

한편 트럼프가 주장하는 미국 우선주의와 이를 실천적 전술로 하는 무역 불균형 조정의 이면에는 미국의 '속내' 3가지가 숨어 있을 수 있다는 점에 유의하자. 트럼프의 무역 불균형에 대한 공격성은 전통적 우방국을 예외로 두지 않는다. 아울러 잠재적 위험국가들과 경쟁국에 전방위적·동시다발적으로 무역 역조 현상에 따른 기울어진 운동장 바로 펴기를 요구한다. 즉 일본, 독일, 한국, 터키 등 전통적 우방국은 물론 이란, 북한 등 위험국가들에 경제·군사안보적 공세를 벌이면서, 중국이라는 미래 잠재적 G2 또는 G1 경쟁경제에 경제·군사안보적 압박을 동시다발적으로 펼치고 있다.

이 가정을 토대로 2018년 이후 글로벌 질서 변화는 크게 3가지 관점에서 면밀히 분석해볼 필요가 있다. 첫째로 미국(또는 트럼프)의 중국 때리기China bashing, 둘째로 미국(또는 트럼프)의 중국 포위 전략과 고립정책Pivot to Asia to contain China, 셋째로 21세기 미국 중심의 뉴 팍스 아메리카니즘New Pax-Americanism의 구축과 기반 조성이 바로 그것이다. 여기서 미국 또는 트럼프로 구분한 이유는 위 3가지 내용이 모두 트럼프가 처음 시도하는 미국의 전략이 아니라 이미 20세기 말, 21세기 초입에 미국의 대부분 싱크탱크와 의회, 정부, 학계 등이 연구하고 분석해온 사실이기 때문이다. 즉 공정하지 않은 무역을 바로잡겠다는 것은 트럼프의 오리진origin이 아니라 이미 미국 지식사회에서 오랫동안 정보를 수집하고 연구·분석해온 결과다. 트럼프의 대선 캠페인 구호와 공약 등을 고려할 때 이것이 시대사적 글로벌 어젠다로서 가장 시의적절하다고 판단되는 것이다.

그렇다면 무엇이 공정하지 못하고 또 이를 어떻게 해결하겠다는 것일까? 우리 언론이 얘기하는 것처럼 '승자와 패자'를 결정짓기 위한 한판 세기의 승부인지, 아니면 세계질서 재편 과정에서 미국이 글로벌 리더로서 자신의 입지를 더욱 공고히 하려는 일종의 쐐기 박기인지 살펴보자. 일반적으로 미국은 경제성장의 70%를 소비에 의존하고, 30%는 투자와 정부 지출에 따른다고 알려져 있다. 뒤에서 좀 더 자세히 설명하겠지만, 미국의 국내총생산을 구성하는 내용 가운데 무역은 계속 적자를 누적해온 항목이다. 제2차 세계대전 이후 냉전체제의 출범과 이에 따른 군사안보와 군산복합 경제체제의 유지는 미국 경제의 한 단면을 특징짓는 정의가 된다. 한편 냉전체제 붕괴는 군사안보적 갈등 구조에서 경제안보적 관점의 새로운 경쟁 또는 갈등 구조를 낳고 있다. 예컨대 미·중 무역 갈등이 그렇다.

우리 언론이 미·중 갈등을 마치 옆집 싸움 구경하듯 다루지는 않으리라고 보지만, 하루는 곧 타협점을 찾는다는 소식을 전하다가 또 다른 날은 터키, 이란, 남미 등 신흥국 경제로 파급되는 세계 경제 위기의 도미노 현상에 대한 우려로 증시와 금리가 출렁거린다는 우왕좌

왕하는 기사를 올린다. 과연 어느 쪽이 맞을까? '사실fact' 전달에 충실하다는 점에서 이 2가지 경우의 수는 다 맞다. 하지만 좀더 자세히 들여다보고 분석할 필요가 있는 세기적 결투인 것은 분명하다.

결론부터 말하면, 미·중 무역 갈등은 트럼프가 오랫동안 사업가로서 지켜본 결과 작심하고 만들어낸 'OK 목장의 결투'나 '어벤저스'가 아니다. 미국의 대내외 정책은 그렇게 임기응변적이고 즉흥적으로 만들어지지 않는다. 그럼 중국과 무역 불균형 바로잡기에 전력을 집중하는 가운데 독일, 일본, 한국, 터키를 견제하고 제재하는 것은 무엇을 의미할까? 이란과 북한의 핵 문제 해법은 과연 중국과 무역 불균형 바로잡기와 별개 문제일까? 북대서양조약기구와 유럽연합 회원국, 한국, 일본 등 다수 동맹국과의 무역과 관련한 관계는 정말 20세기 기존 질서를 무너뜨리는 한이 있더라도 반드시 바로잡아야 할 것인가? 그렇지 않다면 이들 가운데 누구는 진짜 미국 편이라는 신뢰관계를 가지고 블러핑 카드 또는 시범 조교로서 역할을 기대하는 것은 아닐까?

미·중 무역 갈등의
속내

많은 사람이 트럼프의 2017년 이후 대내외 정치·외교적 행보를 놓고 혼란스러워하고 당황해한다. 물론 기존 관념과 외교적 프로토콜에서 벗어난 트럼프의 대내외 파격 행보를 부정적으로 보는 시각과 긍정적으로 보는 평가, 이 2가지가 모두 가능하다.

특히 당황스러워하는 이유 중 하나는 트럼프의 많은 언행이 공화당의 전통적인 대외정책 기조와 상당한 차이를 보이기 때문이기도 하다. 하지만 어떤 의미에서는 이미 공화당이 트럼프에게 점령당한 것으로 볼 수도 있다. 즉 공화당 상·하원 의원 가운데 트럼프의 행보를 공개적으로 공격하는 인물을 찾아보기 어렵다. 물론 숨죽이고 있을 수도 있지만 미국 정치사에서 그런 경우는 매우 드물다.

미국 의회 의원들은 공천을 받기 위해 트럼프 마음에 꼭 들어야 할 필요가 없다. 의회 의원들과 대통령은 동급이다. 어쨌든 기존 동맹국들은 트럼프가 20세기 동안 미국이 유지·관리해오던 세계질서를 스스로 무너뜨리는 것은 아닌지 당황스러워한다. 과연 그럴까? 미국의 대내외 정치·경제·외교정책 기조가 단순히 트럼프 혼자만의 판단에 따르고 그만의 결심으로 이루어질까?

빌 클린턴 대통령이나 조지 부시 대통령은 미국의 대중국 무역 불균형을 마냥 즐겼을까? 만일 지금 대통령이 힐러리 클린턴이나 버니 샌더스Bernie Sanders였다면, 미국과 중국 사이에 매우 우호적인 분위기가 형성되었을까? 절대 그렇지 않다. 2018년은 미·중 대립으로 상징되듯이 글로벌 질서 변화에 매우 중요한 변곡점이었다. 우선 미·중 무역 갈등에서 비롯한 몇 가지 궁금한 사항을 요약해본다.

첫째, 미·중 무역 불균형은 원천적으로 불가피한 것이 아닐까? 미국 경제는 소비가 중심이다보니 저가 상품을 수입해서 쓸 수밖에 없다. 그런데도 왜 미국은 중국 때리기를 할까?

둘째, 미국 내 대부분 제조업이 해외로 나갔기 때문에 미국에서는 내구재와 비내구재 등을 수입할 수밖에 없다. 아울러 수입상품의 가격은 미국 내 상품의 가격보다 저렴하게 유지되어야 한다. 가격경쟁력 차이에 따른 국부 유출은 미국 달러화의 기축통화 지위로 보완·보전될 수 있다. 그럼에도 미국은 왜 모든 것을 남 탓으로 돌리는가? 2004년부터 2007년까지 세계 경제가 호황을 누릴 때, 인플레이션 압력을 낮추어준 것이 중국의 저가 제품들이었다. 미국발 금융위기는 미국의 주요 투자은행들과 신용평가사들의 탐욕으로 빚어진 것이지 중국이나 대미 수출에 의존한 국가 경제에서 흔든 것이 아니다. 그런데 왜 미국은 자신의 처지가 불안정하면 늘 남 탓을 할까?

셋째, 미국의 달러화는 1975년 브레튼우즈체제Brettonwoods System의 붕괴와 고정환율제도 폐지, 자유변동환율제도 채택과 미국 달러화 기축통화 체제 구축, 1985년 플라자 합의와 미국 달러화 가치의 안정적 운용을 위한 글로벌 자본시장의 변화 등을 통해 다양한 변화를 경험하고 있다. 하지만 미국의 일반 소비자들은 이러한 달러화의 가치 변화에 대한 복잡한 이해 없이 그저 달러 중심의 글로벌 경제질서 체제에서 살아왔을 뿐이다. 가격경쟁의 열위와 무역수지 적자 누적에도 불구하고 달러 환율과 금리정책에 굳이 민감하게 반응할 필요가 없었다. 따라서 자신들이 왜 저축을 해야 하는지, 기축통화 발행국가로서 어떤 윤리·도덕적 기준을 정립해야 하는지 등을 크게 의식할 필요가 없었다. 그렇다면 일반 소비자들에게 기축통화제도의 원칙과 운용기술에 대한 이해는 크게 중요하지 않은 것인가?

넷째, 미국은 중국 경제의 부상을 전혀 예상하지 못했을까? 2008년 미국발 서브프라임 금융위기에 따라 중국 경제가 어부지리로 급부상한 것으로 볼까? 미국은 1991년 소련 붕괴 이후 냉전체제가 무너지면서 자본주의 시장경제와 민주주의의 위대한 승리에 도취했다가 중국에 허를 찔린 것인가?

다섯째, 중국은 경제굴기, 즉 중국의 꿈을 성공적으로 수행했을 경우 그다음에는 무엇을 이루려고 할까? 미국은 이런 고민을 전혀 하지 않은 것인가? 그렇다면 '중국 고립시키기'는 너무 지나친 중국 반정서가 아닐까? 왜 굳이 중국을 고립시키거나 주변 국가들로부터 떨어뜨려놓으려 할까?

여섯째, 트럼프가 아니었다면, 만일 민주당 소속 대통령이거나 전통적인 공화당 출신 대통령이었다면 미·중 무역 갈등은 일어나지 않았을까? 트럼프의 언행은 그 스스로 대내외 정치·외교 경험이 부족한 데서 나오는 실수일까? 누가 대통령이 되었더라도 미·중 무역 갈등은 피할 수 없었을까? 지금이 이 문제를 분명히 짚고 넘어가야 할 시기라면 왜 그런가?

일곱째, 미·중 무역 갈등의 여파로 환율과 금리, 유가 변화가 불규칙해지면서 화폐 전쟁이 일어나고 국제 원자재 가격의 불확실성으로 실물경제에 다시 먹구름이 몰려오는 것은 아닌가? 신흥국 경제위기가 도미노처럼 확산되고 있고, 미국의 전통적 우방인 터키에 대해서도 경제제재조치가 전개되는 이유는 무엇인가? 터키가 미국이 요구한 목사 석방을 거부해서인가? 이란과 북한에 대한 제재조치는 어떤 의미가 있는가? 특히 이란의 경우 세 갈래 길로 중국과 국경을 연결할 수 있다. 파키스탄과 아프가니스탄을 통해 직접 연결하거나 타지키스탄, 우즈베키스탄, 투르크메니스탄을 모두 연결할 수도 있다. 이란은 아랍권이지만 시아파 중심의 강경파가 정권을 잡고 있으며, 언어도 아랍어가 아니라 페르시아어가 중심이다. 미국의 제3국에 대한 제재조치가 무차별적으로 나오고 있다. 남미 신흥국 경제뿐만 아니라 독일, 일본, 한국 등 전통적 동맹 국가들의 무역수지 불균형도 문제삼는다. 트럼프가 이들 동맹국에게 표출하는 불만의 특징은 국방비 지출과 연계되어 있다는 점이다.

뒤에서 좀더 자세히 설명하겠지만, 20세기 말에서 21세기 초입에 나타난 워싱턴 조야의 대중국 견제정책 등에 대한 정보 수집과 연구 분석에서 한국은 종합적이고 치밀한 선제적 위기 관리능력을 갖추지 못해 적절한 대응책을 준비하지 못한 것 같다. 미국의 직접적인 대중국 견제정책과 북핵 사태 문제 해결을 통한 또 다른 직간접적 견제가 앞으로 20~30년을 바라볼 수 있는 한국 경제성장 전략에 어떤 파급효과를 미칠 것인지에 대해서도 제대로 준비되지 않은 듯하다. 한국 경제는 미·중 갈등이 얼마나 오래 지속될 것인지, 어느 정도 깊이 있게 다루어질 것인지, 어느 범위까지 논의될 것인지 등에 따라 상당한 파급효과를 경험하게 될 것이다. 한국의 대중국 무역 수출 의존도는 2017년 현재 25%, 중국을 포함한 동남아시아 수출 의존도는 55% 수준이다.

여덟째, 이런 과정에서 볼 때 북핵 사태 해결에서 한국과 미국의 입장이나 견해 차이는 미·중 무역 갈등의 차이와 어떻게 다른가? 단순히 크기와 정도 차이뿐 아니라 미국이 북핵 문제에 접근하는 상황에서 대중국, 대일본, 대인도, 대동남아 등 아시아 지역경제에 대한 새로운 패권구도는 무엇인가? 이러한 기본 원칙을 이해할 때 한국의 대외정책 골격이 만들어질 수 있고, 이를 근간으로 한국의 경제성장 정책이 새롭게 디자인될 수 있다. 즉 북핵 문제 해결 과정에서 한국은 조연일까, 주연일까? 이 질문에 대한 답에 사실상 한국 경제의 21세기 로드맵이 숨어 있다. 숨은 그림 찾기 게임이라고 할까?

아홉째, 경제적 갈등의 결과는 결국 이를 지키고자 하는 '하드 파워 경쟁', 즉 군사안보적 경쟁으로 전환되지 않을까? 그렇다면 어떤 시나리오를 고민해볼 수 있을까? 과연 중국은 미국으로 하여금 하와이 동서쪽만 가지고 나머지 태평양의 반을 자신이 관할하겠다는 의지를 충분히 관철할 수 있을까? 한국의 포지셔닝은 일본과 어떻게 차별화해야 할까? 중국은 하드 파워를 무너뜨리기 위해 일본, 중동 석유수출국기구OPEC 산유국, 유럽연합 등과 함께 새로운 기축통화 제도를 창출하는 음모론을 실행으로 옮길 것인가? 중국은 그에 따른 희생이나 성공 보수의 경우 세계 경제를 책임지고 이끌어갈 수 있는 가치철학적이고 의식개혁적인 도덕과 윤리를 가지고 있는가? 보이지 않는 전쟁, 즉 화폐 전쟁과 I40 같은 산업기술 전쟁에서 미국을 따돌릴 수 있는가? '제조업 2025'의 성공은 곧 미국을 압도할 수 있다는 의미일까?

마지막으로, 다시 원점으로 돌아와 가장 근본적인 질문은 '누가 이기고 누가 지는 게임인가' 하는 것이다. 이기고 지는 게임이라면, 승패에 따른 글로벌 구도는 과연 어떻게 전개될 것인가? G0인가, G1인가, G2인가?

이러한 질문들 가운데 중요한 다음 3가지 질문에 대해 답을 찾아보자. 이에 앞서 먼저 트럼프의 2016년 대선 캠프의 주요 구호를 다시 한 번 주목해보자. 트럼프의 중국 때리기 정책은 사실상 2016년 대선 캠프에서 내놓았던 캠페인 슬로건에 나타나 있기 때문이다. '다시 미국을 하나로' '다시 미국을 자랑스럽게' 등의 슬로건 가운데 가장 핵심은 '미국을 다시 위대하게'다. 이 한마디에 트럼프와 의회 등이 추구하는 미국 대내외 정책의 '속내'와 '겉내'가 다 들어 있다. 이 기조를 바탕으로 할 때 다음 3가지 질문을 이해할 수 있다. '왜 미국은 중국을 때리는가?' '과연 트럼프는 지난 20세기 미국이 지켜낸 글로벌 질서와 가치의 파괴자일까, 아니면 기존 질서 위에 새로운 질서를 세우려는 '개혁가reformer'일까?' '21세기 미국의 가치가 미국 우선주의에 있다면 먼로주의와는 어떻게 다른가, 아니면 신먼로주의인가?'*

가장 간단히 보면 먼로주의가 발표된 1823년의 세계와 오늘날의 세계질서 사이에는 상당한 차이가 있다. 즉 19세기 초입은 미국에 독립 이후 연방국가체제의 안정과 영토 확장을 위한 준비 기간이었다. 따라서 당시 남미 등에서 식민지 건설의 위세를 떨치던 스페인 등 유럽 강대국에 맞서 자신의 독립을 지켜야 했다. 이런 맥락에서 유럽 강대국들의 아메리카 대륙에 대한 간섭이나 지배를 반대하고 영국과 함께 이를 저지하기 위한 외교적 노력의 일환으로 '나 홀로 선언'을 했다. 하지만 최근 트럼프와 의회를 중심으로 하는 '중국 때리기'와 미국과 무역 불균형을 보이는 전통적 '동맹국 길들이기'는 전혀 다르다.

그렇다면 미국은 왜 '중국 때리기'와 '중국 고립시키기'를 본격화했

---

* 앞에서 정리한 '먼로주의'와 '윌슨주의'를 참고하기 바란다.

을까? 트럼프가 세계 역학관계를 모르기 때문일까, 아니면 '나쁜 사람이거나 못난 사람Bad guy or Ugly guy'이기 때문일까? 어느 정당 소속 후보가 대통령이 되었어도 중국 때리기와 중국 고립시키기는 이 시기에 국익을 위해 매우 중요한 대외 어젠다였을 테고, 미국은 대중국 견제 프레임을 강화하려 했을 것이다.

따라서 단순하게 미·중 무역 갈등의 표면적 모습만 보고 무역 갈등을 세계 경제와 한국 경제에 미치는 파급효과, 미국의 G2 질서에 대한 선제적 포석 등으로 파악하는 것은 매우 근시안적myopic이다. 더구나 대부분 미국 언론이 비판하는 트럼프의 외교적 경험 부족과 정치적 유연성에 의구심을 품은 채 그의 외교정책을 무조건 비판하고 러시아 대선 개입 스캔들과 뮬러 '특별검사'팀 조사에만 관심을 집중할 경우, 21세기 상반기를 지나기 전에 미국이 구축하고자 하는 원대한 야망Dream or Ambition을 과소평가하거나 모르고 지나칠 수 있다.

즉 트럼프는 미국을 대표하지만 트럼프가 곧 미국은 아니라는 점을 정확하게 이해해야 한다. 그 결과는 세계 주류 경제권 내에서 산업발전과 경제성장에 뒤처지거나, 경쟁력 상실에 따른 경제 후퇴를 의미한다. 참고로 미국의 대외정책은 대통령과 국무장관, 의회가 거의 동등한 권력 안배를 바탕으로 상호 협력·견제한다는 점을 간과해서는 안 된다.

무역 불균형 현상을 놓고 '중국 때리기'에 열중하는 트럼프와 미국 의회의 속내부터 간단히 정리해보자. 앞서 논의한 대로 미·중 무역 불균형은 본질적으로 불가피한 것 아닌가. 2017년 미국의 대중국 수출은 1,299억 달러, 대중국 수입은 5,055억 달러로 무역수지 적자가 무려 3,756억 달러에 달했다.

일부에서는 이 가운데 약 3천억 달러 규모는 중국 내 미국 기업들의 수출이라는 주장을 제기하지만 어쩌면 이는 중국의 관변 언론이나 그들과 친한 학자들의 추정일 수도 있다. 물론 이런 분석이 틀렸다는 것이 검증되기 전에는 가설 정도로 인식할 필요는 있다. 하지만 왜 중국의 외환보유고는 갈수록 쌓이고, 미국의 국채발행은 증가하는 것일까? 중국 내 미국 기업들이 혹시 미국 세무당국에 제대로 수입신고를 하지 않는 것은 아닐까? 중국 내 미국 기업들의 소득은 중국 GDP지 미국 GDP는 아니라는 통계적 착시현상 때문은 아닐까?

어쨌든 2017년 미국의 총대외 무역수지 적자는 5,522억 8천만 달러이고, 그 중 중국에 대한 무역수지 적자가 차지하는 비중은 무려 68%다. 만일 미국이 중국의 상호 수출품에 관세를 부과한다면, 중국은 미국 기업들이 중국으로 수출하는 약 1,300억 달러에 관세를 부과할 것이다. 동시에 미국은 약 5,055억 달러를 수출하는 중국 기업들에 관세를 25% 부과할 것이다. 하지만 더 큰 문제는 여기서 끝나지 않는다. 미·중의 관세 폭탄 던지기는 본질적이고 실질적인 '한판' 싸움을 위한 '샅바 잡기' 정도에 불과하다.

그 본질을 좀더 구체적으로 살펴보자. 미·중 무역 갈등은 1978년, 1991년, 2001년, 2004년, 2008년 등 5번의 변화를 거친 결과다. 마치 매미(중국)가 성충이 되어 한여름 울기까지 4~6년 동안 땅속에서 지내야 하듯, 중국 경제는 1978년 개혁·개방 이후 도광양회와 화평굴기를 통해 비교적 조용히 성장·발전을 해왔지만, 2008년 미국발 금융위기 이후 급부상하고 있다. '제조업 2025'를 통해 2025년이면 일본을 따라잡고 미국의 제조업 기술 수준에 도달한다는 것이다.

중국은 공산당 건국 100주년이 되는 2049년을 기점으로 세계 초강대국으로서 경제와 군사 모든 면에서 미국을 능가할 국가 비전을 가지고 있다. 이제 미국과 중국의 GDP 차이는 명목 가격으로 2018년의 약 6조 달러 격차에서 2023년이면 불과 2조 4천 달러로 좁혀지고, 2025년 이후에는 역전도 가능하다고 믿는다. 이 정도면 미국이 다급해질 수 있지 않을까? 결국 어느 정당의 대통령 후보가 당선되었다 하더라도 2006~2008년 상황보다 더 강력한 제동을 걸 수밖에 없었을 것이다.

사실 미·중 양국은 이미 2006년 12월부터 미·중 전략적 경제대화 Economic Strategic Dialogue를 통해 양국 사이에 현안으로 부상한 무역 불균형 문제를 본격적으로 다루기 시작했다. 하지만 이 당시에도 '겉내'는 전략적 경제대화였지만 한 꺼풀 더 들어가면 환율전쟁이었고, 한 꺼풀 더 들어가면 서브프라임 모기지 사태에 대한 미·중 신경전이었다. 그리고 본질은 2001년 9·11 테러 이후 나타난 미국의 절대적 권위에 대한 정치·경제·외교·국방 등을 통한 무차별적 도전과 위기 가능성 등에 따른 선제적 위기관리 문제였다.*

---

* 구체적인 내용은 『곽수종의 대한민국 경제 대전망』, 메이트북스, 2018을 참고하라.

당시 워싱턴D.C.의 상하 양원 경제 관련 청문회에서는 연일 중국과의 무역 불균형과 관련해 중국 정부의 위안화 환율조작 문제를 심각하게 거론했으며, 브루킹스를 비롯한 주요 싱크탱크도 한·미·일·중 경제학자들과 함께 중국 위안화의 환율조작 문제와 이에 따른 세계 무역구조의 왜곡 문제를 연일 논쟁하던 시기였다. 마치 1985년 뉴욕 플라자 회담과 합의를 연상케 하는 장면들이 곳곳에서 목격되었다. 2001년 9·11 테러 이후 미국 항공 산업에 대한 정부의 전폭적인 지원책이 있은 뒤 곧이어 미국 경제를 상징하는 전통 산업인 자동차 산업의 연쇄 부도 사태에 대한 우려가 나오기 시작했고, 2006년 이후에는 의회에서조차 매우 긴박하게 자동차 산업 지원에 관한 청문회가 연일 열렸다.

그간의 역사적 흐름과 시대적 배경을 감안한다면, 미·중 무역 갈등은 무역을 경제로, 경제를 패권으로, 그리고 패권을 21세기 이후 세계 질서의 뉴 패러다임New Paradigm과 뉴노멀New Normal에 대한 이니셔티브 장악 다툼으로 봐야 한다. 따라서 누가 승리할 것인가 하는 문제가 아니라 세상이 어떻게 바뀔 것인가와 누가 세상을 바꿀 것인가가 더 본질에 가까운 질문이라 하겠다. 구조 전환과 질서 변화 과정에서(흔히 이를 두고 시대사조의 변화라고 한다) 20세기에서 21세기 후기 산업사회와 문명사회로 전환하는 시기라는 점에 초점을 둘 필요가 있다.

20세기 후반 냉전체제가 무너진 후 군사안보 분야보다 경제질서의 새로운 변화에 집중할 수밖에 없다. 미국 내부적으로 서브프라임 부실 문제를 해결함으로써 금융서비스업과 신자본주의 체제를 정비하고, 대외적으로 중국의 급부상에 따른 '불편한 진실'을 정치·경제·사회적으로 재정비할 필요가 충분하기 때문이다.

간단히 정리하면, 미·중 무역 불균형에 따른 갈등과 다툼은 21세기 이후 세계 패권에 대한 미국의 수비와 중국의 공격 진법이 몇 합을 하느냐는 문제로 보인다. 만일 중국이 내수 중심 경제체제로 전환하는 데 성공하고, 위안화가 21세기 주요 기축통화로서 지위를 구축할 수만 있다면 중국이 주인공이 될 가능성이 크다. 하지만 중국으로서는 넘어야 할 장애물이 만만치 않다. 유럽연합, 14개 국경 인접국가, 동남아시아와 중앙아시아 국가들에 대한 외교 전략이 중국이 원하는 대로 될 가능성이 매우 낮기 때문이다. 무력으로 이들 국가를 점령한다손 치더라도 중국의 명분을 따라갈 세계 주요 국가 경제는 많지 않아 보인다.

미국의 대중국 무역 역조 현상은 결코 가까운 시기에 또는 중장기적으로 역전되거나 크게 개선될 것으로 보이지 않는다. 불가피할 경우 미·중 다툼이 국지적 군사 충돌로도 나타날 수 있다. 냉전체제하에서 동유럽이 분쟁의 중심이었다면, 미·중 갈등으로 동남아시아를 비롯한 아시아 지역이 향후 빈번한 충돌 지역이 될 수도 있다. 트럼프가 유독 제임스 매티스 국방장관을 신임하는 이유를 생각해볼 필요가 있다.

중국 해관총서는 중국의 2018년 6월 대미 무역 흑자 규모가 5월보다 17.9%나 늘어난 289억 7천만 달러로 사상 최대를 기록했다고 최근 발표했다. 결국 미국이 중국산 제품에 부과하는 관세가 아무리 높더라도 미국의 대중국 무역수지 적자는 오히려 더 늘어날 수밖에 없지 않을까? 더구나 중국산 수입품에 대한 관세 부과로 미국 소비자들은 중국 소비자들처럼 발끈하면서 미국산 제품 애용 운동을 하지도 않는다. 결국 소비자가격 상승으로 인플레이션 압력이 증가하면 금리를 올려야 하는데 이렇게 되면 미국도 중국산 제품에 대한 수입관세 부과가 주춤해질 수 있다는 논리다.

하지만 트럼프는 결코 물러날 기미를 보이지 않는다. 오히려 중국이 무역협상에 제대로 나오지 않는다면, 추가로 3천억 달러의 관세를 부과함으로써 대중국 수입 총액인 5천억 달러에 관세를 부과할 수도 있다는 으름장을 놓고 있다. 이것이 '블러핑 카드'일까? 그렇지 않아 보인다. 하지만 '성동격서聲東擊西' 전략일 수도 있다. 예컨대 한편으로는 수입품에 추가 관세를 부과할 것같이 얘기하지만 사실은 환율 전쟁으로 방향각을 돌리거나 지적재산권이나 유럽연합과 중국이 일대일로로 공을 들이는 주요 국가들에 접근하면서 또 다른 국제질서의 본질을 공격하는 것이다. 이것을 트럼프는 '협상'이라고 하며, 자신은 그러한 협상을 잘해내는 '협상가'라는 점을 강조한다.

실제로 트럼프는 중국 위안화에 대한 환율조작 카드를 본격적으로 언급하기 시작했다. 2006년 말 워싱턴D.C.의 분위기와 그로부터 20년 전인 1985년 뉴욕 플라자호텔의 분위기가 충분히 겹친다. 대체 환율조작국이 중국에는 얼마나 심각한 문제일까? 만일 중국의 환율조작에 미국 정부가 강력하게 대응할 경우 "중국 위안화 가치가 '바

위처럼' 떨어진다"는 트럼프의 말은 어떤 의미를 담고 있을까? 나름 대로 추측해보면, 이러한 통화 전쟁 또는 화폐 전쟁은 미국 단독으로 하기보다 미국에 동조하는 세력과 함께하는 게 바람직하지 않을까? 신자본주의는 이윤을 좇을 뿐 윤리와 도덕은 선결 요건이 아니다.

미국의 전통적인 강달러 정책에 더해 유럽의 유로화, 아랍 자본이 일시에 중국 위안화를 공격한다면, 중국은 지난 40년 개혁·개방의 성과를 1997년 한국이 경제발전 이후 40년간 축적한 국부를 일시에 잃어버렸던 경험처럼 고스란히 뱉어내야 하는 상황까지 내몰릴 수 있다. 미국을 비롯한 주요 선진국 경제는 화폐 전쟁에서 승리한 노획물을 서로 나눠 가지겠지만 한국 경제는 중국 경제와 함께 매우 곤란해질 수 있다. 뒤에서 설명하겠지만, 미국의 성동격서 전술에는 북핵 문제도 포함된다. 북핵 문제는 환율 전쟁과 함께 여러 갈래의 미·중 갈등 속내 가운데 중요한 겉내의 한 부분을 차지한다는 점도 눈여겨봐야 한다.

현재 그럴 가능성은 높지 않지만 만에 하나 미국 의회에서 중국을 환율조작국으로 지정하면 어떻게 될까? 결국 미국 달러화에 대한 중국 위안화 환율이 급격히 하락할 테고, 위안화 가치가 급격히 절상될 것이다. 이 경우 중국 경제가 맞닥뜨리게 되는 문제는 좀더 복잡해진다. 어쩌면 2004년 이후 중국이 미국에 걸었던 '화폐 전쟁' 시비에 대한 미국의 보복 조치로 이해될 수도 있다.*

---

* 이에 대한 구체적인 설명은 『곽수종 박사의 대한민국 경제 대전망』, 메이트북스, 2018, 338쪽을 참고하라.

만일 위안화의 환율조작 문제가 본격적으로 미·중 무역 갈등 중 하나로 협상 테이블에 올라가면, 중국 좀비기업들의 존립 문제와 기업 연쇄 도산 가능성, 중국 기업 부채 압박 가중에 따른 연쇄 도산 가능성, 중국 그림자 금융과 자본시장의 혼란 야기, 중국 금융 산업 불확실성 증대에 따른 부동산 등 실물경제 버블 붕괴 가능성 등을 꼽을 수 있다. 2008년 미국발 금융위기의 빌미가 서브프라임 모기지 부실 문제와 연계된 월가의 탐욕이었듯이 중국 경제 역시 감춰진 '탐욕의 그림자', 즉 정부의 부정·부패, 시장의 불확실성 증대, 국제거래 질서의 왜곡 등 부작용이 표면으로 드러날 수 있다. 결국 중국발 세계 경제의 대불황 위기의 단초가 되는 셈이다.

　　미국이나 중국이 서로 마주 보고 섰을 때, 자신들의 모습이 반대 방향으로 너무나 닮았다는 것을 알게 된다. 트럼프가 중국의 아킬레스건인 환율 문제를 본격적으로 건드리게 될까? 아무래도 전문가들의 조언에 귀를 기울일 테고, 의회가 최종 결정을 하게 할 것으로 보인다. 문제는 한국 경제가 과연 이런 다양한 중국발 위기 발생 시나리오에 얼마나 선제적 대응 능력과 '위기관리 능력'을 갖추고 있는가 하는 것이다.

중국의 환율정책을
짚고 넘어가기

　중국의 위안화 절하 속도가 매우 가파르다. 알려지기로는 중국 정부의 최종 방어선은 미국 달러당 7위안이라고 한다. 이를 두고 미 달러당 7위안대 아래로 떨어지는 위안화 절하는 막겠다는 내용으로 이를 이른바 '포치破七'라고 한다. 7위안이 깨지는 것을 막는다는 의미다. 그도 그럴 것이 2018년 6월 이후 미·중 무역 전쟁이 본격화될 것임이 고지된 상황에서 중국 위안화는 달러 대비 6%포인트 하락했다. 환율이 올랐다는 것은 위안화 가치가 떨어졌다는 것인데 이는 크게 2가지 의미다.

　첫째, 미국 관세 부과에 대해 시장에서 환율 상승으로 미 달러화 가치를 올림으로써 수출 악화 가능성을 부분적으로 방어한다는 방어기제가 포함되어 있다. 둘째, 미·중 무역 전쟁과 환율 전쟁이 본격화되면 중국 내 외국계 투자 기업의 경우 중국 환율 변화에 주목하지 않을 수 없다. 왜냐하면 중국 위안화가 달러당 7달러선을 넘어서면 투자 수익을 달러화로 바꾸어야 하는 기업으로서는 상당한 환차손을 볼 수 있기 때문이다. 물론 결제통화가 달러화이고 이를 중국 내 위안화로 교환할 경우 환차에 따른 이익을 볼 수 있지만, 외국계 투자자본과 투기자본 세력들에게는 그 반대 효과가 더 설득력 있다.

중국으로서는 어쨌든 자본 유출과 환율조작국 지정 가능성 부담, 국내 소비자 물가 상승과 기업 부채 급증 가능성이 자본과 실물시장 위기 가능성으로 연계될 수 있다. 이에 대한 일반적 방어체계는 정부의 외환시장 개입이다. 따라서 중국 정부와 인민은행도 필요할 경우 외환보유고를 투입해서라도 위안화 가치의 급락을 방어할 거라고 확인하고 있다. 예컨대 중국 중앙은행인 인민은행이 위안화 선물환 거래 예치금 비율을 20%로 올렸지만 자칫 증거금과 마진 콜 등에 디폴트가 발생해 금융시장에 패닉이 급격히 나타나면 중국 경제는 일시에 금융·실물경제 위기로 급락할 수 있다. 중앙은행인 인민은행과 중국 정부가 여러 가지 방어기제를 내고 있지만, 단기에 중국 위안화는 남쪽으로 내려가는 중이다. 미 달러 대비 위안화 환율은 2018년 6월 이후 8월 중순까지 6%가량 급락했다.

미·중 무역 갈등이 격화하는 가운데 수출 가격 경쟁력을 유지하기 위해 위안화 약세가 나타나자 중국 정부는 이에 개입할 의사가 없음을 분명히 했다. 즉 위안화 가치 하락은 시장 상황이라는 것이다. 다만 대미 달러화 환율이 1달러당 7위안 위로 올라가면 중국 인민은행이 적극적으로 개입할 태세다. 달러당 환율이 7위안을 넘어서면 중국 내 외국인 투자 기업의 탈출 현상이 나타나고, 중국 자본시장과 연계된 수출 및 외국인 투자 등 실물경제 부분이 불확실성에 갇히면서 중국 경제의 변동성에 커다란 파장을 일으킬 수 있기 때문이다.

예컨대 중국 위안화 가치가 줄곧 내려가면, 외국 투기세력들의 달러 유입이 급증한다. 향후 위안화 가치가 안정될 경우 얻게 될 환차익이 분명하기 때문이다. 당장 6% 위안화 절하로 외국 투기 자본가들에게는 기본적으로 6% 환차익이 생긴 것이나 마찬가지다. 위안화 선물환 거래 예치금을 20%로 올림으로써 외환 거래 비용을 늘리고, 투기 자본의 무차별적인 위안화 공격을 방어하기 위함이다. 하지만 중국 경제 전문가들은 중국의 환율정책이 무역 분쟁 방어나 공격용으로 적절치 않다는 데 동의한다. 그 가운데 하나로 2015년 8월부터 2016년 1월까지 중국 위안화 환율 급락에 따른 '환율 발작' 쇼크가 있다.

2015년 8월 중국 정부는 위안화 고시 환율 산정 방식을 전환해 위안화를 절하한 바 있다. 이 조치로 1조 달러의 자금이 중국에서 급속히 빠져나가는 상황을 경험했다. 즉 환율 절하 이후 자본 유출 또는 펀드 런이 발생하고 곧바로 주식시장의 변동성이 커지면서 위안화 가치의 추가 하락에 베팅한 외국 자본들과 큰 싸움을 한 것으로, 중국 정부는 이제 인위적인 절하나 절상에는 매우 조심스러운 행보를 보일 것이다.

만일 위안화가 절하되면 관세 부과에 따라 입는 수출 가격 경쟁력 피해는 다소 회복되겠지만, 앞서 지적한 대로 중국에 투자한 해외 자본이 환차손 등을 우려해 중국에서 빠져나간다. 이렇게 되면 위안화 가치가 더 급속하게 떨어지는 악순환이 일어난다. 이는 1997년 한국 경제위기 당시 환율 변화를 기억해보면 비교적 쉽게 이해된다. 따라서 외국인 투기 자본의 '먹튀'와 건전한 외국인 투자 자금 유출을 막으려면 결국 안정적인 위안화 가치 운용은 충분조건이다. 따라서 시장에서 환율을 결정할 수 있도록 최대한 투명한 시장을 유지하는 것이 또 다른 충분조건의 하나가 된다.

트럼프가 언급한 이상 중국은 당분간 미국 의회와 재무부를 의식해야 한다. 미국 의회는 재무부가 발표하는 환율 보고서에 따라 환율 조작에 상응하는 조치를 취할 수 있기 때문이다. 만일 중국이 환율조작국이 되면 미국 기업과 소비자들로서도 상황이 복잡해질 수 있다. 중국산 수입품에 대해 환율조작 비율만큼 상계관세countervailing tariff가 추가로 부가될 테고, 무엇보다 미국은 기다렸다는 듯이 위안화 약세를 중국이 촉발한 무역 전쟁이라는 또 다른 이미지로 활용하면서 트럼프 행정부의 대중국 보복 조치를 촉발할 것을 알고 있을 것이다.

미국의 속내는 2006년부터 지속적으로 중국을 때로는 설득하고 어르면서, 때로는 분쟁을 본격화하면서 1985년 독일 마르크화와 일본 엔화에 대해 45% 절상을 이끌어낸 플라자 합의의 대중국 합의격인 신플라자 합의를 마침내 이루어내려는 것이다. 하지만 위안화 약세는 중국 역시 그다지 반길 만한 사안은 아니다. 이는 1997년과 1998년 한국 경제 상황을 비교해보면 알 수 있다. 고물가, 고금리, 고환율이 파생되기 때문이다.

또한 부동산시장의 거품이 붕괴되어 가계와 기업들의 자산가치가 급락하고, 중산층 붕괴 등과 같은 기존의 중국 경제가 안고 있는 문제를 본격적으로 수면 위로 떠오르게 할 수 있다. 예컨대 위안화 절하로 수입품 가격이 비싸지면 고물가와 고금리를 가져온다. 이는 가계와 기업 부채에 큰 부담이 아닐 수 없다. 게다가 금융위기 가능성도 커진다. 〈블룸버그〉에 따르면 2018년 하반기 이후 향후 1년간 만기로 돌아오는 중국 기업과 지방정부의 부채는 8조 2천억 위안(1조 3천억 달러)에 이를 것으로 본다.

그럴 리는 없지만 연준이 금리 인상을 가파르게 진행할 경우 달러 가치의 강세가 더 뚜렷해지면서 위안화 절하가 더욱 가파르게 이루어질 수밖에 없는데, 이때 만일 7위안 위로 오르면 중국 인민은행과 정부가 외환시장에 적극 개입할 것임을 밝히고 있다. 2016년 초 위안화 발작이 나타났을 때 위안화 투매에 나섰던 투자자들이 중국 정부의 반격에 상당한 충격을 받은 경험이 있기 때문에 중국 정부의 시장 개입은 외국인 헤지 펀드들과 환투기 세력들에게는 예측 불가능한 변수임이 틀림없다.

따라서 중국 정부가 얘기하는 7위안 선은 어떤 형태로든 지켜진다는 가정 아래 보면, 트럼프가 언급한 중국의 환율조작은 단순히 외환시장의 무역 분쟁을 두고 티격태격하는 정도의 의미보다는 전방위적·동시다발적 추가 대응조치가 있을 수 있음을 예고하는 듯하다. 적절한 비유가 될지 모르지만, 미국은 2011년 5월 오사마 빈 라덴Osama bin Laden을 끝까지 추격해 2001년 9·11 테러에 대한 책임을 물었다. 이번 미·중 무역 분쟁은 그 시작점을 2004~2006년으로 본다 하더라도, 미국이 견지하는 대외정책 기조의 분명한 원칙 중 하나는 '끝까지 간다'는 것이다. 이 점에서 과연 중국이 어떻게 미국이 세게 물고 있는 무역 분쟁을 통한 21세기 글로벌 패권의 수비력을 뚫고 지나갈지는 초미의 관심사가 아닐 수 없다.*

---

* 〈중앙일보〉 2018년 8월 7일 하현옥의 금융 산책, "포치(破七) 막아라. 위안화 구하기 나선 중국, 최종방어선은 달러당 7위안"기사를 참고하라.

치밀한 계획 아래 진행되는
중국 견제

　앞서 설명한 대로 무역 불균형 그 자체만 놓고 보면 트럼프는 향후 2천억 달러에서 5천억 달러까지 보복 관세를 올릴 시나리오를 분명히 가지고 있다. 중국 정부도 만일 중국 기업들의 대미 수출에 제동이 걸리면 부도 위험이 크게 증가할 확률이 높아짐에 따라 긴급 자금 지원 등을 위해 1,990억 달러 규모의 자금을 준비하고 있다. 동시에 중장기 안정 대책으로 미국에서 수입하는 각종 농산물 등에 대한 대체 수입처로 브라질을 비롯한 남미에 투자하기 위해 100개 프로젝트에 대한 540억 달러 규모의 투자를 준비 중이다.

　이런 단기·중장기 대응책이 만들어지는 와중에 중국의 다국적 전기통신 장비 및 시스템 기업인 중싱통신ZTE에 대해 미국이 이란·북한과 거래를 이유로 주요 부품 기술 수입 제재조치 카드를 꺼내들었다. 2018년 4월 16일 상무부 소속 정보안보국BIS; The U.S. Department of Commerce's Bureau of Industry and Security은 2018년 4월 15일부터 2025년 3월 13일까지 7년간 ZTE와 미국 기업의 거래·사업을 금지했다. 이 제재조치가 있은 후 즉각적으로 중국 선전거래소에서 ZTE 주식 거래가 중단되었다. 중국은 처음에는 미국의 조치가 부당하다고 주장하다가 결국 심각한 부도 위기까지 몰리자 미국의 제재조치를 그대로 받아들였다. 중국 내 정보통신 기업들은 미국에서 기술을 수입하기가 어려워지면 곧바로 부실화가 가능하다는 사례를 보여줌으로써 적어도 아직까지는 정보통신 분야에서 미국 기업들의 기술 협력이나 지원 없이 중국이 홀로서기를 한다는 것이 기술이나 자본력 등에서 어렵다는 점을 적나라하게 드러냈다고 하겠다.

한편 제조업 분야 같은 실물경제에서도 이 같은 중국 기업의 연쇄 부도가 일어날 확률은 작지 않다. 2018년 8월 초 일본 〈니케이〉 보도에 따르면, 홍콩 '푸구이냐오Fuguiniao' 신발 제조업체가 부도 났는데 이는 7월 이후 벌써 다섯 번째로, 2018년 상반기에 이미 18개 기업이 부실채권으로 부도가 난 것으로 보도되었다. 2017년 한 해 동안 부도가 모두 23건인 것에 비하면 2018년 상반기에만 벌써 18건이나 부도 났다는 것은 중국 제조업의 자본 또는 재원 조달 구조에 허점이 매우 많다는 점을 노출한 것이다.

이런 경험과 사례를 토대로 중국 법원은 향후 발생할 수 있는 기업 부도 사태에 대비해 법적인 기업 보호조치를 강화하기 시작했다. 하지만 더 중요한 것은 중국 기업들의 부도 사태가 중국 경제의 또 다른 경제 부문, 즉 금융시장 등에 어떤 악영향을 줄 것인지는 물론 실물과 자본시장의 악순환 고리가 어떻게 전개될지에 대한 불확실성도 점증하는 추세라는 점이다. 예컨대 2018년 8월 현재 중국 국영기업 중 좀비기업 고용자가 2천만 명 이상 되는 것으로 본다. 2017년 현재 경제협력개발기구OECD는 중국의 국영기업체 수를 5만 1천 개, 자산 규모를 29조 2천억 달러로 추정하고 있다. 만일 2017년 말 현재 중국 기업 부채 규모를 GDP의 159%로 본다면, 2018년 8월 현재까지 약 1,200개 좀비 국영기업이 폐업할 수밖에 없는 부실 기업 부채 구조를 가지고 있다고 볼 수 있다.

이에 따라 중국 정부가 중국 내 전체 기업 부채 중 약 60%를 차지하는 기업들에 대한 전향적인 구조조정을 시작했다고는 하지만 큰 진전은 없다. 오히려 그 반대의 분석이 더 설득력이 있다. 매킨지 보고서에 따르면 2007년과 2014년 사이 중국 국영·민간기업의 부채는 3조~4조 달러에서 12조 5천억 달러로 급증했다. 또 21세기 들어 국가 채무 증가 속도가 가장 빠른 나라로 중국을 지목했다. 이는 정부와 기업 모두 부채 정부, 부채 기업이라는 의미이고, 부동산 버블로 인한 가계 부채 문제까지 더하면 중국 경제는 자본시장이 붕괴되기 직전인 동시에 실물경제의 몰락에 다다른 듯하다.

중국 국영기업은 전체 중국 기업 중 25%에 불과하지만 전체 기업 부채 중 거의 60%를 차지함으로써 주인 없는 기업으로 방만하게 경영한 단면을 적나라하게 보여주고 있다. 이를 두고 서방 언론에서는 중국의 '부채 만리장성'이라고 부른다. 기업 부채 가운데 국영기업 부채가 심각하기 때문에 2019년 국영기업 구조조정 완료 시점까지 공무원 500만~600만 명이 실직 위기에 놓일 것으로 본다. 이런 현상은 2008년 미국발 금융위기 이전인 2006년 미국 주정부에서 나타났던 현상과 많이 닮았다.

이에 대한 해법으로 시진핑 주석이 유라시아 68개국을 잇고 44억 인구를 연결하는 '일대일로' 사업에 집중하는 것이 과연 타당할까? 트럼프 정부와 의회의 날카로우면서 다소 무모한 듯한 공세에 시진핑의 중국 공산당은 과연 중국식으로 효율적·합리적으로 방어기제를 구축하고 있을까? 1997년 홍콩의 아시아 경제위기와 2015년 이후 환율 발작 쇼크에 따른 중국 경제의 침체 위기를 극복한 경험이 있는 중국 정부로서는 어느 정도 자신감이 있을 수도 있다. 다만 미·중 무역 갈등과 관세 폭탄 주고받기가 지속된다면, 중국 기업들과 미국 기업들의 중장기적 부실화 가능성은 더욱 커질 것이다. 결국 미·중 '치킨게임' 양상이 지속될 수밖에 없다.

스탠더드앤드푸어스의 전망에 따르면 만일 미·중 무역 분쟁과 이로 인한 중국 기업의 부실화가 가속되면, 2021년까지 중국 기업들의 부채 규모는 11조 위안, 대외 채무는 2,150억 달러가 될 것으로 본다. 당분간 중국의 부실 기업 정리는 '좀비기업' 정리로 다소 긍정적인 평가를 받겠지만, 트럼프 행정부의 좀더 강경한 대중국 관세 부과 조치와 '중국 때리기' '중국 고립시키기' 등 전방위적·동시다발적인 주요 정책 변화에 미처 준비하지 못했던 듯 중국 정부는 미국 정부에 비해 대미 무역정책과 보복 조치 등 대응 정책이 비교적 안정적이지 못하다. 만일 중국 위안화 절하가 지속되고 중국 기업들의 부채와 대외 채무 문제가 급증할 경우, 설상가상으로 위안화 가치의 하락(환율 급등)으로 미 달러화 유출이 빨라지고, 외국인 직접 투자가 급격히 둔화되어 중국 자본시장과 실물경제에 공황(패닉)이 발생할 가능성이 점점 높아지게 된다.

JP모건에 따르면, 위안화가 5% 절하될 때 3,750억 달러 정도의 중국 내 달러 자본이 이탈할 것으로 추정된다. 따라서 위안화 절하와 자금 이탈의 악순환은 중국 경제에 상당한 압박요인이 될 것이다. 이미 미·중 무역 분쟁이 자본시장에 부정적인 영향을 준다는 움직임은 인민은행 외환보유고가 2018년 7월 5일 이후 감소하고 있다는 것으로 드러났다. 한편 트럼프의 강공 드라이브에 시진핑 주석이 대응하는 카드는 미국 채권을 매도하겠다는 것이다.

만일 중국이 미국 채권을 대량 매도하면 어떤 일이 벌어질까? 중국은 가능한 결과 중 하나로 자신들이 2004년 서브프라임 부실 채권을 런던 금융시장에 400억 달러나 매도한 후 나타난 2008년 미국발 서브프라임 위기와 금융위기 상황을 너무나 잘 알고 있을 것이다. 실제로 미국 채권 매도는 미국의 금리 인상에 더해 미 달러화를 강달러로 만들 것이다. 하지만 이런 강달러 현상이 중국 위안화의 약세 현상을 가속할 가능성도 크다는 점에서 섣불리 꺼내들 수 없는 카드다.

미국은 왜 늘
남 탓만 하는가?

2018년은 중국이 개혁·개방정책을 편 지 40주년 되는 해다. 그런데 트럼프 당선과 함께 본격적으로 시작된 미·중 무역 분쟁은 과연 무엇을 의미할까? 중국의 성장 구조를 지금까지 수출 중심에서 내수 중심으로 전환해야 한다는 미국의 친절한 조언인가? 그렇다면 중국 위안화가 세계 또는 아시아 같은 일정 지역 안에서만이라도 기축통화로서 위상을 가져야 한다. 단순히 외형적으로 세계 G2 수준으로 발전했다고 해서 미국과 어깨를 나란히 하고 21세기 패권을 공유한다는 생각을 한다는 것은 중국의 오만인가, 아니면 미국이 패배를 인정하는 것인가? 분명한 사실은 미국이 결코 G2를 인정하지 않을 것이라는 점이다.

그동안 미국은 어떤 나라의 국격과 국력의 위상이 미국을 능가하기 전에 화폐를 이용한 경제안보적 수단과 항공모함 등 군사력을 동원한 군사안보적 수단을 모두 사용해 자신의 위상을 공고히 하는 데 조금도 허점을 보인 적이 없다. 그럼에도 왜 미국은 남 탓만 하는가? 트럼프의 협상 전략은 한편으로는 남 탓을 하지만 다른 한편으로는 그러한 행동이 부도덕하고 부정의하다는 점을 강조하는 것이다.

미국의 경제구조를 요약하면 다음과 같다. 2017년 현재 미국 GDP에서 차지하는 각 산업 분야의 비중을 보면 농업과 1차 산업이 1.12%, 제조업과 2차 산업이 19.1%, 서비스업 등 3차 산업이 79.7%로 서비스 산업에 편중되어 있다. 이 가운데 GDP를 구성하는 소비, 투자, 정부 지출, 순수출 항목이 각각 차지하는 비중은 2017년 현재 소비가 12조 6천억 달러로 전체 미국 GDP의 70% 정도를 차지하고 있고, 기업 투자는 3조 1,970억 달러로 18% 정도를 차지하고 있다. 정부 지출은 3조 1천억 달러로 GDP의 17%이며, 수출과 수입은 각각 3조 3천억 달러와 2조 5천억 달러로 약 8,590억 달러 적자여서 GDP 가운데 −5%를 차지했다. 따라서 앞서 지적한 대로 미국의 경제성장은 소비가 70%, 나머지 변수가 30%를 차지하는 형태다.

이런 미국이 세계 경제의 리더 지위를 유지할 수 있었던 가장 큰 배경은 무엇일까? '금태환의 중단'으로 불리는 1971년의 '닉슨 쇼크'와 제2차 세계대전 이후 금본위제도하의 고정환율제도, 즉 1975년의 브레튼우즈체제 붕괴, 그 이후 미국 달러화에 대한 기축통화 지위 부여와 함께 자유변동환율제도 채택에 합의한 G7 체제가 바로 그것이다.

한편 인류 문명사에서 처음 시도하는 자유변동환율제도로 미국 달러화의 급격한 변동성을 줄이고 기축통화로 정책을 안정적으로 운용하면서 역할을 보장하기 위해 미국은 금리, 환율, 채권 등 다양한 금융지표에 대한 예측 가능성과 가격 발견 시스템을 개발하려고 다양한 파생상품을 1980년대 초반 이후 거래하기 시작했다. 세계 경제는 자유변동환율제도하에서 세계 기축통화의 지위를 갖게 된 미국 달러화의 자산으로서 가치와 위상을 강화할 수 있는 정책을 대부분 창출하고 지지해왔다. 재정수지, 경상수지 등 쌍둥이 적자가 누적됨에 따른 미국 달러화 약세를 극복하려고 뉴욕 플라자호텔에서 열린 G7 재무장관 회담에서 독일 마르크화와 일본 엔화를 무려 45%나 절상하는 데 합의한 적도 있다. 앞서 설명한 대로 2006년 있었던 미·중의 전략적 경제대화도 신플라자 합의로 중국 위안화의 대미 달러 환율을 15~45%까지 절상하자는 것이 미국의 근본 목적이었다.

이 내용을 다시 살펴보면, 미국 달러화를 21세기 기축통화로 그대로 유지하는 가운데 성장과 발전에 미국 경제의 도움을 받은 국가의 화폐가치는 절상되는 것이 바람직하다는 기조다. 즉 겉으로는 자유변동환율제도이지만 실제로는 미국 달러화 가치를 고정함으로써 미래 글로벌 경제질서의 축인 자본시장과 실물경제의 모든 헤게모니를 미국 중심으로 유지하려는 것이 미국의 속내였다. 이러한 속내를 누가 전략적으로 가장 잘 이루어낼 것인가?

미·중 무역 갈등이 한창인 가운데 중국이 자본시장에 경고하듯 미국무성 채권을 실제로 매각한다면 어떤 결과를 초래할지는 앞에서 간략히 설명했다. 중국이 1978년 개혁·개방 이래 40년간 축적한 달러화 자산을 바탕으로 미국 경제를 또 다른 대불황이나 공황적 상태로 빠뜨리려고 한다면 과연 어떤 일들이 벌어질까?

먼저 미국 달러화 가치가 폭락할 것이다. 미국 금리가 급등하고, 일시에 세계 경제는 공황적 상황으로 내달을 것이다. 2008년 9월 이후의 모습과 같다. 여타 국가경제가 가지고 있는 모든 달러화 표시 자산의 가치는 급락하고, 좋든 싫든 미국은 '조세경제'가 의미하는 방식에 따라 곧바로 자신이 가지고 있는 부채를 이미 약세로 전환된 달러로 갚아버릴 수 있다. 결국 중국, 일본, 한국 같이 외환보유고로 대부분 미국 달러화를 가지고 있거나 미국 국무성 채권을 가지고 있는 국가경제는 큰 피해를 보게 될 것이다. '시뇨리지seigniorage 효과'의 기축통화국이 가지고 있는 게임 구조를 보여주는 한 단면이다.

트럼프가 환율 카드를 언급한 것을 단순하게 생각해서는 안 된다. 이미 2006년 그리고 이보다 3년 전인 2003년부터 미국 조야에서 세계 경제가 G7에서 G13으로 확대되어야 할 필요성을 놓고 열띤 토론을 벌였다는 점에 주목해야 한다.

장군멍군,
'암흑물질'과 시진핑의 실수

물리학에서 따온 이론의 하나로 경제학에 '암흑물질Dark Matter'이론이 있다. 암흑물질이란 우주에서 태양으로부터 받은 빛을 저녁에 발산하지 않고 스스로 안으로 품어버리는 행성을 일컫는 천체물리학 용어 중 하나다. 전 우주의 약 27%가 바로 이 암흑물질로 구성되어 있다. 따라서 어떤 통계에서도 이와 같은 드러나지 않거나 찾아내지 못하는 약 27%의 설명 변수 상실로 발생하는 결과의 왜곡은 불가피할 수 있다. 이를 미·중 무역 불균형 갈등에 견주어 설명하면 다음과 같다.

물리학의 내용을 경제학으로 접목한 이들은 하버드대학교 경제학과 리카르도 하우스만R. Hausmann 교수와 페디리코 스터제네서

F. Sturzenegger 교수다. 이들은 2005년 한 논문을 발표해 미국 경제분석국BEA; Bureau of Economic Analysis에서 추정한 2004년 현재 경상수지 적자 규모에 대해 실제로 미국 정부가 추정하는 6,316억 달러 적자가 아니라 오히려 300억 달러 흑자라는 결과를 제시했다.* 결국 미국의 총무역 거래 가운데 무역수지 부분과 자본 거래 부분을 모두 감안할 때 무역 통계에 잡히지 않은 외국인 직접투자Foreign Direct Investment 형태로 수출된 항목이 마치 암흑물질처럼 숨어 있다는 논리다.

사실 중국 내 미국 기업들의 대미 수출 규모가 약 3천억 달러 규모에 이른다는 추정도 있는 것으로 볼 때 암흑물질 이론에 따른 미·중 무역 불균형을 좀더 다양한 각도에서 다룰 필요가 있다. 미국이 쌍둥이 적자 가운데 무역수지 또는 경상수지 적자 부분을 남의 탓으로 돌린다는 것은 '속내'를 구체적으로 드러내지 않고 '겉내'를 통해 상대방이 자신의 본심을 이해하도록 요구하는 전략·전술인 듯하다. 사실 미·중 무역 불균형은 양국 경제의 규모의 경제와 발전 수준의 차이, 생산 요소별 특성 차이, 무역 거래 구조와 전통적 관례의 차이, 수출입 관리와 환율 변화에 대한 상이한 이해관계, 무역 거래상 비교우위와 경쟁체제의 수준 차이 등에 따라 다양한 제약을 받기 때문에 발생하는 것일 수도 있다.

따라서 미·중 사이에는 완전한 무역 균형보다 부분적 무역 균형

---

* R. Hausmann and F. Sturzenegger, "U.S. and Global Imbalances: Can Dark Matter Prevent a Big Bang?", *CID Working Paper*, November 2005.

을 모색하는 것이 합리적이며, 주요 경제 순환법칙에 따라 경기 호황과 불황, 조정과 회복 사이클을 반복할 수밖에 없음을 이해해야 한다. 미국의 달러화가 21세기 기축통화로서 지위를 더욱 공고히 할 때까지 계속 나타날 수밖에 없는 필요조건이기 때문이다. 여기에 한국 경제가 어떻게 대응할 것인가 하는 문제가 바로 '사드THAAD; Terminal High Altitude Area Defense'와 '북핵' 사태로 미국과 중국 입장에서 각각 시험대에 올라와 있다는 정도로 정리한다.

덩샤오핑과 후진타오의
'굴기'를 잘못 이해한 시진핑

　'① 고관세, ② 환율조작국 지정, ③ 지적재산권 남용에 대한 제재 강화, ④ 고유가 또는 원유 공급의 제한을 통한 중국 경제 압박, ⑤ 남중국해와 타이완에 대한 대외정책 변화' 등에서 보는 것처럼 미국이 단순히 무역거래상 불균형 문제로 중국을 압박하는 것은 아니다. 따라서 중국 때리기와 중국 고립시키기는 서로 전혀 다른 전략·전술이 아니라 미국이 가지고 있는 하나의 커다란 대중국 견제 전략 가운데 몇 가지 미시적 전술일 수 있다.

　미국이 관세를 25% 추가 부과하면 중국 수출은 23.4% 감소한다. 한국의 현대경제연구원에서 분석한 내용이다. 환율조작국 지정이 가져올 파장은 앞에서 설명했다. 지적재산권을 남용한 결과 ZTE가 부도 직전까지 내몰렸다는 것도 설명했다.

고유가와 원유 공급 문제의 경우 이란 핵 문제와 병행해 미국은 이란, 중국과 다투고 있다. 남중국해와 타이완에 대한 미국의 대외정책은 미국 조야와 싱크탱크에서 나오는 모든 전략보고서에 일관되게 언급되는 부분이 있다. 미국은 둘 다 중국이 마음대로 헤집고 다니게 하지 않겠다는 것이다.

그렇다면 다음 2가지 질문이 더해진다. '왜 지금인가?' '어떤 방향으로 해결될 것인가?' 왜 지금인가에 대한 설명을 하자면, 첫째로 트럼프 당선이라는 '우연적 요소' 또는 '필연적 요소'에 따른 정치적 원인, 둘째로 미·중 간 크고 작은 불규칙적 무역 분쟁이 언젠가는 전면전 형태로 치달을 수밖에 없는 시대 상황적 요소, 셋째로 결국 미·중 무역 분쟁에서는 미국과 중국 가운데 한쪽이 승리하는 결과가 나오기 전까지는 경쟁관계가 결코 끝날 수 없다는 것이다. 따라서 적정선에서 타협된다 하더라도, 그 결과는 임시방편일 뿐 미래 어느 시점에 다시 불거질 수밖에 없다. 따라서 첫 번째와 두 번째 우연과 필연, 시대 상황을 모두 고려해본다면, 21세기 전반부가 끝나는 시점에서 미·중 사이에 결론은 분명히 나야 하는 분쟁이라고 보인다.

미국이 20세기 패권국가로서 최후 공세를 펼치는 것이라고 보기는 어렵지만 전통 동맹인 유럽연합의 지지와 일본을 비롯한 동남아시아 국가들의 친미적 행보 등에 비춰볼 때, 이번 분쟁을 흐지부지 끝내거나 적절한 선에서 타협하고 끝을 맺는다면 이것이 더 큰 분쟁의 씨앗이 될 뿐이라고 판단한 것은 사실이다. 따라서 이번 미·중 무역 분쟁

은 과거의 단순한 분쟁과는 차원이 다르다는 점을 각별히 주목해야
한다.

트럼프의 대중국 무역 분쟁에 대한 해법에 과연 2018년 11월 미국
의 중간선거는 어떤 파급효과를 가져다줄까? 백악관과 의회에는 대
외정책에서 가장 중요한 기본 원칙이 있다. 미국 의회는 예산권을 갖
고 있으며, 대외 통상과 외교정책의 승인권을 가지고 있다. 특히 대
외 통상정책에서 한미 자유무역협정 같은 구체적인 통상협상은 정부
가 아닌 의회가 주도권을 가지고 있다. 하지만 의회가 정부만큼 다양
한 부처와 인재풀을 가지고 있지 못하기 때문에 대부분 대외 통상 협
력권을 정부에 위임한 상태라 할 수 있다. 대표적인 것이 이른바 '무
역촉진권한Trade Promotion Authority'법을 통한 통상외교정책이다. 하지만
현재 미국과 중국 간에 벌어지는 무역 분쟁은 이 법안과 직접 관련이
없다. 여기에는 미국 통상법 제301조에 따라 무역협정을 위반하거나
불공정한 무역을 하는 국가에 대해 미국 대통령이 직권으로 관세를
부과하는 등 상응하는 조치를 취할 수 있기 때문이다.

1995년 우루과이라운드 이후 세계무역기구 체제가 출범한 이래
미국은 통상법 제301조를 발동하는 것을 자제해왔으나, 2018년 3월
14일 미·중 간 무역 분쟁에서는 이를 무차별적으로 사용할 수 있음
을 내비친 바 있다. 중국도 이에 뒤질세라 바로 다음 달인 2018년 4월
2일부터 즉각 적용되는 미국 수입품에 대한 보복관세를 부과하기 시
작했다.*

2018년 중간선거에서 나타난 미·중 간 무역 분쟁에 대한 민심은 '중국과 불공정 무역을 지속적으로 수정'하라는 것이었다는 점에서는 이견이 있을 수 없다. 최근 들어 나타나는 글로벌 정세 변화는 크게 3가지로 요약되는데 국가주의Nationalism, 보호주의Protectionism, 포퓰리즘Populism이 그것이다. 트럼프와 포퓰리즘이 무슨 관계냐고 할 수도 있지만, 2016년 대선 당시 트럼프 후보 선거캠프에서 집중했으며, 앞서 언급한 전통 공화당 지지층 지역에 대한 정확한 타깃 캠페인이 바로 '포퓰리즘'적 선거운동이었음은 부정할 수 없다.

아울러 이번 중간선거에서도 중국과 무역 전쟁을 전면적으로 할 수도 있다는 트럼프의 제스처는 사실상 민주당으로서도 크게 부인하거나 부정할 수 없는 대외정책이었을 것이다. 미국 경제가 아직은 불황의 긴 터널에서 완전히 빠져나왔다고 볼 수 없다는 점보다 21세기 후기 산업사회 진입 초기에 새로운 G2로 급부상한 중국의 무한 잠재력을 간과할 수 없다는 의미로 보는 게 더 옳다. 이것은 곧 민주당이나 공화당 할 것 없이 미국의 '국가 핵심 이해관계National Essential Interest'의 문제이기 때문이다.

---

* 트럼프는 2018년 3월 14일 2017년 한 해 미국의 대외 무역수지 적자 5,660억 달러 중 무려 66%인 3,750달러를 차지하는 중국에 대해 무역불균형을 해소하기 위한 대응책을 강구하는 차원에서 적어도 중국이 대미 무역수지 흑자 가운데 1천억 달러를 줄인다면 미국은 전체 무역수지 적자 중 약 17%를 줄일 수 있다는 주장을 근거로 3월 22일 곧바로 중국산 수입품에 25% 관세를 부과한 바 있다. 약 1,300개 중국산 수입제품에 최대 600억 달러의 관세를 부과한 것으로 추정된다. 하지만 중국의 시진핑 주석 역시 128개 미국산 수입 품목에 대한 최대 25% 관세 부과를 결정했으며 돼지고기(25%), 파이프, 튜브, 와인, 과일, 견과류(15%) 등 기초산업 부품과 농산물에 집중해 약 36억 달러에 이르는 관세를 부과할 것이라고 발표했다.

이번 중간선거 이후 중국 화웨이 멍완저우 부회장 체포, 화웨이 5G 기술과 통신장비에 대한 지적재산권 문제와 스파이 문제를 끊임없이 제기하는 것을 볼 때, 트럼프의 사실상 재선 운동에서 미·중 간 무역 분쟁 해결 능력은 더이상 '변수'가 아니라 '상수'가 된 셈이다. 민주당 후보에게도 같은 의미로 받아들여질 수밖에 없는 미국의 '국가 이해 관계National Interest'라는 점에서 상하 양원과 트럼프의 '중국 때리기'는 지속될 것이 분명하다.

그렇다면 과연 미·중 간 무역 분쟁은 해결될까? 물론 쉽지 않을 것이다. 서로 생각하는 '무역'이라는 국제관계 문제를 놓고 셈법이 다르기 때문이다. 이는 마치 북한의 비핵화 문제를 두고 미국이 북한의 핵을 매입하겠다는 값과 북한이 팔겠다는 값이 서로 다른 이치와 같다. 바로 이 점에 트럼프가 가장 자신 있어 하는 '거래의 기술'이 어떤 식으로 전개될지가 매우 중요한 내용이 될 것이다.

이에 비해 시진핑 주석을 지지하는 권력 핵심부의 움직임이나 국내 상황은 그다지 녹록해 보이지 않는다. 시진핑이 꿈꾸는 중국은 앞서 언급했듯 '중화부흥中華復興'을 의미하며, 이를 위해 일대일로와 중국 제조업 2025 등을 통해 구체적인 로드맵과 액션 플랜 등을 제시했다. 중국 내 인민들에 대한 정치적 명분은 중국 공산당 건국 100주년이 되는 2049년 이후 세계질서를 중국 중심으로 재편되도록 하겠다는 것이다. 중국의 일부 학자들은 중국이 '중국의 꿈'을 실천하는 데 4가지 비교우위를 가지고 있다고 본다. 즉 '① 후발주자로서 갖는 비교우위, ② 사회주의가 갖는 정치제도 우위, ③ 중국 문화의 우수성과 우위, ④ 녹색 환경의 우위' 등을 말한다.* 이들 4가지 전술적 우위를 잘 활용한다면 미국을 21세기 전반기에 따라잡고 후반기 이후 세계 패권의 중심국中華으로 우뚝 설 수 있다는 꿈같은 얘기다. 하지만 이와 같은 자부심과 자긍심은 덩샤오핑과 후진타오를 잇는 국제질서를 어지럽히지 않고, 평화로운 분위기 속에서 중국의 부상을 강조하는 이른바 중국의 양대 핵심 대외정책인 '도광양회' '화평굴기' 기조와는 매우 상반된 내용이라 하겠다.

이들의 주장은 언뜻 중국 인민들에게는 설득력이 있어 보인다. 한국 경제도 그랬지만 개도국 경제는 늘 앞선 산업화 과정에서 나타난 다양한 시행착오와 실패 사례를 거울삼아 좀더 합리적·효율적, 폭발적·압축적 성장과 발전이 가능하다. 물론 모든 경제주체가 경제를 하려는 의지가 충분조건으로 충족된 가운데 정부와 정치 지도자들의 미래를 읽는 직관과 비전이 국민들과 소통함으로써 이심전심의 상태여야 한다. 이 점에서 덩샤오핑과 후진타오 등의 중국 미래에 대한 직관은 미국과 정면 대결을 피하면서 적절한 협력과 지원을 바탕으로 '굴기'하는 데 있었을 것이다. 그런데 이제는 굴기가 아니라 중국의

---

* 중국의 대표적인 국가주의 학자로 간주되는 후안강(胡鞍鋼) 칭화대학 국정연구원장, 탕샤오(唐嘯) 칭화대학 공공관리학원 교수 등 중국 학자 4명이 집필한 『2050 중국』이라는 책에 이와 같은 주장이 담겨 있다. 하지만 중국 자주주의, 중국 국가주의와 사회주의에 대한 확신에 대해서도 미국의 견제를 좀더 명시적이고 직접적으로 받게 된 배경의 하나로 해석할 수 있다. 참고로 미국 조야의 많은 중국 전문가는 대중국 외교정책에 대한 미국의 주요 기조를 결코 소란스럽게 미국 패권 중심적으로 적시하지는 않는다.

꿈이 머지않은 2050년 이후 실현될 수밖에 없다는 '낭중지추囊中之錐'의 목소리를 크게 내는 것이 너무 성급했다는 지적이 나온다.

한편 정치체제에서도 트럼프가 농담반 진담반으로 언급했듯이, 공산당 일당 독재체제하에서 일사불란한 의사결정과 수직적 행동 분업화, 정책의 일관성, 특정 정책에 대한 선택과 집중의 효율성 등이 가능하고 사회 모든 자원을 한곳으로 집중할 수 있는 응집력 등을 감안할 때 사회주의가 자본주의보다 국가 발전 속도가 훨씬 빠를 수 있다고 스스로 평가한다. 하지만 '당'이 결정하면 다양한 사회적 합의를 거치지 않고 곧바로 실행에 옮길 수 있는 효율적 의사결정과 행동체계가 곧 미국의 자본주의와 민주주의 정치·경제체제보다 비교우위에 있다고 판단하는 것은 너무 가볍다.

더욱이 황허문명 등 인류 문명의 발상지라는 문화적 지혜와 지식의 축적, 화약과 종이 등을 발명한 문화 창조력 등에 대한 역사적 사실을 들어 중국의 신기술문명이 언제든 미국을 중심으로 한 19세기 이후 세계 기술문명을 따라잡고, 이보다 선두에 서는 것도 시간문제라는 의식 역시 매우 위험하다. 여기에 향후 원자력발전소 185기를 더 건설하겠다는 계획을 세웠으면서 녹색 생태계의 상대적 우위를 논하는 중국 주요 학자들의 주장은 지나친 국가주의이자 국수주의다.

더구나 최근 중국이 맞닥뜨리고 있는 여러 가지 대내외 정치·경제 상황을 놓고 보면, 이러한 중국 학자들의 주장은 대외적으로 동의를 얻기 어렵고, 내부적으로도 상당한 비판을 받을 수 있다. 이미 시진핑식 사회주의에 대해서도 2018년 7월 상하이에서 둥야오충董瑤瓊이 '시진핑의 독재적이고 전제적인 폭정에 반대한다'는 구호와 함께 시진 핑 주석 초상화에 먹물을 끼얹은 사건이 있었으며, 이후 시진핑 독재에 대한 크고 작은 반대 목소리가 확산되고 있다.

중국은 지금까지 중국이 대외정책상 이룬 성장과 발전의 배경으로 주관적인 몇 가지 정치·사회적 비교우위를 들었다. 하지만 이는 미국과 유럽연합 등 18세기 이후 기존의 세계질서를 사실상 구축해온 서구 열강의 기득권을 무시한 것일 뿐 아니라 이 기득권에 정면으로 도전하듯 성급하게 목소리를 높임으로써 주변 국가는 물론 향후 미국의 절대 기득권에 도전하려면 암묵적 협력이 필요한 많은 국가의 지원을 잃을 수도 있다. 중국의 꿈을 이루려면 언제든 전략·전술을 바꿀 수 있는 유연성이 중요한데 너무 가볍게 나오는 것이 아닌가 싶다.

따라서 중국적 가치에 대한 사고와 비전의 틀은 늘 새로운 인식과 전략적 미세 조정으로 변화가 불가피하다. 한반도 내 '사드 문제'와 '북핵 사태' 등을 예로 들어보자. 중국의 대미 전략은 미국의 대외전략에 비하면 매우 단순하고 즉흥적이며 근시안적이다.

18세기 이후 20세기에 걸쳐 미국이 수많은 대외정책 기조에서 유연한 변화를 보여준 비결은 다양한 내부 논쟁과 시민사회의 합의 과정을 거치면서 위대한 미국을 위한 로드맵을 일관되게 실천한 덕분이다. 미국의 경찰국가적 역할이 동전의 다른 한 면에서는 세계질서에서 중요한 민주주의와 시장자본주의적 가치를 지키기 위한 희생이었다는 점을 부정할 수 없는 근거이기도 하다. 이에 비해 단순히 자신들의 '규모의 경제'가 가지고 있는 비교우위만이 전부인 양 주변 국가들에 아마추어적인 당근과 채찍을 보여준다고 해서 중국을 글로벌 패권국가로 묵인하고 리더십을 존중할 국가는 사실상 없다.

이에 반해 트럼프와 미 의회의 대중국 무역 분쟁과 관련한 중국 때리기는 매년 8월 중국 수뇌부가 모여 주요 정책 사안들을 점검·결정하는 베이다이허회의 기간에도 계속되었다. 2천억 달러 규모의 중국산 제품에 대한 관세를 10%에서 25%로 인상했고, '미국에 유학 중인 중국 학생은 모두 스파이'라는 주장으로 중국을 흔들었으며, 독일과 일본에 대중국 기술 매각 조치 등에 대한 공동 규제 조치를 제안해 중국 기술 습득의 문제점을 조목조목 지적했다. 이로써 이번 대중국 견제 조치가 단순한 엄포나 으름장에 그칠 것이라는 판단이 잘못되었다는 점을 다시 한 번 강조했다.

결국 시진핑 주석이 너무 성급하게 샴페인을 터뜨림으로써 트럼프를 중심으로 한 국제사회의 반격으로 위기를 맞은 것은 아닐까? 이에 대한 중국의 대미 대응은 전혀 전략적이지 못할 뿐더러 오히려 매우 우려스럽다. 중국은 자신에게 취해지는 관세 부과 등의 조치에 터키, 유럽연합, 한국, 일본 등과 공동전선을 형성할 필요가 있지만, 현재 이들 국가에서 협력을 얻을 가능성은 '제로'에 가깝다. 아니면 내부적으로 체제를 단속하고 권력 기반을 계속 다지는 방향으로 고민해야 할 수도 있다. 결국 굴기가 아니라 소란스러운 부흥으로 미국과 주요 선진국의 기득권을 자극한 이상, 시진핑 주석으로서는 어느 정도 타협과 후퇴가 불가피할 것으로 보인다.

미·중 무역 분쟁의
승자는?

미·중 무역 갈등은 왜 지금 시작되었고, 어떻게 결론이 날까? 또한 세계 경제와 한국 경제에는 어떤 파급효과가 있을까? 이런 난제를 두고 간단하게 답을 찾으면, 먼저 미·중 무역 분쟁은 지금부터 40년 전 시작되었다. 미·중 무역 갈등이 본격적으로 드러난 것은 트럼프 정부 때가 아니다. 무역 갈등이 수면 아래 있다가 위로 떠오른 것이 트럼프 정부 들어서인 것이다.

이것은 협상가로서 트럼프 특유의 승부사적 기질로 드러난 것일 수도 있고, 대선과 관련한 다양한 추론에 대한 방어기제로 관심사를 대외 문제, 특히 중국과 무역 불균형 문제에 집중한 것일 수도 있다. 미·중 무역 분쟁의 결론은 나지 않을 것이다. 비록 중국 위안화를 미국 달러당 4위안대로 내리는 이른바 신플라자 합의를 도출한다 하더라도 이는 단지 미·중의 본격적인 무역 분쟁의 '시작의 시작the beginning of the beginning'일 뿐이다.

미국은 결코 G1을 G2로 나눌 생각이 없다. 중국 또한 미국의 G1을 인정할 생각이 추호도 없을 것이다. 흔히 '미·중 무역 분쟁의 최후 승자는 미국/중국이다'라고 하지만 미·중 무역 갈등은 진행형일 수밖에 없기 때문에 구체적인 승자를 논하기는 어렵다. 미·중 협상이 일상이 되는 가운데 때로는 미국이, 때로는 중국이 그때그때 현안에 대한 주변의 지정학적 또는 정치·외교, 군사안보적 관점 등을 종합적으로 고려함으로써 이해관계가 배분될 것이기 때문이다.

그렇다면 세계 경제와 한국 경제에 미치는 영향은 무엇일까? 첫째, 글로벌 패권주의 경쟁 속에 보호무역주의가 만연하고 확산될 것에 대비해야 한다. 둘째, 미·중 무역 분쟁은 정치·경제·사회·군사적 충돌 가능성을 의미함에 따라 상시적이고 불규칙적인 경기침체와 불확실성에 대한 '컨틴전시 플랜contingency plan'을 갖추어야 한다. 셋째, 세계 경제성장률은 총수요 악화로 크게 둔화될 텐데 한국 경제라고 해서 뾰족한 수가 있는 것이 아니다. 더욱이 미·중 사이에 보복에 재보복이 가해질 경우 중국의 자본시장 부실화 가능성은 더욱 본격화될 것이며, 미국 소비자들은 높은 소비자 물가를 감당해야 할 것이다. 이에 따라 한국 경제는 수출과 내수 모두 강하게 하방 압력을 받을 것이다. 현대경제연구원 분석에서 미국의 대중국 수입이 10% 감소할 때 한국의 대중국 수출은 282억 6천만 달러 감소하는 것으로 나타났다. 넷째, 중국 제조업 2025에 대한 미국의 무차별적 때리기로 한국의 반도체와 정보통신기술, 전자부품 부문에 타격이 불가피하다. 그나마 2016년 이후 한국 경제를 견인하고 있는 반도체 산업은 중국의 굴기와 미·중 무역 분쟁으로 내우외환의 압력을 받고 있다. 중국 제조업 2025의 핵심과제 중 하나가 반도체 산업의 경쟁력 강화에 있다는 점에서 한국 경제는 이제 1%대 저성장으로 침체하는 데 불과 5년 정도 시간이 주어진 셈이다.

미·중 무역 분쟁은 1978년 덩샤오핑의 '흑묘백묘'와 '도광양회'라는 대내외 정책 기조로 싹트기 시작했다. 냉전 체제하인 1950년대 말에서 1960년대 초반 후르쇼프의 소련 개혁이 실패로 끝나자 미국은 데탕트의 방향을 중국으로 다시 돌렸다. 이른바 '핑퐁'외교 끝에 1979년 미국과 중국이 국교를 정상화하는 과정에서 덩샤오핑은 중국 경제의 개혁·개방을 위해 선전 등 4개 경제특구를 개방했다. 2001년 중국은 미국의 도움으로 세계무역기구에 가입했다. 2004~2008년은 세계 경제의 호경기라는 '골디락 경제Goldilocks economy'로 중국의 40년에 걸친 굴기가 어느 정도 가시적인 성공을 거두는 기간이기도 했다. 그 과정에서 중국은 미국의 서브프라임 부실 채권을 직접 공격하기도 했다. 미국 중심의 세계 경제질서에 정면으로 맞선 것이다.

이 기간에 미국의 대통령은 조지 워커 부시였다. 2001년 9·11 테러와 2004년 이후 중국의 경제적 도전에 맞서 부시 정부는 중국 위안화 45% 절상이라는 신플라자 합의를 이끌어내려고 했다. 하지만 오히려 새로운 기축통화를 위한 바스켓 제도 도입과 금본위제도 부활 같은 새로운 기축통화 논쟁만 불러일으켰다. 2007년 쑹훙빈의 저서 『화폐전쟁』이 나온 배경이기도 하다. 마침내 2008년 9월 19일 리먼 브라더스 사태로 미국 경제가 대불황을 맞이하자 미·중 견해차는 더욱 명확해졌다. 즉 공수功守의 차이가 확연해진 것이다.

2008년 대선 때 버락 오바마 캠프에서 나온 '변화'라는 슬로건이 어떤 의미의 새로운 가치를 말한 것이었는지는 시대사 흐름을 좀더 지켜봐야 알겠지만, 20세기 가치와 질서에서 21세기 새로운 가치와 의식 개혁의 변화를 의미한 것은 아니었을까? 새로운 가치가 '리포매팅reformatting'과 '리부팅rebooting'을 의미할까, 아니면 완전히 새로운 형태의 '양자 컴퓨터Quantum Computer' 같은 신기술과 신가치의 접합을 의미할까?

대불황이라는 긴 경제위기에서 어느 정도 빠져나오는 시기에 트럼프가 마치 역사의 우연 또는 필연처럼 45대 대통령으로 당선되었다. 득표수는 힐러리 민주당 후보보다 300만 표 적었지만 선거인단 투표라는 점에서 러시아의 대선 개입과 선거대책본부장 매너포트의 탈세 혐의 등 많은 스캔들을 뇌관으로 잠시 묻어둔 채 당선된 것이다. 시대적 우연과 필연, 대불황 탈출, 중국의 부상을 두고 스스로 협상의 달인이라는 그가 자신이 과연 무엇을 협상하는지 알고나 있을까? 주관적으로야 협상의 달인이라고 해도 큰 문제는 없지만 객관적으로도 협상의 달인이라고 하기에 충분한가?

먼저, 트럼프가 협상 과정에서 보여주는 말과 행동이 매우 단순하고 직선적이다. 심지어 즉흥적이기까지 하다. 북한의 김정은과 싱가포르에서 정상회담을 하는 과정에서도 정상회담 약속을 파기했다가 곧바로 재개최를 발표한 것에 그런 모습이 잘 나타나 있다. 트럼프가 대통령이 된 후 국제협약에서 탈퇴한 것은 무슨 정책인가? 환태평양경제동반자협정TPP과 파리기후변화협약 탈퇴, 유엔인권이사회 탈퇴 등 트럼프의 미국 최우선주의는 미국이 제2차 세계대전 이후 보여주었던 '겸손하고 민주주의와 시장경제에 책임 있는 리더'라는 이미지를 완전히 폐기하듯 매우 즉흥적이고 폭력적이기까지 했다.

둘째, 트럼프 스스로 말하는 것처럼 협상가라면 협상 목적이 어디에 있는지, 협상 결과가 미국과 미국 국민의 이해관계에 어떤 영향을 줄지는 물론 국민의 어떤 이해와 도움이 필요한지 등을 놓고 대화하고 소통해야 하는데 그런 모습을 찾아볼 수 없다. 오히려 상대방에 대한 기선 잡기와 주도권 잡기 싸움에 승부를 거는 듯한 모습에 세계는 불안해한다. 협상 초기의 주도권 잡기가 자신이 원하는 결과를 도출하는 데 가장 중요한 충분조건이라 하더라도, 국제협약 탈퇴는 물론 미국이 주도해서 만든 조약에서까지 탈퇴하고, 주요 정상회담을 앞두고 자주 변덕스러움을 드러내며 암묵적으로 백인 우월주의적 성향을 내비치는 민족주의적 색채 등으로는 결코 '위대한 미국을 다시 한 번' 만들어낼 수 없다.

리더십에는 늘 따르는 동반자가 필요하다. 그런데 트럼프가 지금까지 미국의 동맹과 우방국들에 보여준 돌출적인 말과 행동은 향후 또 다른 미·중 분쟁 이외의 글로벌 분쟁을 초래할 가능성이 있다. 미·중 무역 분쟁의 본질을 21세기 글로벌 패권에 대한 전초전으로 볼 때,

미국이 절대적으로 필요로 하는 유럽연합 등 주요 동맹국들의 지지와 지원을 위해서라도 트럼프의 대외정책 기조는 좀더 유연하고 프로답게 바뀌어야 한다. 폼페이오 국무장관 또한 대외정책 경험이 부족하다는 점에서 향후 미국의 대외정책은 상당히 불안정하고, 만약 난기류를 만날 경우 일시에 세계 경제에 먹구름이 덮칠 개연성도 배제할 수 없다.

대부분 상대가 있는 전략·전술은 적의 퇴로를 만들어놓고 시작한다. 그런데 트럼프는 시진핑의 중국에 퇴로조차 허용하지 않는 듯 보인다. 만일 트럼프가 시진핑의 중국에 무조건 항복을 요구한다면 과연 이루어질까? 이런 압박이 결국 '독'이 되어 돌아올지는 아무도 알 수 없다.

· 트럼프의 미국 최우선주의 정책
· 트럼프 정부의 대외정책 기조 3가지

5장

오직 미국이
최우선이다

"오늘부터 새로운 비전이 미국을 이끌어갈 것입니다. 그것은 미국 우선주의입니다. 모든 무역과 세금, 이민정책, 외교 문제에 대한 의사결정은 미국인 근로자와 미국인 가정의 이익을 위해 이뤄질 것입니다. 2가지 간단한 규칙입니다. 미국 제품을 사고, 미국인을 고용하는 것입니다." 미국이 최우선이라는 말은 이렇듯 2017년 트럼프의 45대 대통령 취임식에서 나왔다. 이는 트럼프 임기 4년 동안 대내외 주요 정책의 핵심 기조로 볼 수 있다. 하지만 이것이 새삼스럽지는 않다. 미국 역대 대통령의 대내외 주요 정치·경제·외교정책 기조는 늘 '미국 최우선주의'였기 때문이다.

그렇다면 트럼프의 미국 최우선주의는 무엇인가? 역대 미국의 최우선주의와는 어떻게 다른가? 먼저 트럼프의 미국 최우선주의는 미국 전통 보수주의 정당이라 할 수 있는 공화당의 기본적인 대내외 정책 기조라 할 수 있다. 하지만 트럼프는 미국 공화당에서 꾸준히 성장해온 정치인이 아니라 여러 차례 정치적 성향을 바꾸면서 미국 대통령 가운데는 드물게 부동산 사업가로 성공한 기업인 출신이다. 미국 최우선주의는 뒤에서 설명하겠지만, 일반적으로 공화당 정부가 들어설

때 백악관 외교·안보 사령탑인 '네오콘neoconservatives' 성향 국가안
보보좌관의 포지셔닝과는 성향이 조금 다르다. 즉 트럼프의 공화주의
적 보수 성향은 미국의 개입주의를 명분 없는 무조건적 개입에서 명
분과 실리가 보장되는 개입을 견지한다. 이를 두고 보수 안에서는 '구
보수주의paleoconservatives'라고 한다. 예를 들면 조지 워커 부시 정부
당시 딕 체니Dick Cheney, 2001~2008를 대외정책의 적극적 개입을 옹호
한 네오콘으로 볼 수 있다면, 트럼프는 북대서양조약기구의 필요성
등에 회의론을 제기하는 일종의 팔레오콘으로 볼 수 있다.

하지만 최근 들어 트럼프가 이란과 북한의 핵 문제, 중국과 벌이는 무
역 분쟁과 지정학적 패권 경쟁에서 보여주는 모습 때문에 오히려 트
럼프 정부가 더 많은 크고 작은 전쟁을 일으킬 수도 있을 것이라는 우
려도 나오고 있다. 즉 트럼프 정부의 외교안보 노선이 트럼프 자신을
포함한 내부에서 우왕좌왕하는 모습을 자주 노출한다는 우려다. 따라
서 미국의 대외정책이 최악이라는 비판이 보수 공화당 진영에서도 무
차별적으로 터져나오고 있다.

트럼프의
미국 최우선주의 정책

트럼프의 미국 최우선주의는 크게 5가지 주요 정책으로 요약된다. 위대한 미국을 다시 건설하기 위해 오늘부터 오직 미국이 최우선이라는 비전과 구체적인 실천 전략으로 무역과 세금, 이민, 외교에 관해 결정되는 것은 모두 미국 근로자들과 미국 가정을 위할 것이라고 한다. 미국 최우선주의는 구체적으로 '① 경제economy, ② 국가안보national security, ③ 예산budget, ④ 이민정책immigration, ⑤ 아편 등 마약과 전쟁opioid crisis' 이렇게 5가지 분야의 정책 방향을 나타내고 있다. 물론 이 5가지 정책은 서로 밀접하게 관련되어 있다. 이를 좀더 구체적으로 살펴보자.

첫째, 경제정책에서 말하는 미국 최우선주의는 무역과 관련해서

'미국 제품을 사고 미국인을 고용하자' '우리의 일자리와 제조업을 다시 되찾자' 등 보호무역주의와 함께 미국 국민들에 대한 우선적인 일자리 확대를 주장한다. 따라서 기업들이 일자리를 창출하려 적극적으로 노력하고 투자를 늘리도록 법인세 등 다양한 지원책을 마련하고 있다. 백악관 웹사이트에서는 트럼프의 경제 분야 우선주의로 일자리가 늘고 있으며, 중소상공인들의 감세정책을 통한 소득 증대 등 미국이 돌아오고 있음을 강조하고 있다.

둘째, 미국의 안보와 국방을 위해서 존 매케인John McCain 상원의원이 발의한 H.R. 5515, 즉 '2019년 예산과 관련한 국가 방위 권한에 관한 법(이하 국방수권법)'을 상원에서 85 대 10으로 압도적으로 통과시키면서 2019 회계연도 국방 예산을 2017년 국방 예산 635조 원에 비해 무려 13% 증액된 717조 원으로 정한 바 있다. 미국 1년 예산은 우리나라 예산의 약 10배 규모인 4조 달러다. '국방수권법'이 주적에 대해 압도적 제압이 필요하다는 전략적 기제에 따른 법안이라고 본다면 과연 미국의 주적은 누구일까?*

미국이 인도양에서 미국-인도-한국-일본의 해군 군사훈련을 추진하고, 타이완과 군사교류를 확대해 연례적인 합동 군사훈련을 하며, 타이완에 첨단무기를 판매하고 지원하는 것 등도 이 법에 명시한 것

---

* 미국의 주적은 러시아, 중국, 북한으로 봐야 한다. 조지 워커 부시 행정부 때 거론된 사담 후세인의 이라크 정부는 이미 소멸되었지만 북한 김정은 체제는 아직도 핵에 집중하고 있다. 미국의 1990년대 이라크에 대한 정책, 2001년 9·11 사태 이후 오사마 빈 라덴에 대한 응징 정책, 최근 이란 핵 문제에 대한 제재조치 등을 고려할 때, 북한에 대한 미국의 유화정책이 어느 정도 이루어질 것인가 하는 문제는 매우 엄중하게 접근해야 할 것으로 보인다.

으로 알려져 있다. 아울러 중국군 수뇌부에서 늘 이야기하는 중국의 태평양 패권시대에 대한 견제책으로 2018년 5월 미국은 종전의 태평양 사령부를 인도-태평양 사령부로 격상했다. 한편 미국의 대중국 견제정책은 전방위적·동시다발적이다.

2018년 8월 차이잉원 타이완 총통이 미국을 방문했을 때 중국이 민감하게 반응한 배경에는 이와 같은 트럼프 행정부와 의회의 대중국 견제정책에 대한 공감대가 있기 때문이다. 미국 의회에서 '국방수권법'에 따라 주한미군을 현재의 2만 2천 명 이하로 감축하지 못하도록 법으로 명시한 것은 미국 의회의 승인 없이 트럼프의 결정만으로 어떠한 대북 협상도 가능하지 않다는 점을 분명히 한 것이다. 이와 맥을 같이해 트럼프는 겉으로는 김정은에게 65년 만의 미군 유해송환 등에 '감사하다'는 표현을 했지만, 사실 이런 저자세(?)는 김정은으로 하여금 중국의 보호에서 벗어나 미국과 미래를 열 수 있는 방법을 모색하자는 일종의 '속내'를 제안한 것으로 봐야 한다.

한편 2018년 8월 25일 폼페이오 국무장관의 북한 방문을 전격적으로 취소한 점에서 볼 수 있듯이 미·중 무역 분쟁의 '겉내' 이상으로 수면 아래의 긴박한 긴장관계도 제대로 이해할 수 있어야 한다. 제조업 수출 경제 국가인 한국이 당연히 이해해야 하는 포지셔닝이다. 미국의 주적개념은 소련의 붕괴와 데탕트 이후에도, 중국과 더욱 긴밀하게 경제교류를 하는 현재에도 결코 변한 것이 없다고 봐야 한다. 트럼프 정부가 말하는 국가안보는 군사안보뿐만 아니라 기술·문화 같은 소프트웨어 안보도 포함한다. 따라서 미국 각 대학에 상당 규모의 자금을 지원하는 '공자연구소Confucius Institute' 운영을 제한하려는 움직임도 중장기적으로는 완전히 해체하려는 계획이 바탕에 있다.

또한 기술 분야는 지적재산권을 강화하기 위해 외국투자위원회의 감독 범위를 확대할 계획을 세우고, 해마다 미국의 기술과 관련한 중국 등 해외 기업들의 재산권 위반 사례 등에 대해 연간 보고서를 의회에 제출하도록 의무화했다. 간단히 정리하면, 트럼프 행정부는 트럼프의 대선 관련 스캔들과 뮬러 특검의 조사와 별도로 미국의 이익을 위해 늘 같은 페이지에 있다는 점에 주목해야 한다.

셋째, 미국의 외교 문제와 결정은 미국 근로자와 미국인 가정의 이익을 위해 최우선적으로 이루어질 것을 약속하고 있다. 이는 미국 이민 정책에 대한 새로운 가이드라인을 제시하는 동시에 미국 국경을 지키자는 의미를 담고 있다. 하지만 미국이 이민국가이고 트럼프 가족 역시 이민자인데도 미국인과 외국인을 분리해 차별함으로써 미국의 중요한 사회 가치인 인권에 대해 매우 편협하고 왜곡된 정책을 수행하는 모양새로, 트럼프 행정부의 가장 취약한 정책 분야이기도 하다. 한편 북대서양조약기구 정상회담 이후 터키와 갈등에 더해 독일과 무역 갈등과 북대서양조약기구 방위비 분담금 증액을 둘러싼 갈등은 물론 미국 독립과 먼로주의 선언 등에 나타난 영국과의 전통적인 대외정책 공조 체제에 불협화음이 있는 듯 비쳐지고 있으며, 이란 핵 사태에 대한 제재조치를 더욱 강화함으로써 프랑스를 비롯한 유럽 동맹국의 이란 핵 사태 해결 노력을 물거품으로 만들어버리면서 외교정책의 무지를 여실 없이 드러내고 있다.*

트럼프의 이러한 대외정책에 대해 공화당의 전통적 가치를 이해시키고 이를 좀더 구체적이고 실용적인 정책으로 변화시키기에는 폼페이오 국무장관 또한 역부족이다. 과거 어느 정도 거품은 있었지만, 헨리 키신저 국무장관과 조지 슐츠 국무장관 같은 유능한 참모가 절실히 요구되는 시점이다.

이처럼 미국 외교정책이 미국 우선주의에 초점을 두었다지만, 트럼프 취임 이후 대부분 대외정책이 자신들이 18세기 이후 구축한 세계질서를 스스로 무너뜨리려는 듯한 시도를 계속함으로써 전통적 동맹 국가들로부터 역풍을 맞을 수 있다.

한편 이민정책과 관련해서도 불법 이민자 강제 추방, 국경 장벽 설치 등에 더 적극적으로 나서고 있다. 그리고 앞으로 이민정책에서도 좀더 엄격한 기준을 적용할 거라고 강조하고 있다. 즉 미국 내 일자리에 미국 국민을 우선적으로 고용한다는 내용에 반대할 미국 사람은 많지 않을 것이다. 따라서 향후 미국 시민권자의 가족 초청 같은 '연쇄이민chain migration' 제도와 비자 로터리제도 등을 폐지하고, 이민을 받아들이는 데 미국 국익에 얼마나 도움이 되는 기술과 재능을 갖추었는지를 판단 기준으로 삼을 것이다. 미국이 더 안전하게 미래 성장과 발전을 지속하려면 좀더 실용적이고 실질적인 이민정책이 '국가이해관계national interest'에 합당하다고 본 것이다.

---

* 트럼프 취임 후 환태평양경제동반자협정(TPP), 파리기후변화협약, 국제이주협정(GCM), 이란 핵협정에서 탈퇴했고, 유엔교육과학문화기구(UNESCO) 지원을 없앴으며, 유엔인권이사회에서 탈퇴했다.

넷째, 2017년 1월 25일 트럼프 취임 당시 '폴리티코Politico와 모닝 컨설트Morning Consult' 여론조사에 따르면 미국 국민 가운데 65%가 미국 최우선주의를 긍정적으로 평가했지만 39%가 취임 연설이 그다지 인상적이지 않았다고 응답했다. 2017년 의회에 제출된 2018년 예산안에서 '미국을 다시 위대하게'와 '미국 최우선주의'에 대한 주요 항목에 예산을 배정했는데, 이 가운데 특히 미국 최우선주의에 대해서는 국방비 지출 확대, 국토 안보 예산 확대 및 군 복지 지원 예산 증액을 담은 반면 해외 지원·원조와 관련된 예산은 모두 삭감되었다. 이들 정책으로 향후 10년 안에 연방정부의 균형재정을 이루겠다는 것이다.

그렇다면 미국은 이제 더는 외부 문제에 간섭하거나 개입하지 않을까? 과거처럼 미국이 대외 문제에 적극적으로 개입하지 않으면 그만큼 지출이 줄어들어 10년 안에 균형재정이 이루어질 수 있다고 보는 시각이다. 연임까지 생각한다면 자신의 임기 안에 미국 재정의 균형을 달성하겠다는 계획인 듯하다. 그리고 지금까지 역대 정부에서 대외 문제에 적극적으로 개입했지만 미국이 이런 개입과 간섭으로 실질적으로 눈에 띄게 얻어낸 편익이 없었다는 점을 제기한다. 즉 "미국이 다른 나라를 공격하는 게 전혀 잘못된 것이 아니라는 데 동의하지만 실질적으로 미국이 얻은 것이 아무것도 없었다"라는 주장은 미국 국민들에게 호소력이 있을 법하다. 미국이 지금까지 이라크와 중동 문제, 아프가니스탄 등의 내전 문제에 개입했지만 이를 통해 미국이 실질적으로 얻은 것은 막대한 재정 지출 이외에 아무것도 없었다는 것은 '사실'로 비쳐질 수 있다.

전통적으로 미국 최우선주의는 미국 국가주의인 동시에 '비간섭주의antinterventionsim'를 의미한다. 그렇다면 트럼프의 미국 최우선주의는 1940년 초에 등장해 반전 또는 불개입 원칙을 주장했던 미국 최우선위원회American First Committee와 같은 목소리를 내는 것인가? 미국 최우선주의는 보수 언론인이면서 1992년 대선에 공화당 후보로 나왔던 패트릭 뷰캐넌Patrick Buchanan이 자주 사용한 슬로건이다.

미국 최우선위원회는 1940년 9월 4일 약 80만 명이 참여하면서 결성된 반전운동 조직으로 당시 제2차 세계대전 개입 자체를 반대했다. 하지만 1941년 12월 10일, 일본이 하와이 진주만을 기습 공격하자 불과 3일 만에 전쟁 반대 명분이 소멸되면서 해체되었다. 트럼프 당선 이후 뷰캐넌을 비롯한 이른바 구보수주의자라 불리는 팔레오콘은 오직 미국만 생각하는 사람들로, 심지어 이라크 전쟁도 미국 우선주의적 견지에서 보면 극히 멍청한 짓이었다고 평가한다.

따라서 이들은 최근 중국과 무역 갈등, 국제협약 탈퇴, 대선 관련 러시아 개입 문제 등 민감한 사안들로 곤혹스러워하는 트럼프를 적극적으로 옹호하려고 나서고 있다. 특히 뷰캐넌은 미국 조야에 트럼프를 대통령으로 인정하지 않으려는 분위기가 팽배한 가운데 〈뉴욕타임스〉 〈워싱턴포스트〉 등 미국 주요 진보언론과 싱크탱크의 주요 전직 관리들이 함께 트럼프 때리기를 하는 것으로 본다. 그렇다면 트럼프 때리기로 미국이 얻으려는 가치는 무엇일까?

만일 트럼프가 탄핵되거나 사퇴할 경우 중국과 무역 갈등, 이란과 북한 핵 문제 해결, 미국 경제의 지속 가능한 성장, 동남아시아 등 아시아 정책의 변화Pivot to Asia 등을 비롯한 미국 중심의 정치·경제질서는 어떻게 변화할까? 펜스Mike Pence 부통령이 과거 닉슨의 뒤를 이어 제럴드 포드 부통령이 그랬듯이 대통령직을 승계한다면 중국과 무역 분쟁이 바로 수그러들까? 위에서 지적한 이란과 북한의 핵 문제가 해결될까? 중국의 일대일로 정책에 맞서 미국은 태평양을 포기하고 중국이 원하는 '제3도련선' 밖으로 자진해서 물러날까? 결코 그렇지 않다. 아울러 미국 최우선주의는 19세기 초 먼로주의처럼 신먼로주의를 내세우면서 미국 고립주의를 표방하는 것이 아니다.

트럼프 정부의
대외정책 기조 3가지

　　트럼프의 미국 최우선주의는 북미 자유무역협정과 한미 자유무역
협정의 재협상, 환태평양경제동반자협정·파리기후변화협약 탈퇴 등
미국이 앞장서서 체결한 다양한 국제협약을 스스로 파기하는 모양새
다. 군사적 동맹관계도 매우 불안정한 모습이다. 북대서양조약기구
회원국들과 한국 등 주요 방위 관련 동맹국들의 방위비 분담금 증액
을 요구하고, 심지어 중국 때리기와 중국 고립시키기 전략에서 중요
한 터키 등과 외교적 갈등을 빚고 있다. 또 이란과 북한의 핵 문제 해
결에서 제재조치를 강화하는 동시에 전혀 새로운 접근법을 취하는
등 트럼프의 대외정책에서 일관된 모습을 볼 수 없고, 정책 기조를 이
해하기가 어렵다. 전통적인 동맹 국가들과 일으키는 끊임없는 마찰과

불협화음은 20세기 동안 '팍스 아메리카니즘'을 통해 보여준 겸손하고 책임 있는 리더의 모습과는 매우 동떨어져 있다.

하지만 분명히 짚고 넘어가야 할 트럼프 정부의 3가지 대외정책 기조가 있다.

첫째, 미국은 유럽연합 등 전통 우방국과 결별하지 않는다. 또 유럽연합 등 전통적인 유럽의 선진경제 역시 트럼프의 불규칙한 대외정책 기조에 당황하거나 불안해할 수는 있지만 그렇다고 미국을 대신해 중국과 손을 잡고 '유라시아 경제권'을 만든다거나, 새로운 기축통화를 창출하려고 하지는 않을 것이다. 그러기에는 기회비용이 너무 크고, 미국을 신뢰할 수 없다면 중국을 신뢰할 수 있는가에 대한 대답 또한 너무 명확하기 때문이다.

둘째, 그렇다면 트럼프의 미국 최우선주의는 무엇을 의미하는가? 구보수주의자들의 주장처럼 트럼프의 최우선주의는 21세기 미국이 힘을 도덕·윤리적 목적으로만 행사해야 한다는 의미는 전혀 아니다. 그 이유는 트럼프 공화당 행정부의 대외정책은 과거 닉슨이나 조지 워커 부시 대통령 시절처럼 현실 문제에 적극적으로 개입하는 것을 선호하지 않기 때문이다. 미국의 안전을 위해 잠재적 위험 요인을 선제적으로 제거하는 것을 목적으로 하지 않는다. 이는 잠재적 위험 요인에 대해 선제적 타격을 적극적으로 지지하던 현실주의적 보수, 즉 네오콘과는 확연히 다른 안보정책 기조다. 트럼프가 군사적 강대국인 러시아와 긴장관계 완화를 원하는 동시에 테러, 마약과 전쟁 등처럼 잠재적 도전과 위기에 적극적으로 대응해야 한다는 다소 상반된 태도를 보이기 때문이다. 트럼프는 네오콘 성향의 보수주의보다 나름 상업적이고 이해타산적인 분석을 우선으로 한다는 점에서 구보수주의적 성향도 동시에 지니고 있다.

결국 트럼프는 21세기 세계질서의 대전환기에 미국의 실리를 최우선으로 생각하며, 여기서 미국의 실리는 정치·경제·사회·문화 전반에 걸쳐 미국의 안정과 성장 발전을 우선함을 의미한다. 따라서 트럼프의 보수는 가급적 국제적 분쟁에 직접 개입하거나 간섭하지 않는 불간섭주의를 지향한다. 대부분 미국의 실리를 위해 적극적 간섭을 주창하는 공화당 내에서조차 트럼프에 대한 지지도가 낮은 이유도 여기에 있을 것이다.

엄밀히 말해 트럼프 자신은 네오콘도 구보수도 아니다. 간단히 말하면 주주의 배분(국민 개개인의 이해관계)과 실리를 우선으로 생각하면서 모든 위험에서 벗어나거나 모른 체하는 보수가 결코 아니다. 예컨대 북핵 문제를 두고 전쟁 가능성에 대한 다양한 시나리오가 알려진 적이 있으며, 이란 핵 문제에 대한 제재조치와 함께 군사적 선제타격 같이 군사적 대응 전략을 병행하는 것도 사실이다.

따라서 사실상 트럼프의 대외정책 기조는 엄밀한 의미에서 진정한 고립주의라 할 수 없다. 만일 불가피하다면 언제든 군사적 옵션이 액션플랜으로 옮겨갈 수도 있다. 그것이 미국의 이해관계National Interest다. 미국 최우선주의는 곧 미국의 이익이 최우선이라는 의미이기 때문이다.

셋째, 미국 최우선주의는 중국 고립시키기와 중국 때리기라고 할 수 있다. 다음 장에서 다룰 '해외 분쟁에 관여하겠다'와 같은 맥락에서 이루어지는 트럼프 정부의 대외전략 전술인 셈이다. 이런 관점에서 트럼프가 생각하는 21세기 글로벌 신질서 패권과 보호무역주의, 미·중 무역 분쟁의 속내와 겉내를 각각 살펴볼 필요가 있다.

미·중 무역 분쟁은 결국 미·중 간 군사적 충돌까지도 모두 고려한 21세기 패권경쟁의 첫 단추일 뿐이다. 첫 단추를 잘못 꿰면 대부분 21세기 미국의 대내외 전략이 엉켜버릴 가능성이 높다는 판단 아래 의회와 트럼프 행정부는 나름 긴밀한 협력을 토대로 매우 세밀하게 중국을 지리·경제학적으로나 정치·경제학적으로 압박하는 모습이다. 6장에서는 이에 대해 좀더 자세히 살펴본다.

· 네오콘? 신윌슨주의

· 닉슨과 트럼프

· 트럼프의 직관과 거래의 기술

· 닉슨과 트럼프의 '중국 때리기'에서 같은 점과 다른 점

· 트럼프 외교와 비즈니스

6장

해외 분쟁에
관여하겠다

네오콘?
신윌슨주의

　트럼프의 미국 최우선주의는 우선 미국의 대외 정치·외교·군사적 개입을 원칙적으로 반대하는 견지에서 출발했다. 그를 팔레오콘이라고 부른 이유였다.

　먼로주의와 윌슨주의는 앞에서 설명한 대로 미국의 꿈을 서로 다른 견지에서 정리한 것이라고 볼 수 있다. 독립전쟁 이후 미국의 국가 경쟁력과 제1차 세계대전 이후 미국의 국가 위상은 상당한 차이를 보일 수밖에 없었기 때문이다. 특히 미국은 유럽 이민자들이 국가와 정부를 수립한 이후 시대적 상황에 따라 국가 이해관계를 극대화하는 데 조금도 소홀함이 없었다.

　민주공화당 소속 제임스 먼로 대통령이 주창한 불간섭주의인 먼로주의와 민주당 소속 우드로 윌슨 대통령의 적극적인 해외 개입 주의는 미국의 산업구조 변화가 대외정책에 어떤 영향을 주었는지를 자세히 들여다볼 수 있는 기회가 된다. 적어도 앨버트 허시먼Albert Hirschman이 얘기하는 보수의 가치 정의에 따를 때, 건국 초기와 국가 조직의 정기 기간에 나타날 수 있는 '열정passion'이 향후 산업 발전과 함께 어떻게 정치제도 변화를 국가의 이해관계로 전환할 수 있는지 등에 대해 많은 시사점을 준다.

한편 1969년 7월 29일 닉슨 대통령은 아시아에 대한 새로운 외교 전략을 발표한다. 린든 존슨 대통령 시기부터 개입해온 베트남 전쟁에서 사실상 미국이 발을 빼기 위한 명분일 수도 있었다. 당시 베트남전에 대한 반대 여론이 들끓었고, 전쟁의 전세 또한 미국의 승리가 어려울 것으로 판단되자 미국 국민은 베트남에서 철수하라고 요구하기 시작했다.

아시아 여러 나라가 공산화하는 것까지 미국이 책임지는 것은 지나친 개입이라는 비판 여론과 함께 제2차 세계대전 이후 미국의 대외정책 기조에 대한 근본적인 전환 또는 변화를 요구하는 목소리가 점증했다. 또 미국 국민들이 세계질서에 대한 미국의 대외정책 기조를 근본적으로 수정하라고 요구하게 된다. 결국 닉슨 대통령은 아시아에 대한 미국의 불간섭주의, 즉 1969년 7월 아시아 국가들을 방문하는 도중 아시아 안보에 관한 새로운 외교 전략, 우호국과의 협력, 미국의 중대 이익을 위협하는 국가에 대한 힘에 의한 대처, 평화를 위한 필요 조건으로서 교섭 의무 따위를 기본 원칙으로 하는 새로운 대외 외교·

안보정책을 괌에서 발표했다.*

트럼프가 바로 닉슨의 이러한 '불개입, 불간섭주의'를 이어받겠다
는 뜻으로 해석된다. 아울러 자신의 집무실 벽에 1987년 12월 닉슨
전 대통령에게서 받은 편지를 걸어놓겠다고 했다. 우연인지 필연인
지는 모르지만, 이 편지에서 닉슨은 트럼프가 대통령이 될 거라고 말
했다고 한다. 실제로 트럼프는 현재 닉슨 일가와 매우 가까운 사이
로, 닉슨 전 대통령의 손자 크리스토퍼 닉슨 콕스Christopher Nixon Cox는
2016년 11월 플로리다주 마라라고에서 트럼프가 주최한 추수감사절
행사에 참석하기도 했다.

한편 〈워싱턴포스트〉는 2016년 12월 20일, 트럼프 당선인이 냉전
시대 닉슨 전 대통령의 '미치광이 이론The Madman Theory'을 외교 전략
에 매우 효율적으로 활용할 거라고 분석했다. 트럼프의 경우 워낙 정
책기조의 변화에 합리적 예측이 불가능한 것으로 이해되다보니 상대
국가는 트럼프가 어떤 제안을 해올지 알 수 없어 때로는 협상 테이블
에서 패닉 상태를 경험하게 된다. 트럼프의 돌출 발언과 불규칙적인
행동은 닉슨보다 더 두드러진 것으로 평가되고 있다.

사실 닉슨과 트럼프 사이에는 글로벌 시대 상황이나 국내 정치·경

---

* 닉슨 독트린의 주요 골자는 다음과 같다. 첫째, 미국은 앞으로 베트남 전쟁과 같은 군사적 개입을 피한
다. 둘째, 강대국의 핵 위협의 경우를 제외하고는 내란이나 침략에 아시아 각국이 스스로 협력해 그에
대처해야 할 것이다. 셋째, 미국은 아시아 여러 나라와의 조약에 나타난 약속은 지키지만, 강대국의
핵 위협의 경우를 제외하고는 내란이나 침략에 아시아 각국이 스스로 협력해 그에 대처해야 한다. 넷
째, 미국은 침략을 받은 국가의 요구가 있을 때 적절한 군사적·경제적 원조를 제공한다. 그러나 직접
위협을 받은 국가 자체적으로 자국 방어를 위해 인력을 제공할 1차적 책임을 떠맡기를 기대한다. 다음
백과 '닉슨 독트린' 참조.

제 상황에서 상당한 유사점을 찾아볼 수 있다. 예컨대 트럼프는 자신의 탄핵 문제와 관련해서도 거침이 없다. 만일 자신이 탄핵될 경우 되살아나던 미국 경제는 곧바로 추락할 것이며, 증시는 폭락할 것이라고 거리낌 없이 얘기한다. 닉슨 대통령도 남다르게 자신과 의견이 다른 사람들과 타협하거나 주저하지 않았다. 혹자는 이를 두고 미치광이 전략이라고 했다. 미치광이 전략의 핵심은 상대방으로 하여금 자신이 어떤 결정을 할지 알 수 없게 함으로써 불확실성을 증대하는 것이다.

1971년 프랑스의 퐁피두 정부가 추락하는 미국 달러화를 금으로 바꾸어줄 것을 요구했지만, 닉슨은 미국의 경상수지 악화를 막기 위해 대부분 수입품에 10% 관세를 부과하고, 금 1온스와 35달러를 고정해 환율을 결정하도록 한 브레튼우즈체제를 일방적으로 폐기해버렸다. 당시 누구도 금본위제도를 파기할 것이라고는 예측하지 못했다. 이로써 제2차 세계대전 이후 세계 무역거래에서 기준이 된 금본위제도가 일시에 붕괴되고, 세계 경제는 쇼크 상태에 빠져버리는 이른바 '닉슨 쇼크'가 일어났다.

그뿐만 아니라 냉전체제하에서 대부분 분쟁이 유럽과 중동에 집중되었지만 6·25전쟁과 베트남전의 경우 아시아에서 일어난 전쟁이라고 보면, 미국이 상당한 공을 들이면서까지 자유민주주의를 수호하려 했던 의지는 '닉슨 독트린'과 주한미군 철수 등의 조치로 꺾였고 마치 '미치광이 전략'의 종착점이 주한미군이나 해외 주둔 미군의 완전 철수와 동맹을 포기하는 것인 듯 보였다.

이런 우려가 현실로 다가오면서 1950년 1월 애치슨_{Dean Acheson} 국무장관이 아시아 방어선에서 한국을 제외했던 것처럼, 닉슨 독트린에 따라 '신애치슨 라인'이 그어지는 것이 아닌가 하는 큰 우려를 낳았다. 이는 아시아의 미국 방어선에서 한국이 제외될 수도 있다는 불안감을 증폭하기에 충분했다.* 닉슨 독트린이 어떻게 해서 박정희 정권의 자주국방과 핵무장 논리의 배경이 되었는지 충분히 짐작할 수 있는 대목이다.

어쨌든 당시 한국 경제는 수출증가율이 10년 이래 최저치를 기록하면서 경제성장률이 1971년 10.5%에서 이듬해 7.2%로 3.3%포인트 급락했고, 1973년 잠시 14.8%로 반등하는 듯했다가 1차 오일쇼크로 다시 1974년과 1975년 각각 9.5%와 7.9%로 하락했다. 한편 일본·타이완·필리핀 경제는 1971년 각각 4.7%, 7.3%, 5.4%에서 1972년과 1973년 각각 8.4%와 8.0%, 10.6%와 12.3%, 모두 5.4%로 나타났다. 따라서 유일하게 한국의 정치·경제 상황이 주한미군 철수로 상당한 압박감을 받은 것으로 나타난 것이고, 이와 같은 충격으로 1972년 사상 초유의 '8·3 사채동결 조치'가 나왔다.

위에서 살펴본 바와 같이 현재 한반도를 둘러싼 지정학적 상황과 미국의 국내 정치적 상황이 닉슨 대통령 당시와 매우 흡사하게 보인다. 게다가 우연하게도 트럼프는 닉슨과 개인적으로 친하고, 닉슨 보좌관을 대선 캠프에서 채용했으며, 닉슨과 동일하거나 비슷한 외교정

---

* 닉슨 독트린으로 동두천 캠프 케이시에 주둔했던 주한미군 7사단 병력 약 2만 명이 일방적으로 철수하기 시작했다. 이로써 박정희 정권은 핵무기 개발에 더 많은 관심을 보일 수밖에 없었을 것이다.

책을 주장한다는 점은 이미 언급했다. 글로벌 신질서 구축과 한반도를 둘러싼 북핵 문제는 물론이고 미·중 무역 분쟁, 북대서양조약기구와 관계 재정립, 이스라엘과 중동 등의 국제 문제에 대해서도 향후 어떤 일들이 어떻게 진행될지 몇 가지 시나리오를 만들어볼 수 있다.

먼저 트럼프가 직면한 뮬러 특별검사의 대선 관련 러시아 연계설 조사가 최근 일련의 사태 변화로 트럼프를 더욱 옥죄는 듯하다. 그런 점에서 워터게이트 사건으로 탄핵 직전 물러난 닉슨과 많은 부분이 닮았다. 만일 이런 우연이 또 다른 우연으로 연결될 가능성이 높을 경우 미국의 국가 위상은 상당한 타격을 받을 수도 있다. 트럼프가 탄핵되거나 사직하면 중국과 러시아를 비롯해 이란과 북한 등의 입지는 더욱더 강화될 것이다. 따라서 이들 국가들은 미국 등 주변 국가들과 힘의 균형을 고려한 대내외 정책 중심에서 좀더 자기중심적으로 자신들의 이해관계를 극대화하기 위해 미국의 대외정책에 적극적으로 반기를 들 개연성이 매우 높다.

김정은 위원장은 어떤 일이 있어도 무려 45배나 차이 나는 한국 경제를 따라잡을 수 없음을 알기에 군사적 균형이라도 이루기 위해 절대로 핵을 포기하지 않을 것이다. 아울러 한반도의 '비무장지대DMZ'가 남북한 긴장의 완충지대라고 한다면, 중국에는 북한 자체가 한국과 일본을 비롯한 미국의 자본과 시장경제가 동북3성으로 파급되는 길을 차단하는 존재다. 그래서 북한과 중국의 관계는 흔히 '순망치한脣亡齒寒'관계라고 한다. 6·25전쟁 당시 중국이 군사적으로 개입한 일은 북한의 패망을 막기 위해서라기보다 자기 집과 나라를 지키기 위한 것保家衛國이었다고 한다.

　물론 자기 집과 나라에 북한이 어떤 의미인지는 다르게 해석할 수 있으나 엄밀히 보면 북한은 중국의 도움으로 기사회생했고 한국은 미국의 도움으로 기사회생했으니, 미·중 갈등이 왜 남북 갈등·긴장 관계와 밀접하게 관련되어 있는지 아주 간단히 이해할 수 있다. 경제학의 '대리인 이론agent theory'으로도 이러한 관계를 충분히 설명할 수 있다.*

　따라서 중국 시진핑 주석 역시 2018년 11월 미국 중간선거 결과만 놓고 볼 때, 미·중 무역 분쟁의 결과는 매우 지지부진한 과정을 겪으며 향후에도 지속적으로 '화쟁和爭'을 반복해나갈 수밖에 없다. 하지만 분명한 점은 2020년 대선에서 대통령에 공화당 후보가 당선되든,

---

* 젠센(Jensen)과 맥클링(Meckling)이 1976년 제기한 기업 내 관계이론의 하나다. 일반적으로 기업의 경영에서 오너(owner)와 전문경영인 등 기업 내 이해관계자들의 문제가 어떻게 합리적 의사결정 및 각자의 이해관계 극대화 문제를 해결하는지를 논의한다. 대부분 기업 내 설립자와 전문경영인의 관계는 계약으로 이루어진다. 따라서 어느 사회나 조직이든 다양한 의사결정 과정에서 책임을 지고 일을 수행할 때 오너는 전문가들에게 각자의 전문 분야와 관련해 책임 있는 판단과 결정을 기대한다. 이를 다시 국가와 국민의 관계로 대입하면, 국가의 주인은 국민인데 국민은 정치적 책임과 의무를 국회와 정부 공무원 등에게 위임할 수 있다. 따라서 대통령과 국회의원 등은 국민의 대리인이라 할 수 있다. 이런 관계, 즉 주인과 대리인 관계는 주인 대 대리인, 위임자 대 대리인, 주인 대 노예 등 다양한 형태로 나타날 수 있다.
일반적으로 '대리인 이론'에서 중요한 가정은 이렇다. 첫째, 주인과 대리인의 이해관계가 상충하는 경우가 많다. 둘째, 주인과 대리인은 모두 각자 이익을 극대화하는 것을 목표로 삼는다. 셋째, 주인은 대리인이 알고 있는 정보를 모두 다 알지 못하며, 대리인의 모든 행동을 관찰할 수 없다. 넷째, 주인과 대리인은 불확실한 환경에서 업무 계약을 체결한다. 이를 남북관계나 미·중 관계로 전환해보면 현재 미국과 한국 정부의 협력관계와 중국과 북한의 밀월관계가 '대리인 이론'에 어떻게 접목될지 판단할 수 있다. 물론 국가 간 관계를 주종관계로 규정하기는 어렵다. 가정을 조금 완화해서 동맹국 간 관계로 재정의할 경우 한반도를 둘러싼 정세 변화와 가능한 시나리오 등에 대해 충분히 논의할 수 있다. '대리인 이론'의 파생이론에는 정보의 비대칭성(asymmetric information)에 따른 역선택(adverse selection), 도덕적 해이(moral hazard), 외부 환경 변화를 들여다보지 않고 내부에만 집착하는 내부성(internality) 등이 있다.

민주당 후보가 당선되든 미국의 대중 압박Pressure, 때리기Bashing 및 포위Containment 전략은 계속될 것이라는 사실이다. 2018년 11월 중간선거 과정과 그 결과에서 이미 미국의 이해관계를 위해 중국을 지속적으로 견제할 필요가 있는 것으로 나왔다는 점에서 공화·민주 양당의 견해차는 거의 없는 것으로 이해되었기 때문이다. 아울러 만일 뮬러 특검 결과에 따른 여론 이반 가능성이 있거나 재선 가능성이 매우 낮아질 경우, 트럼프는 2021년 1월 대통령직에서 물러난 이후 탈세, 불법 선거와 관련한 구속 가능성이 여전히 걸림돌로 남아 있다고 할 때 향후 미·중 간 무역 분쟁뿐만 아니라 이란·북한 핵 문제 해결, 터키와 북대서양조약기구 등과 새로운 동맹관계 정립에서 지금보다 훨씬 더 센 강도로 접근할 수도 있다. 특히 2019년 2월 27~28일 베트남 하노이에서 열린 제2차 북미정상회담 결과를 놓고 볼 때, 북한의 핵 문제 해결에서 미국의 강경한 입장은 더 중요한 이슈로 부상할 가능성이 높아 보인다.

김정은 위원장으로서는 트럼프의 미국 내 위상과 불확실성 등의 문제에 걸친 심정을 모를 리가 없을 것이다. 따라서 2020년 대선을 앞두고 트럼프 재선이 북한의 북핵 문제와 유엔제재 해결에 도움을 줄지, 아니면 새로운 대통령과 협상을 해나가는 것이 유리할지는 향후 김정은 위원장의 고민 가운데 중요한 부분이 될 것이다. 왜냐하면 미·중 간 무역 분쟁이 악화되거나 지속되는 가운데 중국의 대북 지원 또는 한국의 대북 지원은 자칫 중국과 한국 정부에 모두 커다란 부담이 될 수밖에 없는 '위험요인'이기 때문이다.

닉슨과
트럼프

트럼프는 자신이 쓴 『거래의 기술The Art of the Deal』에서 11가지 거래 원칙을 얘기한다. 크게 생각하라, 항상 최악의 상황을 예상하라, 선택의 폭을 넓혀라, 현장을 다녀라, 지렛대를 사용하라, 입장보다 전략에 주력하라, 언론을 이용하라, 신념을 위해 저항하라, 최고의 상품을 만들어라, 희망은 크게, 비용은 최소한으로 하라, 사업을 재미있게 하라.

트럼프가 보는 미국의 외교관계와 국내 정치 상황을 다분히 거래의 한 형태로 본다면 최근 벌어지고 있는 미국의 다양한 대외정책 변화를 어떻게 설명할 수 있을까? 한국 언론들은 트럼프에게 북한에서나 할 법한 '미치광이'라고 표현한 적이 있다. 여기에다 방위비 분담 증액, 한미 자유무역협정 재협상, 대북한 중재자 등을 덧붙일 경우 과연 한국은 트럼프가 말하는 거래의 기술 중 어느 부분에서 '실수(?)'를 저지르고 있는지 이해할 수 있을까?

이렇게 질문해보자. 미국에 북미 자유무역협정과 북대서양조약기구, 그리고 한미 자유무역협정과 한국의 방위비 분담금 증액 요구 가운데 어느 것이 더 중요한 이슈이고 어젠다일까? 이에 대한 답을 이해할 수 있다면, 당연히 트럼프의 거래의 기술에 걸려들지 않도록 해야 하는 부분이 있다. 이런 맥락에서 닉슨과 트럼프의 유사점과 다른 점을 몇 가지 사례를 들어 살펴본다.

사실 '미치광이 전략'은 1950년 6·25전쟁 당시 이승만 대통령이 반공포로 석방으로 다소 곤란한 상황에 있던 아이젠하워 대통령을 대신해서 한국을 방문한 닉슨 부통령에게 전해준 전략 가운데 하나라고도 한다. 상대방에게 우리가 어떤 상황으로 전개할지 궁금하거나 불확실하게 만들어놓으면 그들은 초조해지기 마련이며 이로써 자신의 협상력을 극대화할 수 있다는 논리다. 한마디로 자신의 예측 불가능성을 최대한 높여 불안에 빠진 상대가 양보하도록 하는 협상 기술이다. 이는 누군가 피하지 않으면 정면충돌할 수밖에 없는 '겁쟁이 chicken 게임'에서도 효과를 발휘한다.

'화염과 분노fire and fury'를 언급하며 핵 공격까지 경고한 트럼프나 괌 주변을 미사일로 포위 사격하겠다며 맞선 북한 역시 미치광이 전략의 고수임이 틀림없다. 이에 비해 한국 정부의 외교는 어떤 전략적 기조를 가지고 있을까? 진실해 보이기는 하지만 진정성이 없는 것은 아닐까? 미치광이 전략으로 노리는 것은 상대방의 양보다. 말 그대로 제대로 미치지 않고야 원하는 결과를 이끌어내기도 사실상 어렵다.

북미정상회담 직전까지 양국 정상 간에 주고받은 말싸움에서도 이를 볼 수 있다. 북한은 미국에 머리를 꼿꼿이 들고 싸움닭 자세를 견지했고, 트럼프 또한 2017년 9월 19일 유엔총회 연설에서 김정은 국무위원장을 향해 '범죄 집단' '완전 파괴' 등의 강도 높은 비난을 퍼부었다. 이를 신호로 유엔 봉쇄와 제재조치 강화, 미국 항공모함 전단의 한반도 배치 등 군사적 행동까지 거침없이 치고 들어왔다. 두 사람 모두 제대로 '미친(?) 것'이다.*

미국 정치사에서 이러한 미치광이 전략이 사용된 적이 3번 있다. 첫 번째는 아이젠하워 대통령이 존 덜레스John Dulles 국무장관을 인도에 보내서 인도로 하여금 중국에 6·25전쟁이 끝나지 않을 경우 미국이 핵무기를 사용할 수 있다고 전달하게 함으로써 처음 사용되었다. 미국이 한국전에서 핵무기를 사용할 수 있음은 6·25전쟁이 한창일 때 트루먼 대통령과 맥아더 사령관의 갈등으로 충분히 세계가 인지했던 '지렛대leverage'였다.

두 번째 미치광이 전략은 베트남전에서 미국의 탈출을 고려하던 시기에 나왔다. 미국이 베트남전 참전 이후 승기를 잡지 못하고 긴 전쟁의 피로감에 지쳐갈 때쯤 37대 대통령으로 취임한 닉슨이 북베트남

---

* 당시 트럼프의 유엔총회 연설은 스티븐 밀러(Stephen Miller) 백악관 선임정책보좌관이 작성한 연설문에 따랐다고 한다. 이를 유엔총회에서 직접 읽어 내려간 것은 아마 트럼프의 거래를 위한 판단, 즉 크게 생각하라, 언론을 이용하라, 선택의 폭을 넓혀라, 지렛대를 활용하라 등 거래의 원칙을 적용한 것으로 볼 수도 있다. 물론 트럼프의 이와 같은 '미치광이 연극'을 어떻게 해석할지는 논리적으로는 역사가, 현상적으로는 북핵 문제의 향방이 각각 결정할 것으로 보인다.

을 돕던 소련에 핵무기 공격 가능성을 거론한 것이다.

세 번째 미치광이 전략은 트럼프가 북한에 대한 핵 공격 가능성을 언급한 것이다.

앞서 2번의 미치광이 전략에서도 그랬지만 핵 공격 협박이 현실화된 사례는 없다. 이는 앞으로도 쉽지 않을 것이다. 그럼에도 무턱대고 '그럴 리가 없다'고 하기에도 불안하다.

미치광이 전략의 주된 목적은 가능한 한 최대한 압박하고 필요할 경우 군사적 옵션이 가능하다는 점을 충분히 인지시키는 데 있다. 베트남 전쟁이 막바지로 치닫던 1969년 1월 20일 취임한 닉슨 대통령이 취했던 북베트남과 소련에 대한 핵무기 사용 관련 미치광이 전략은 과연 얼마나 진지하고 긴박하게 나왔을까? 단순히 미치광이 전략으로 엄포나 협박용이었는지, 아니면 실제로 그러한 상황이 전개될 만큼 긴장된 순간이 있었는지는 2015년 5월 해제된 백악관 기밀 문서에서 엿볼 수 있다.

닉슨 행정부가 출범한 지 1개월 13일이 지난 1969년 3월 2일, 백악관 국가안보보좌관 헨리 키신저의 특별보좌관이었던 알렉산더 헤이그Alexander Haig가 기록한 비망록이 있다. 여기에는 멜빈 레어드Melvin Laird 당시 국방장관이 1969년 2월 21일 작성한 비망록이 첨부되어 있는데, 닉슨 대통령이 취임 후 일주일이 지난 1월 27일 백악관 비밀회의를 소집한 것으로 기록되어 있다. 밀실에서 있었던 이 회의에서는 베트남 전쟁을 종식하기 위해 그들을 최대한 압박하기로 결정하고 합참의장에게 군사적 옵션을 작성토록 했다. 4명이 참석한 비밀회의 결정에 따라 2월 21일 레어드 국방장관이 작성한 군사적 옵션은 다음과 같다. 첫째, 북베트남 해군기지를 공격하는 공수-상륙합동작전을 전개한다. 둘째, 북베트남이 라오스와 캄보디아 접경지대에 설치한 통신망과 군사거점을 파괴하는 공수-공습작전을 전개한다. 셋째, 북베트남의 하이퐁항과 해군기지를 봉쇄하기 위해 공군-해군 합동작전을 전개한다. 넷째, 북베트남 정권을 전복하기 위한 내란을 준비한다. 다섯째, 핵 위협 수위를 단계적으로 높인다.[*]

닉슨 대통령의 북베트남 군사적 옵션 가운데 핵 위협은 그 수위를 단계적으로 높인다는 것이었다. 먼저 미국의 핵무기 전문가들을 일본으로 파견하거나 미군이 핵 공격 수단들을 주기적으로 점검하고 있다는 성명서를 미군 고위 지휘관들이 발표해 미국의 북베트남 핵 공격 가능성을 강하게 암시함으로써 미국의 위협이 결코 단순한 '공갈'이 아님을 믿게 하는 것이었다.

그렇다면 최근 트럼프의 대북 미치광이 전략은 이것과는 어떤 차이를 보일까? 베트남에서는 실제로 전쟁이 벌어지는 상황이었던 반면, 한반도는 비록 전쟁 상황이기는 하지만 일시적인 '정전협정' 상태로

---

[*] 한호석(통일학연구소 소장), 〈개벽예감 267〉, "닉슨의 미치광이 전략 따라가는 트럼프의 미치광이 전략", 2017. 9. 25 일부 인용 수정.

65년을 큰 전쟁 없이 평화를 유지하며 각자 길을 걸어가고 있다는 점이다. 따라서 북베트남에 대한 선제타격은 북베트남이 남베트남에 대해 이전과 다른 공격을 유발하지 않을 가능성이 높은 반면, 한반도 상황은 이와 극명히 다르다.

첫째, 만일 미국이 북한을 공격하면 북한이 남한을 공격할 테고, 그 결과 부정적 요소를 간과할 수 없다. 하지만 트럼프는 이보다 한 발 앞선 전략을 취한 바 있다. 즉 예방 차원에서 미국 항공모함 전단과 전략 폭격기·스텔스 공격기 출동, 미국 주요 군관계자의 핵 주요 시설 방문·시찰 등을 전개하는데 이는 실질적으로 닉슨 전 대통령 정부가 고려했던, 미 국방부와 고위 군관계자들이 핵 타격 수단들을 주기적으로 점검하고 있다는 성명을 발표한 것과 같은 내용이다.

둘째, 닉슨과 트럼프의 미치광이 전략의 유사점이자 차이점은 닉슨의 궁극적 목표가 북베트남을 지원하던 소련이었다면, 트럼프의 최종 목표는 북한이 아니라 바로 '중국'이라는 것이다. 아이젠하워 대통령이 인도를 통해 중국에 지나친 한반도 내 전쟁 개입을 억제토록 요구한 것처럼 닉슨은 소련에 베트남 전쟁을 조기 종식하기 위해 소련이 결정적 역할을 해달라고 요구하는 차원에서 핵 위협을 진행했다. 트럼프 또한 북핵 위협에 대한 압력을 사실상 그동안 중국이 보여온 미온적인 태도의 결과물로 이해했다. 따라서 한국 정부의 어떤 중재자적 노력도 미국은 책임 있는 역할론으로 보거나 당연히 나서야 할 한국 정부의 윤리·도덕적 책무라고 이해하지 않을 것이다.

트럼프가 유엔총회를 비롯해 틈틈이 내보이는 대북 강경 메시지의 최종 목적지가 중국이라는 점에 주목한다면, 한반도에서 미국과 중국의 긴장관계는 군사안보에서 경제안보까지 전선이 매우 넓고 깊게 퍼져 있음을 알 수 있다. 이런 관점을 배제하고 '통일' 또는 '평화' 메시지를 계속 던지는 것은 중재자가 아니라 훼방꾼의 전형적인 오류로밖에 간주되지 못할 것이다. 한국의 외교력과 전략·전술에 대한 평가가 미국뿐만 아니라 중국으로부터도 같은 '수준'으로 이해된다는 점에 유의할 필요가 있다.

미국은 21세기에 중국이 무리한 도전을 지속할 경우, 특히 북한·이란·아프리카 등 반미정서가 높은 국가들로 하여금 미국의 안보를 위협하게 하면 인내심을 잃을 수도 있으며, 만일 미국이 이란 또는 북한에 대해 일정한 군사적 옵션을 이행할 경우 이에 걸림돌이 되는 모든 장애물에 대해 응징할 수 있음을 강력히 경고하고 있다. 2006년 한미 해병대의 서해안 상륙 훈련, 2010년 조지 워싱턴 항공모함의 서해상 훈련 등으로 이미 미국이 중국을 최대한 압박하기 시작한 점을 간과해서는 안 된다.

물론 소련을 압박함으로써 베트남 전쟁을 조기에 종식하려 했던 미국의 전략은 실패로 끝났다. 오히려 파리에서 열린 미국과 북베트남 간 종전회담이 베트남 공산화를 앞당긴 셈이 되고 말았다. 여러 가지 이유가 있었지만 무엇보다 소련이 북베트남을 지원하거나 큰손으로 영향력을 행사할 수 있는 위치에 있지 않았다. 더욱이 베트남전의 수렁에서 하루라도 빨리 빠져나오고자 했던 닉슨은 키신저의 자문을 얻어 필리핀과 남중국해에서 기뢰 투하 연습을 하도록 지시했지만,

당초 베트남 해상 봉쇄를 위해 시도되었던 이 작전 역시 사실상 북베트남에서 멀리 떨어진 지역에서 이루어졌다는 점에서 결코 위협이 되지 못했다.

2015년 이후 남중국해 중국의 인공섬 주변에서 미국 구축함 등이 '항해의 자유' 작전을 전개하고, 한반도 주변에서 해상 작전 능력을 계속 과시해온 점 등이 미국이 더는 과거의 실패를 반복하지 않을 것이라는 메시지를 중국에 충분히 주고 있을까? 베트남 전쟁의 결과가 미군의 완전 철군과 동맹 포기에 있었다는 점에 주목해야 한다.

1969년 5월 14일 주미 소련대사 아나톨리 도브리닌Anatoly Dobrynin과 비밀회담 중 키신저는 "베트남 종전 합의가 이루어지는 시점과 남베트남 정치가 안정되는 시점 사이에 매우 합리적인 시간이 주어진다면(즉 미군이 베트남에서 떠날 수 있는 시간 여유가 충분하다면), 닉슨 정부는 남베트남에 어떤 정치체제가 들어서는 것도 받아들일 준비가 되어 있다"라고 했다. 즉 베트남 전쟁을 끝낼 수만 있다면 미국은 남베트남에서 미군의 완전철수와 동맹을 포기하는 것까지 준비되어 있다는 말과 같았다.[*]

---

[*] 1969년 6월 8일 닉슨 대통령은 미드웨이섬에서 남베트남 대통령 응웬 반티우를 만나 미군 철수를 통보한다. 그로부터 한 달 후인 7월 8일 미군 전투 병력 800명이 남베트남에서 제1진으로 철수하면서 1972년 11월까지 모두 15차례에 걸쳐 단계적 철수가 진행되었다. 미국의 베트남 전쟁 포기 배경과 결과 등에서 당시 미국 달러화와 금태환을 근간으로 이루어진 '브레튼우즈체제' 붕괴, 즉 세계 화폐제도 또는 결제 시스템 붕괴와 무역 거래의 혼란, 미국 재정과 경상수지 등 쌍둥이 적자의 누적과 달러화 가치 하락, 프랑스 등 동맹 국가들과 마찰, 1차 오일쇼크, 닉슨 대통령 재선을 위해 서두를 수밖에 없었던 베트남 전쟁 종전, 닉슨 대통령의 '워터게이트' 사태와 탄핵 가능성 등의 시대 상황이 최근 트럼프와 중국 간의 무역 분쟁, 중국 위안화 절상 요구와 미국 달러화의 기축통화 지위 강화, 북한 및 이란 핵 사태의 악화 등과 매우 유사한 점을 찾을 수 있다. 한호석(통일학연구소 소장), 〈개벽예감 267〉, "닉슨의 미치광이 전략 따라가는 트럼프의 미치광이 전략", 2017. 9. 25 일부 인용 및 수정.

물론 미국은 베트남에서 철수하면서도 최대한의 시간 여유와 파리평화협정의 최선의 결과를 위해 수차례 공습과 캄보디아 공격을 벌이는 등 북베트남 공격을 늦추지는 않았다. 다만 닉슨은 파리협정 (1973년 1월 27일)과 베트남 미군 철수(1972년 11월)로 재선에 성공했지만 불과 1년 6개월 만인 1974년 8월 9일 워터게이트 사건으로 사임했고, 1975년 4월 북베트남이 남베트남 대통령궁을 점령하면서 닉슨 대통령의 미치광이 전략은 끝났다.

트럼프의 직관과
거래의 기술

 이런 역사적 배경을 트럼프의 미치광이 전략에 대입하면 어떤 결과가 나올까? 트럼프가 생각하는 '기대효용'과 '전망prospect'은 과거 베트남 전쟁에서 닉슨이 펼친 전략과 비전처럼 과연 한반도에 국한되었을까? 시대적 상황 역시 글로벌 체제의 변화와 무관하게 한반도의 지정학적 상황으로만 국한되어 전개되고 있는가? 베트남의 교훈에서처럼 트럼프 역시 "평화협정이 남북한 간에 미국과 중국이 지켜보는 가운데 이루어지는 시점과 한반도에서 남북한 간 화해 무드가 안정적으로 구축되는 시점 사이에 합리적인 시간이 주어진다면, 트럼프 정부는 한국에 어떤 정치적 체제가 들어서는 것도 굳이 반대할 생각이 없다"라는 입장일까?

21세기 진입 이후 세계질서는 분명히 새로운 '변화'의 큰 물줄기를 타고 흐른다. 미국의 '대전략gran strategy'은 글로벌 질서에서 정치, 군사, 경제, 문화 등 모든 자원을 동원하면서 '미국의 이해관계America's National Interest'를 극대화하는 데 있다는 점에서 최근 트럼프의 중국 때리기와 중국 고립시키기는 단순히 트럼프만이 생각해내거나 이행할 수 있는 전략은 더더욱 아니다. 대통령이 누구였다 하더라도 2050년이 되기 전에, 시진핑 주석의 '중국의 꿈'이 '제조업 2025'를 통해 성공적으로 연착륙하기 전에 미·중 갈등은 반드시 일어날 수밖에 없다는 점을 염두에 둔다면 트럼프가 『거래의 기술』에서 정리한 내용은 함의하는 바가 매우 크다. 아울러 미·중 경제 패권 다툼으로 세계 경제가 다시 둔화되고 성장률이 급격히 하락하거나 중국의 금융경제가 급격히 위축되면서 실물경제까지 압박받게 될 경우, 2008년 미국발 금융위기에 이은 2018년 또는 2019년 중국발 금융위기 가능성도 배제하기 어렵다.

세계무역 구조의 한계를 지적하면서 미·중 무역의 불균형 현상이 불가피함을 얘기할 수는 있으나 환율의 인위적 조작, 기술과 지적재산권 도용, 수출·투자 제도의 비대칭성 등으로 파생되는 문제들의 상당 부분은 기술적·제도적으로 어느 정도 해법을 찾을 수 있는 부분도 있다. 문제는 과연 미·중 갈등이 이와 같은 표면적인 무역 불균형에만 있지 않고 북한과 이란처럼 정상국가가 아닌 불량국가rogue nations들에 필요하다면 국제적인 모니터링과 감독, 아울러 강력한 제재조치를 포함한 국제공조 노력까지 함께할 수 있는지를 시험하고 따져보는 기회로 삼는 것이다.

한편 트럼프의 말과 행동에는 어느 정도 일관성이 있다는 점에 주목할 필요가 있다. 2018년 8월 30일 〈블룸버그〉와 백악관에서 한 인터뷰에서 트럼프는 "세계 누구보다 나는 더 큰 인내심을 가지고 있다. 이 점을 사람들은 잘 모르는 것 같다. … 북미관계 특히 나와 김정은의 관계는 좋으며, 미사일 실험이 없었고 로켓 실험도 없었다. 억류되어 있던 사람들이 6월 북미 싱가포르 정상회담 전에 다 풀려나왔다. (하지만) 현재의 좋은 관계가 변화하지 않을 것이라고 말하는 건 아니다. 그것은 바뀔 수 있다. 따라서 전체 상황이 바뀔 수 있다"라고 말한 바 있다.

여기서 몇 가지 재미있는 점을 찾아볼 수 있다. 첫째, 자신이 최고 협상가라는 말이다(더 큰 인내심을 가지고 있다). 둘째, 최종 목적지는 북핵 문제 해법을 통해 중국에 주고자 하는 메시지에 있다(그것은 바뀔 수 있다. 따라서 전체 상황이 바뀔 수 있다). 셋째, 그렇다면 과연 한국 정부에 전하는 메시지는 과연 무엇일까? 비록 그의 말과 행동이 정치적으로나 외교적으로 일정한 프로토콜에 따라 다듬어지거나 세련되지는 않았지만, 그의 말과 행동에는 분명한 메시지와 그 결과에 반드시 책임을 진다는 의미가 함축되어 있다. 제조업이 아닌 부동산 사업가로 성공하기까지 다양한 협상과 위험관리 등으로 대화와 타협에서 나름의 원칙은 분명히 가지고 있는 듯하다.

대통령 취임사에서 트럼프는 대통령으로서 가지고 있는 최고 임무, 즉 미국 국민을 위한 나라, 미국 최우선주의를 분명히 했다. 이와 함께 대외정책 부문에서도 취임식 첫날 '중국을 환율조작국'으로 지정할 것과 '중국산 제품에 45% 관세를 부과하겠다'는 점도 분명히 했다. 그가 대통령 후보였던 2016년 10월 22일 게티스버그 연설에서 만일 자신이 대통령으로 당선된다면 취임 후 첫 100일간 시행할 '액션 플랜'을 이야기한 적이 있다. 여기에 바로 중국을 환율조작국으로 지정하겠다는 내용이 명시적으로 포함되어 있었다. 대중국 환율조작국 지정은 미·중 양국 간 무역 전쟁의 빌미가 될 수 있으며, 중국 역시 관망하지만은 않을 것으로 예견된다. 중국도 세계무역기구에 제소하고 자신이 가지고 있는 약 1조 2천억 달러 규모의 미국 국채를 매각할 수 있음을 강력히 시사하고 있다. 그런데 과연 가능한 일들일까?

최근 트럼프는 세계무역기구에서 탈퇴할 수도 있다고 했다. 우리 언론들은 "트럼프는 왜 틈만 나면 WTO 탈퇴를 협박할까?"라는 식의 머리기사를 쏟아냈다.* 중요한 점은 미국 또는 트럼프가 세계무역기구에서 탈퇴할 것이라고 협박하는 게 아니라는 것이다. 이런 기사를 볼 때마다 트럼프에게 무차별적으로 화살을 쏘아대기보다 미국의 대외정책이 어떻게 이루어지는지에 대한 이해를 바탕으로 한 분석기사가 더 중요하지 않을까 싶다.

미국이 세계무역기구와 같은 다자간 협상보다 양자 협상으로 무역체제를 전환한 것은 1992년 10월 북미 자유무역협정을 체결하면서

---

* 원 제목은 Exclusive 잡지 2018년 8월 30일자 기사인 "Trump Threatens to Pull U.S. Out of WTO if it Doesn't 'Shape Up'"이다. 이를 해석하면 "트럼프는 만일 WTO가 올바른 방향으로 가지 않으면, 미국은 빠질 수 있다며 위협했다"가 된다. news 1, 2018년 8월 31일 다음 뉴스 기사 중.

본격화되었다. 참고로 세계무역기구 체제는 1995년 이후 출범했다. 여기에는 그만한 이유가 있다. 일례로 다자간 협상에서는 270개 국가가 모두 국가 경제력에 상관없이 한 표를 행사한다. 따라서 미국도 당연히 한 표만 행사할 수 있다. 이와 같은 다자간 의사결정 방식은 미국이 제2차 세계대전 이후 지속해온 세계무역질서를 더욱 공고히 하는 데 더는 적합하지 않다. 중국, 동남아시아, 아프리카와 남미 등 개발도상국들이 연합해서 다자간 무역질서에서 미국을 중요 정책 결정 과정에서 쉽게 배제할 수 있게 되기 때문이다. 따라서 미국 의회를 비롯한 조야는 오랫동안 이해당사자 간, 즉 미국이 교역하는 국가와 '양자간bilateral' 무역 협정을 선호하고 있다.

이런 맥락이 하나 있고, 또 다른 세계무역기구 체제에서 탈퇴하겠다는 위협의 본질은 미국 중심으로 굳혀온 무역질서와 통화 질서에서 만일 미국이 빠진다면 세계 경제는 그야말로 일대 혼란에 빠질 수밖에 없다는 점이다. 앞서 지적한 1971년 '닉슨 쇼크' 같은 현상이 일어난다는 의미다. 1971년 닉슨 대통령이 일방적으로 미국 달러화와 금의 태환정책을 파괴해버린 후 세계 경제성장률은 1973년 현재 6.5%에서 1975년 0.8%까지 급락하고, 1차 오일쇼크와 함께 일대 혼란을 경험한 바 있다.

따라서 만일 미국이 세계무역기구 체제에서 빠져나간다면 세계 경제는 급격히 불황으로 진입하면서 걷잡을 수 없을 만큼 소용돌이에 휘말릴 수 있다. 물론 미국 달러화를 대체할 수 있는 새로운 기축통화가 신속하게 만들어질 수 있다면, 미국 스스로 세계무역기구 체제를 붕괴시키는 것이 미국 경제에 엄청난 후폭풍을 몰고 올 수 있지만, 그 가능성은 현재로서는 그다지 높지 않은 듯하다.

결론적으로 트럼프의 대외정책은 그 자신의 머릿속에서 만들어지고 다듬어지는 것이 결코 아니다. 미국 의회와 미국의 수많은 기업, 법과 제도 등이 오래전부터 고민하고 구상해온 일련의 실질적인 '액션 플랜'이라고 봐야 한다. 따라서 '겉내'만 보고는 '속내'를 읽지 못하면 미국의 대외정책 기조와 이런 기조 변화가 한반도를 둘러싼 주변 상황에 어떤 영향을 주는지도 제대로 알 수 없다. 결국 한국과 같은 제조업 수출 경제는 대부분 대외 정치·외교·경제 분야에 수많은 헛발질과 자살골을 반복하게 되며, 이는 국력 소진으로까지 악화될 수 있다.

앞서 제기했던 제2의 기축통화 문제와 관련해 화폐 전쟁과 일부분 관련이 있으며, 최근 트럼프가 취임식 직후 한 액션 플랜 100개 중 중요한 하나는 바로 '화폐 전쟁' 또는 중국에 대한 '환율조작국' 지정 문제다. 중국의 환율조작국 지정에 대한 미·중 논쟁은 2006년 12월 처음 열린 '미·중 전략적 대화US-China Strategic Economic Dialogue'에서 오늘날까지 미·중 간 정치·경제·군사와 관련해 직간접적으로 경제동태학회SED; Society for Economic Dynamics의 명확한 핵심 의제로 다루어지고 있다.

피터슨국제경제연구소Peterson IIE 버그스텐Fred Bergsten 전 소장이 트럼프의 중국 환율조작 논쟁을 두고 부적절하고 정확하지도 않다고 했지만 그의 이 같은 이견에 몇 가지 의문이 든다.* 2006년 12월과 이듬해 봄까지 워싱턴D.C.의 주요 싱크탱크와 상·하원 경제 관련 상임위원회의 주제는 바로 '15~45% 수준의 중국 위안화 절상' 요구였고, 그는 국제 세미나 등에서 미국이 요구하는 중국 위안화의 15~45% 절상 주장을 적극 지지했다. 즉 이런 맥락에서 과연 중국 위안화에 대한 환율조작 비난이 트럼프가 창의적으로, 아니면 대통령 후보이기 전부터 늘 인지했던 '대통령이 되면 중국 위안화 조작 문제를 반드시 짚고 넘어가겠다'는 사고와 철학이 그에게 있었을까? 그것은 아니다. 트럼프가 중국에 무역 불균형의 부적절함을 지적하고 위안화의 환율조작을 적나라하게 언급한 것은 사업가로서 그의 특별한 '감' 때문이 아니라 오랫동안 미국 조야에서 이 문제를 지속적으로 논의해온 미국의 이해관계에 매우 중요한 사안이었기 때문이다.

미국의 이해관계를 대변하는 데 트럼프만큼 직설적이고 명확하게 메시지를 제기한 대통령이 거의 없었다는 점에서 볼 때 세계 경제로서는 지금까지 이러한 직설적 화법을 쓰는 미국 대통령을 경험한 적이 없기 때문에 생소하고 불편했던 것은 아닐까? 어느 부분에서는 구체제적인 글로벌 질서 패러다임에는 충격이 불가피하지만 트럼프가 주는 메시지는 비교적 간결하다. "새로운 질서를 위해 모든 기존 질서의 핵심을 다시 짜야 한다. 따라서 나 자신이 그것들을 모두 흔들어 놓을 필요가 있다"로 볼 수 있지 않을까?

---

* 2006~2008년 사이 중국의 환율조작 문제로 그가 소장으로 있던 피터슨국제경제연구소에서 미·중·한·일 경제학자들이 열었던 세미나에서 한 주장과 상반된 의견이기 때문이다.

대통령 선거 과정부터 지금까지 언급한 내용들을 자세히 들여다보면, 트럼프가 매우 무차별적이고 전방위적이며 동시다발적으로 글로벌 질서의 변화를 강력히 추진하는 듯 보이지만 사실상 그의 말과 행동에는 나름 큰 원칙에서 하나의 일관성이 늘 잠재한다. 그것은 바로 미국 최우선주의다.

미국 대통령인 트럼프에게 얼마나 다양하고 많은 전문가가 국제질서와 체제 안정을 위해 자문할까? 그 가운데 미·중 무역 불균형이 과거·현재·미래에 대해 어떤 메시지를 담고 있는지, 담아내야 할지 등도 충분히 자문할 것으로 본다. 물론 그의 의사결정이 대부분 그 스스로 외롭게(?) 내리는 것일 수도 있다. 사업하면서 늘 그렇게 해왔기 때문이다.

하지만 그가 다루는 미국 내외 문제는 대부분 오랫동안 국가 이해관계로 선이 그어졌을 것이다. 따라서 이를 좀더 명확하고 정확하게 해결하려는 것이 바로 트럼프의 의중일 수도 있다. 그게 자신이 재선되는 길이라는 것을 누구보다 정확히 알고 있을 수도 있다. 그렇다면 미국이 중국과 무역 갈등 구조를 가지고 가면서 중국에 제시하는 메시지의 '본뜻' 또는 '속내'는 무엇일까? 언론들이 얘기하듯이 무역 분쟁에서 승리하고 보복하는 데 있지 않다. 더 큰 차원의 의미가 함축되어 있을 수 있다. 그것이 과연 무엇일까?

트럼프는 물 만난 고기로 보이기도 한다. 그가 지닌 거래의 기술에서 중국과 벌이는 무역 분쟁은 자신의 능력을 한껏 뽐낼 수 있는 최고 무대라 생각할 듯하다. 미국 역사에서 훌륭한 대통령 중 한 명이

224

될 수 있다고 생각할 수도 있다. 그렇다면 그가 과연 북핵 문제와 김정은 국무위원장을 다루면서 노벨 평화상을 기대했을까? 그렇지 않은 듯하다. 트럼프가 생각하는 것은 그런 근시안적이고 단순한 것이 아니라 자신의 탄핵과 오명에 굴하지 않고 떳떳함과 자신감을 보이고 싶은 지도자로서 쿨한 면모와 재선에서 승리함으로써 자신의 리더십을 국민들에게서 평가받고자 하는 것이 아닐까?

하지만 많은 전문가와 특히 미국 주요 언론들은 트럼프에게 등을 돌리는 모습이다. 심지어 트럼프가 미·중 무역 분쟁 과정에서 보여준 대중국 전략의 미세함과 정교함 등에 대해서도 부분적으로 늦게 인정하거나, 오히려 인정하려 들지 않는 추세가 강하다. 과연 언론의 눈과 글은 정확할까? 왜 트럼프는 언론을 적으로 만들었을까?

앞서 살펴본 대로 미국 국민들이 트럼프를 지지하는 핵심은 미국 국가 이익의 극대화에 있다고 봐야 한다. 미국 국민들의 '속내'가 어떤지는 앞서 지적한 바대로 어느 정도 드러났다.

닉슨과 트럼프의 '중국 때리기'에서 같은 점과 다른 점

리처드 닉슨은 자신의 재선을 위한 선거운동 기간에 있었던 워터게이트 사건으로 대통령직에서 사임했다. 그리고 당시 부통령 제럴드 포드가 38대 대통령으로 잔여 임기를 물려받았다. 미국 하원 법사위원회의 8개월에 걸친 탄핵 청문회 결과 범법 사실이 확인되었고, 1974년 9월 8일 닉슨 대통령에 대해 당시 60%가 넘는 사임 반대 여론이 있었지만 닉슨은 사임을 발표했다. 닉슨은 아이젠하워 정부에서 8년 동안1953-1961 부통령을 지냈고, 1960년 대선에서 민주당 존 F. 케네디 후보에게 패했다. 하지만 8년 후인 1968년 37대 미국 대통령으로 당선되었다.

당시 미국의 대내외 정치·경제적 상황은 크게 2가지였다. 하나는 베트남 전쟁에서 '출구 전략'이 필요했으며, 둘째는 베트남 전쟁으로 정부 재정적자가 눈덩이처럼 쌓이기 시작한 것이다. 1969년 대통령 취임 당시 32억 달러 재정수지 흑자는 1970년 28억 달러, 1971년 230억 달러에서 3년 만인 1975년 532억 달러로 급증했다. 따라서 베트남전을 하루 빨리 마무리하는 게 급선무였을 것이다.

앞서 설명한 대로 닉슨과 키신저의 베트남 전쟁 출구 전략이 본격적으로 움직이기 시작한 2년 후 베트남전 종전과 관련해 '닉슨 독트린' 발표와 함께 미군 철수를 이행하게 되었다. 당시 한국과 타이완 등 그동안 미국의 경제·군사적 원조에 의존해 성장하던 국가들도 이러한 변화에 따라 미국과 동맹관계에 상당한 변화가 있을 수밖에 없음을 인식하게 된다. 즉 제2차 세계대전 이후 냉전체제에서 자유민주주의의 수호자임을 자처했던 미국이 베트남 전쟁에서 패색이 짙어지자 베트남을 포기하는 방향으로 정책기조를 잡은 것이다.

소련을 비롯해 북한까지도 동남아시아에서 미국의 입지가 흔들리는 모습을 보면서 자신들에게 기회가 있을 것으로 흥분하던 시기였다. 이때 미군 2만여 명이 한국에서 철수했지만 더이상 철군은 없었다. 왜 그랬을까? 최근 트럼프 정부의 군사안보적 환경 변화에 따라 당시와 같이 큰 전쟁은 없지만, 그야말로 아시아 어느 지역에서 국지전이 발생하더라도 크게 이상할 것이 없을 듯하다. 냉전시대에는 동유럽과 중동이 주요 분쟁 지역이었다면, 최근에는 동남아시아와 동북아시아가 주요 분쟁 가능 지역이 되고 있다. '도카람'에서 인도와 중국의 대립·갈등과 인도양에서 미국·인도·일본 해군 연합 훈련, 남중국해에서 미국 해군의 '항해의 자유' 작전 전개, 타이완과 적극적인 외교관계로 진전 등 '아시아로 회귀' 전략과 함께 이란과 북한의 핵사태 속에도 미·중 간의 갈등 요소가 들어 있다.

경제는 어떤가? 1970년대 초반 미국을 중심으로 하는 자유민주주의 시장경제체제는 브레튼우즈체제가 붕괴되고, 오일쇼크 등으로 소비자 물가가 급등했으며, 기축통화국으로서 미국의 위상이 급격히 흔들리기 시작하면서 위협을 받았다. 베트남 철군과 미국 경제 회복을 위한 노력으로 전쟁 중에는 말을 갈아타지 않는 미국 국민들의 선택이 있었지만, 결국 워터게이트 사건으로 닉슨이 대통령직에서 사퇴했다.* 닉슨 대통령 취임 첫해인 1969년 미국의 경제성장률은 3.1%에서 1970년 3.2%, 1971년 3.3%로 3년간 비교적 완만한 성장세를 보이다가 1972년 5.3%, 1973년 5.6%로 급성장 추세로 전환되었다. 하지만 그가 사직한 해인 1974년 -0.5%, 1975년 -0.2%로 급락한 후 부통령 제럴드 포드가 대통령으로 있은 잔여 임기 동안에 다시 5.4%와 4.6%로 급반등하는 모습을 보인다.

당시 미국 경제는 '닉슨 쇼크' 이후 새로운 통화체제로 미국 달러화를 그대로 기축통화로 삼되 환율제도는 이전의 고정환율제도에서 변

---

* 당시 닉슨 대통령의 탄핵 가능성을 좁혀오던 압력은 1974년 7월 전임 각료 2명을 포함한 일부 측근이 형사범으로 기소되고 일부는 유죄판결을 받으면서 가중되었다. 이에 같은 달 하원사법위원회는 닉슨 대통령에 대한 3가지 탄핵 사항을 가결했다. 결국 닉슨은 이전에 자신과 보좌관들이 완강히 부인했던 사실, 즉 워터게이트 사건 은폐에 사실상 관여했으며, 사건 발생 후 며칠 사이에 수사 범위를 백악관까지는 확대하지 말도록 연방수사국(FBI)에 지시했다는 사실을 털어놓게 된다. 이로써 의회와 전 지역 공화당에서 당원과 당의 지지를 잃은 닉슨은 1974년 8월 8일 밤 사퇴 성명을 발표했고 당시 부통령이었던 제럴드 포드가 대통령직을 승계했다.

동환율제도로 새롭게 바꾸고, 미국의 달러 가치가 매시간 변할 수 있게 함에 따라 유가와 금리 등 실물과 금융시장에 새로운 변동성을 추가했다. 결국 자유변동환율제도에 따라 미국 달러화는 매일매일 가치가 변할 수밖에 없었고, 이러한 변동성과 불확실성에 따른 위험을 줄이기hedging 위해 현물과 파생상품 시장에서 금리, 환율 등 다양한 금융상품이 하나둘 소개되기 시작했다. 즉 미국 달러화의 변동과 불확실성을 금융시장 상품으로 활용하는 신자본주의 시대를 본격적으로 준비하는 계기가 된다.

한편 브레튼우즈체제가 붕괴된 지 10년이 지난 1985년에도 여전히 미국의 재정과 경상수지 적자가 누적됨에 따라 미국 달러화 가치가 하락하는 추세를 다시 보이게 되었다. 이 문제를 해결하기 위해 당시 미국을 상대로 가장 많은 무역수지 흑자를 보이던 독일과 일본에 각각 마르크화와 엔화를 미국 달러화에 대해 45% 정도 절상하는 데 합의하도록 이끌어낸 바 있다. 이것이 1985년 플라자 합의다.

트럼프는 취임 직후 첫 발표에서 대선 당시 100가지 공약에 대한 실천 계획이 있는데, 이 가운데 중국 위안화 환율조작국 지정이 있다고 했다. 2006년부터 미국 상하 양원에서 중국 위안화 환율 시장에 중국 정부가 간여하고 개입한다고 지적해왔듯이, 지금도 대미 수출 가격 경쟁력을 지속하기 위해 미국 달러화에 대한 환율을 조작하고 있다는 점을 강조한 것이다. 따라서 트럼프가 표면적으로는 중국으로 하여금 신플라자 합의를 하자고 제안한 셈이다. 이밖에도 중국이 지적재산권을 훔치고 있다고 문제를 제기하고 있으며, 중국의 미국 채권 매각 위협에도 불구하고 언제든 중국의 이와 같은 도전을 받아줄 준비가 되어 있다는 시그널을 보내고 있다.

어떤 의미에서 보면 궁극적으로 워터게이트 사건에 따른 불명예 사퇴 같은 일이 일어날 수도 있겠지만, 트럼프 자신은 21세기 초입에 미국이 새로운 패권 질서를 스스로 구축하고 강화하지 못할 경우 미래는 매우 불편한 진실이 될 수밖에 없다는 점을 미국 국민들에게 호소하는 것이 아닌가 싶다.

트럼프 외교와 비즈니스

　21세기 초입의 새로운 문명사적 변화와 국제질서에 대한 전환기적 패러다임 변화에 트럼프와 시진핑의 인식은 어떻게 다를까? 미국의 역할은 무엇이고, 중국은 이에 대해 어떤 역할론을 준비하고 있을까? 우리가 이런 문제에 대한 답을 찾고자 하는 것은 어떻게 대응할 것인지를 알기 위해서다. 이러한 답을 찾으려면 다양한 지식을 동원해야 한다.

　먼저, 역사적인 문제의식이 중요하다. 미국과 중국이 맞닥뜨리는 대내외적인 다양한 환경 변화와 이에 대한 해석과 이해가 각자 다른 것은 바로 근현대사에 대한 역사 인식이 서로 다를 수밖에 없기 때문이다. 먼저 미국은 중세 유럽 봉건주의의 몰락을 경험한 적이 없다.

다만 곧바로 반식민지 과정과 남북전쟁이라는 내전을 거쳤지만, 이 모든 역사의 주체가 새로운 개척과 모험으로 철저하게 무장한 그들 자신이었다는 점에서 볼 때, 아편전쟁을 겪으면서 철저하게 외세에 무너진 중국의 근현대사와는 상당한 차이를 보일 수밖에 없다. 따라서 전자는 늘 그렇듯 공세적이고 저돌적인 반면, 후자는 방어적이고 자주적인 내용을 강조하는 데 주목할 필요가 있다. 예컨대 시진핑 주석은 일생에 비즈니스를 해본 경험이 없다. 아마도 중국의 상무위원급들뿐만 아니라 대부분 핵심 공산당원 가운데 기업을 경영해보거나 기업에서 일해본 경험이 있는 리더들은 거의 없다시피 할 것이다. 그렇다면 이들이 미국이나 서방의 리더들과 대화나 협상 등을 할 때 상당한 인식과 가치관 차이가 이미 잠재한다는 것을 알고 시작해야 할 것이다.

만일 시진핑 주석이 비즈니스를 아는 지도자라면, 자신이 생각하는 '중국의 꿈'을 어떻게 표현했을까? 중국 공산당 창당 100년을 기념하기 위한 '제조업 2025'의 꿈과 중국 공산정권 수립 해인 1949년을 기념하는 '2050'은 덩샤오핑이 지적한 것처럼 크게 떠들고 외치며 나가기보다 좀더 낮고 조용한 모드로 가져갔을 법하다. 2025년까지 1인당 국민소득을 1만 달러 이상으로 끌어올리면서 대부분 중국 인민이 의식주 걱정은 하지 않도록 한다는 '소강사회小康社會'를 구현하고, 2050년에는 '일대일로'를 완성해 중국 사회주의가 마침내 공산주의 국가로 우뚝 설 수 있다는 꿈 이야기는 매우 유력한 경쟁자가 있거나 기득권 세력이 있을 때는 조심스럽게 접근하는 것이 비교적 도움이 된다. 하지만 중국 수뇌부는 미국을 자극하는 언행을 후진타오 이후 드러내놓고 한다.

주변 국가들과 가치관이 서로 다르더라도 평화롭게 융합하고 포용함으로써 공존공영하겠다는 포부 역시 중국은 스스로 생각하는 '신확장정책'의 단면을 나름 온건하게 묘사한 것이다. 하지만 미국 입장에서는 20세기 미국의 '팍스 아메리카니즘'에 대한 도전으로 볼 수밖에 없었을 것이다. 따라서 비록 겉으로는 자주독립과 평화 원칙을 지키고 도광양회로 조용히 때를 기다린다는 전략은 장쩌민 주석 때까지일 뿐 후진타오 시대가 시작되면서 이러한 '정중동靜中動'의 전략적 대외기조가 바뀌고 오히려 할 일이 있으면 그 일을 다한다는 의미의 '유소작위有所作爲' 개념이 대외기조의 핵심으로 자리 잡게 된다.

이 당시는 미국이 2001년 9·11 테러 이후 아프가니스탄 테러 단체들을 공격할 때이며, 경제적으로는 미국 중심의 워싱턴 컨센서스, 즉 신자유주의 체제가 어느 정도 성숙 단계로 접어들 때다. 이 시기에 미국은 중국의 세계무역기구 가입을 적극적으로 지원한 바 있다.

트럼프에게 시진핑의 '유소작위'와 '중국의 꿈'은 어떻게 이해될까? 여기서 유의해야 할 점은 '트럼프에게'라고 했지만 실상은 '미국에'라고 바꿔야 한다는 것이다. 즉 '미국에'가 '트럼프'의 생각과 철학을 토대로 그의 입을 빌려 '트럼프다움'으로 표현될지, 즉 '미국=트럼프'에서 다만 미국의 가치가 트럼프라는 45대 대통령의 경험과 입을 거쳐 표현될지, 아니면 '미국과 트럼프'가 완전히 다른 별개 독립체로 서로 다른 가치와 독립적 개념을 가지고 있다는 것을 전제해야 할지는 각자 판단에 맡길 필요가 있다.

후자의 경우 탄핵 목소리가 더 커지면 미국 국민들의 판단이 매우 냉정해질 수 있는 배경이기도 하다. 하지만 여기서는 '미국=트럼프' 로 정의하고 시진핑의 유소작위와 중국의 꿈이 어떻게 이해되는지 간단히 살펴본다.

우선 '미국=트럼프' 공식은 자본주의 시장경제질서와 자유민주주 의적 정치질서에 대한 기본 이해와 인식에 차이가 거의 없다는 점을 의미한다. 그렇다면 21세기 들어, 특히 2008년 미국발 금융위기 이 후 중국의 급격한 부상은 미국에 어떻게 비쳐졌을까? 일부는 미국의 '아시아로 회귀'가 중국의 급격한 부상에 따른 미국의 응급처방이라 고 설명하기도 한다. 하지만 미국 내부를 조금 더 깊숙이 들여다보면 2008년 상황도 결코 예외적인 것이 아니었다.

이미 미국에서는 2006년 이후 국내적으로 서브프라임 부동산 부실 가능성에 대한 상하 양원 경제 관련 주요 상임위원회가 매일 열리면 서 의원들의 열띤 질의가 있었다. 중국 문제와 관련해서도 중국 위안 화에 대한 환율조작 가능성, 15~45% 위안화 절상 요구를 분명하고 뚜렷하게 의회를 중심으로 중국에 전달하고 있었다. 워싱턴D.C. 주요 싱크탱크에서는 거의 매주 한·미·일·중 학자들이 모여 중국의 환율 인상과 관련한 세미나를 했기 때문이다.

그렇다면 트럼프의 대중국 전략은 어떠한가? 그가 대통령으로서 보여주는 중국 때리기, 중국 고립시키기와 관련한 전략·전술은 일종 의 비즈니스와 유사하다. 즉 트럼프의 『거래의 기술』에 거시적 의미

234

에서 중국을 다루는 전략·전술이 나타나 있다.

앞서 요약했지만, 트럼프가 즐겨 쓰는 외교 전략은 미치광이 전략과 벼랑 끝 전략이다. 이 2가지 외교정책 전략 기조는 전통적인 미국의 대외정책 기조인 '겸손'과 '책임'을 통한 신뢰 구축에는 감점 요소가 많다. 생각하지 않는 것을 생각하는 것이나 생각할 수 없는 것을 생각하는 것처럼 다소 미쳐 보이는 것으로 상대방에게 불확실성을 증폭하게 하고, 이러한 예측 불가능성이 결국 상대방에게서 양보를 이끌어내는 데 효과적이라고 보는 경향이 있다. 미치광이 전략이 바로 그렇다.

과거 존 F. 케네디 대통령과 흐루쇼프Nikita Khrushchyov 소련 공산당 서기장 간의 쿠바 사태에 대한 맞대응에서 그 결과를 놓고 보면, 사실 트럼프 입장이 중국에는 매우 난처해질 수도 있다. 이 말은 미국 경제가 더욱 어려워질 가능성이 신중하고 냉정하게 대응하는 시진핑에 비해 비교열위에 놓일 수 있음을 의미한다. 어쨌든 트럼프의 허풍과 큰소리에 시진핑 주석이 조용하게 어쩌면 세밀하게 대응을 준비 중이라면, 이번 미·중 무역 분쟁의 결과는 사실상 예측 가능해진다. 심지어 김정은과 트럼프가 싱가포르에서 만나 정상회담을 한 후 김정은의 손을 들어준 서방 언론들의 평가가 바로 이와 같은 점들을 설명한다.

요약하면, 두 나라의 짧고 긴박한 대결 모습은 대통령 또는 리더 개인의 성격과 '정의 관계'가 있음을 보여준다. 비즈니스에서도 결국 서두르고 급한 쪽이 '바게닝 파워bargaining power'상 비교열위에 놓인다.

그런 점에서 과연 어떻게 트럼프가 오늘날 '트럼프 부동산 왕국'을 수립할 수 있었는지 매우 궁금하다.

　다만 한 가지 이해할 수 있는 것은, 트럼프 스스로 이곳저곳 수없이 저질러놓은 다양하고 많은 이슈가 시간이 지날수록 하나의 점에서 하나의 영상으로, 동작으로 점점 크게 다가오는 부분이 있다는 것이다. 그것은 미국의 이해관계와 가치가 트럼프의 독특한 거래의 기술을 거쳐 필터링되어 나타나는 것이라고 한다면 충분히 이해 가능한 명제가 된다.

결론적으로 트럼프의 대외정책은

그 자신의 머릿속에서 만들어지고 다듬어지는 것이 결코 아니다.

미국 의회와 미국의 수많은 기업, 법과 제도 등이 오래전부터

고민하고 구상해온 일련의 실질적인 '액션 플랜'이라고 봐야 한다.

따라서 '겉내'만 보고는 '속내'를 읽지 못하면

미국의 대외정책 기조와 이런 기조 변화가

한반도를 둘러싼 주변 상황에 어떤 영향을 주는지도 제대로 알 수 없다.

· 미국의 소프트 파워(경제안보) 전쟁

· 50~60년 주기로 변화를 반복하는 미국의 국제관계

· 미국의 하드 파워(군사안보) 전쟁

· 중국 포위 전략의 주요 사례 3가지

· 트럼프는 시진핑과 싸우지 않는다

7장

소프트 파워(경제안보)+
하드 파워(군사안보)=
스마트 파워(위대한 미국)

미국의
소프트 파워(경제안보) 전쟁

미국이 중국의 부상을 경계하기 시작한 것은 언제일까? 1978년 중국이 시장을 개방한 이후 어느 시점일까, 소련과 함께 냉전체제를 시작한 시점일까, 1921년 공산당 창당과 1949년 중국 공산화 이후 시점일까? 미국의 국제 전략은 누가, 언제, 어떻게, 어떤 직관과 비전을 바탕으로 구체적인 로드맵과 액션 플랜을 만들어낼까? 조지 워싱턴부터 트럼프까지 총 45명이나 되는 대통령이 미국의 이익을 어떻게 대내외 정치·경제·외교·안보 정책을 통해 실현해왔을까? 그동안 미국 국민들은 정치적 참여와 다양한 시민운동을 매개로 어떤 목소리로 어떻게 정부와 의회, 국가 리더들과 소통해왔을까?

이러한 역사의 흐름을 간단히 정리하다보면 앞서 닉슨 대통령과 트럼프 비교에서와 마찬가지로 완전히 일치하지는 않지만, 역사 속에서 매우 유사한 사례들을 많이 만날 수 있다. 이것은 대부분 인류 역사 속 이야기가 거의 비슷하리라 본다. 역사가 곧 인류 문명 발전사의 이야기들을 담고 있는 빅데이터인 셈이고, 아무리 문명이 진화하고 진보한다 하더라도 그 역사 안에서 대부분 사람들의 살아가는 법칙에는 일정한 원칙과 원리가 잠재하기 때문이다. 다만 그때그때 시점과 관점, 즉 시대적 배경이 다르기 때문에 비슷한 하나의 사건이 발생·전개·발전해 또 하나의 결과로 나타나기까지 과정이 조금씩 다를 뿐 원초적 내용은 크게 다르지 않을 것이다.

이런 맥락에서 미국과 트럼프와 관련해서 우리는 한 가지 중요한 질문을 해볼 수 있다. 21세기 초입 그리고 21세기의 1분기인 2025년이 다 되어가는 시점에 과연 미국은 무슨 생각을 할까? 2008년 미국발 서브프라임 부실 위기와 이에 따라 발생했던 금융위기, 2009~2010년 유럽연합의 재정 부실에 따른 금융위기 속에서 미국은 21세기 어떤 모습의 새로운 국제관계를 구상했을까? 미국의 이해관계를 국제관계 속에서 적극적·실질적으로 추구하는 의회와 함께 역시 정부의 대외정책 구상을 직간접적으로 입안하고 결정하는 대통령에게 국민들은 과연 어떤 역할과 책임을 기대했을까? 특히 이 시점에 트럼프에게 거는 기대와 바람은 과연 무엇일까?

제1·2차 세계대전·6·25전쟁·베트남전 참전, 이라크와 리비아에 대한 강경 정책, 테러와 전쟁, 중동과 중앙아시아 등지에서 보여준 직간접적인 전쟁 수행 등을 통해 미국의 대외전략은 냉전체제에서는 소련과 군비경쟁, 즉 '하드 파워hard power'에 초점을 두었다면, 21세기 진입 이후 새로운 체제경쟁에서는 중국과 '총성 없는 전쟁', 즉 '경제 전쟁과 소프트 파워 전쟁soft power'을 벌이고 있다는 점에 주목할 필요가 있다. 과연 새로운 강자인 중국이 미국의 유일한 잠재적 적인가 하는 질문은 우문에 가깝다. 미국에는 아직도 러시아와 중국이 모두 잠재적 적인 것이 분명하기 때문이다. 다만 냉전체제하에서 군비경쟁에 집중한 나머지 경제적으로 뒷받침할 수 없었던 군비경쟁 체제가 붕괴되었을 뿐 아직도 8천여 기에 가까운 핵무기가 있는 러시아는 여전히 강대국임이 틀림없다.*

따라서 미국으로서는 2008년 이후 미국 경제력에 위협이 될 수 있는 중국의 부상이 러시아와 함께 또 다른 잠재적 위험 요인일 것이라는 점에는 의심할 여지가 없다. 앞서 지적했듯이 국제통화기금조차 2023년에 미국과 중국의 국민총생산 격차가 약 2조 5천억 달러 정도에 불과할 것으로 본다는 것은 시진핑 주석이 말하는 제조업 경쟁력이 갖추어지는 2025년이 되면 미국과 중국의 국민총생산 규모는 역전이 가능하다는 의미가 된다. 이 점에서 굳이 트럼프가 아니라 지금 현재 시점에서 누가 미국 대통령이라도 중국의 무역 불균형 문제를 강력하게 짚고 넘어가지 않을 수 없을 것이다.

따라서 미국이 중국에 겉으로는 '기울어진 운동장을 바로 펴라'는

---

* 여기서 먼저 왜 북한이 기를 쓰고 '핵무장'을 하려는지 이해해야 한다. 북한과 한국의 경제력 격차는 무려 40 대 1에 가깝더라도, 핵무기를 보유하면 군사적 우위가 경제적 열위를 충분히 상쇄하고도 남을 것으로 보기 때문이다. 이 점에 대해서는 뒤에서 좀더 자세히 살펴본다.

요구를 하지만 그것을 한 꺼풀 더 들어가면 중국 위안화에 대한 45%에 가까운 절상을 이행하라는 '신플라자 협약'을 요구하는 것이다. 그리고 종국에는 미국과 유럽 중심의 20세기 세계질서의 일관성에 중국이 적응해야지, 이 질서를 변경하거나 무너뜨리려는 노력은 결코 하지 말아야 한다는 것이다.

이 점에서 바로 미국과 유럽연합 간에는 비록 트럼프 재임 기간에 독일의 대미 무역 불균형은 물론 북대서양조약기구와 상당한 갈등과 마찰이 있는 듯 보이기도 하지만 이러한 갈등은 어디까지나 '아프리카 대륙에 대한 지배권 논쟁'을 놓고 '블러핑' 또는 '페이크 모션'일 뿐 미국과 유럽의 이해관계가 절대적으로 다를 수 없다는 사실에 유의해야 한다. 많은 민족이 중화를 점령하고 전국을 통일했더라도 중국 역사 속에서 원나라·청나라와 마찬가지로 모두 중국 한족의 역사 속으로 빨려 들어가고 말았듯이, 군사력을 배경으로 하는 '힘'과 철저한 자본주의 시장 논리로 중세 봉건 이후 제국주의적 중상주의 시대를 거치며 구축한 이들 지역에 대한 지배력을 쉽사리 중국에 넘겨준다는 것은 상상하기조차 힘든 일이기 때문이다.

50~60년 주기로 변화를 반복하는 미국의 국제관계

　앞에서 던진 질문에 대한 간단한 답을 찾기 위해 미국이 1776년 독립선언 이후 최소한 지켜온 가치와 이해관계에 따른 대내외 정책의 주요 내용을 50~60년을 주기로 살펴본다. 여기서 50~60년을 주기로 잡은 것은 사회학적으로 하나의 이상과 비전이 실천적 의식과 가치로 구체화하려면 2세대 이상이 지나야 한다고 하기 때문이다. 따라서 1세대 기간을 15년이라고 하면 30~45년이 2~3세대가 될 테고, 이러한 세대 간 변화가 중장기적으로 문명사회 변화로 나타나려면 또 다른 20~30년이 걸린다고 보아 50~60년 주기를 기준으로 했다.

　먼저 1776~1789년은 독립선언 이후 미국이 독립국가로서 새로운 헌법을 제정·비준하고 연방정부를 수립한 시기다. 이후 1826~1836년은 현재의 연방정부와 같은 모습으로 31개 주가 새로 미국 영토로 확장되고, 철도 시대가 열렸다.

한편 1836년 지금의 텍사스주는 멕시코에서 독립한 후 1845년 미국에 병합되었다. 당시 미국은 태평양으로 진출하기 위한 항구를 건설하려고 지금의 캘리포니아주와 애리조나주, 뉴멕시코주 등을 매각하라고 멕시코에 제안했다. 멕시코는 여러 차례 미국과 전쟁을 벌이면서 1847년 9월에는 멕시코시티까지 함락될 정도였기 때문에 1848년 2월 '과달루페 이달고 조약'*으로 전쟁을 끝냈고, 미국은 캘리포니아와 지금의 미국과 멕시코 국경에 이르는 새로운 영토를 점령하게 되었다. 그리고 1897년 6월 16일 매킨리 미국 대통령과 하와이공화국이 합병조약을 맺었고, 의회가 1년 후인 1898년 7월 7일 최종 승인함으로써 하와이까지 미국 영토가 되었다. 캘리포니아를 병합하고 하와이를 다시 미국 영토로 병합하기까지 약 50년이 걸린 셈이다. 미국이 과연 무슨 생각으로 멕시코에서 캘리포니아를 합병하고, 1898년에는 하와이까지 미국 영토로 받아들였을까?

---

* '과달루페 이달고 조약(Treaty of Guadalupe Hidalgo)'은 미국과 멕시코가 1848년 5월 양국 간 전쟁의 종식과 함께 체결한 조약이다. 멕시코는 전쟁에 패한 대가로 미국에 1,500만 달러에 달하는, 약 136만 km²에 해당하는 영토를 양도하고 멕시코의 대미 부채 325만 달러를 탕감받게 된다. 이 당시 미국에 양도된 영토는 지금의 텍사스, 콜로라도, 애리조나, 뉴멕시코와 와이오밍주 일부를 포함하며 캘리포니아, 네바다, 유타는 모두 미국 영토가 된다. 한편 현재 애리조나와 뉴멕시코주의 나머지 모든 지역은 1853년 '개즈던 매입'으로 통합되었고, 텍사스주와 멕시코 국경은 당초 미국의 제임스 포크 대통령이 주장했던 리오그란데강으로 확정되었다. 1823년 플로리다주 세미놀 인디언 부족을 추방하는 일에 참여했던 제임스 개즈던(James Gadsden)은 1853년 멕시코 주재 미국공사로 있을 때 미국 남부의 여러 주와 태평양까지 연결하는 철도 건설에 필요한 힐러강 남부 지역을 멕시코 정부로부터 구입하라는 지시를 받았고, 마침내 이 협상으로 지금의 뉴멕시코주 남부와 애리조나주 남부 지역이 미국으로 편입된다. 이 지역을 일컬어 '개즈던 매입지'라고 한다.

미국의 글로벌 전략은 대서양과 태평양을 모두 포함하는데, 여기에는 때로는 각자 다르면서 때로는 같은 전략을 필요로 한다. 이후 40~50년의 시간 속에는 1929년 대공황과 제1, 2차 세계대전이 포함된다. 그리고 다시 이로부터 10년이 지난 후 미국은 아이젠하워 대통령이 전국적인 고속도로망을 건설하기 시작하는데 그 시점이 바로 1956년이다.

미국에서 흔히 하나의 산업문화혁명을 이야기할 때 '주간고속도로 Interstate Highway'를 언급한다. 주간고속도로 건설로 사람들은 물론이고 다양한 재화와 서비스가 이 고속도로를 타고 동서남북으로 이동하기 때문이다. 예컨대 일정한 거리마다 주유소와 쉼터가 만들어지고 도시와 연결되면서 모텔과 컨벤션 시설 등 사람들이 모여드는 공간이 확장되었으며, 라스베이거스 같은 리조트와 휴양 시설이 더욱 확대되는 파급효과를 가져왔다. 이러한 변화는 내수와 경제성장에도 크게 기여한다. 2016년 현재 총길이는 7만 7,556km이며, 총건설비용은 2016년 현재 4,990억 달러에 이르는 것으로 추정된다. 미국의 현대화 과정에서 19세기 초중엽의 철도 건설과 20세기 중엽의 주간고속도로 건설이 중요한 역할을 한 셈이다.

이로부터 다시 50~60년을 뒤로 가져가면, 2006~2016년은 미국이 또 다른 시련과 도전을 경험한 시기가 된다. 2001년 9·11 테러 이후 2006년부터는 앞서 지적했듯이 상하 양원 경제 관련 상임위원회에서 국내 서브프라임 부동산의 부실 문제와 대외적으로 중국과의 무역 불균형 문제 바로잡기, 최소 15%에서 최대 45%까지 중국 위안화 절상 요구를 거의 매일 다루었다. 2001년 9·11 테러 이후 미국 항공 산업은 연방정부의 긴급 지원 덕에 구사일생으로 생존할 수 있었으며, 2006년에는 미국의 산업이라 할 수 있는 자동차 산업이 극심한 구조조정을 겪으면서 위기에 빠지던 때라 의회에서 자동차 산업의 구제금융 지원에 대한 청문회가 연일 열리기도 했다.

다음 3가지 점에서 2006년과 2016년은 미국에 매우 중요한 시기로 보인다. 첫째, 미국 산업 구조조정의 패러다임이 새로운 전환기를 맞이했다. 이미 미국 제조업은 1970년대 중반 이후 해외 이전을 모두 마친 상태였기 때문에 사실상 미국 내부에서 제조업이라는 것은 비행기와 자동차 산업, 지하자원 개발 산업 같은 이른바 기간산업이라 여겨지는 것들만 남아 있었다. 따라서 대부분 소비재와 비내구재 소비는 중국에서 수입하는 데 크게 의존하는 추세로 움직였다. 그러다 보니 중국과 무역 불균형 현상이 심화될 수밖에 없는 구조였으며, 중국의 규모의 경제는 과거 독일, 일본, 한국 등과 보였던 무역 불균형과는 양과 질 모든 면에서 다른 의존적일 수밖에 없는 구조였다. 즉 과거 독일, 일본, 한국 등과의 무역 불균형은 인위적인 환율조작이나 미국의 금리정책과 국무성 채권 매입 등을 통해 상호 협력하는 구조와 성격이고 아울러 미국 달러화의 기축통화 지위에 대한 도전이나 대체를 구상하는 것은 상상조차하기 어려웠던 반면, 중국과의 무역 불균형은 전혀 다른 색깔의 국제질서를 가져오기에 충분했다.

2017년 현재 미국이 중국에 수출하는 상품 규모가 1,300억 달러인 반면, 중국이 미국에 수출하는 상품 규모는 총 5,060억 달러로 미국과 중국의 무역 불균형은 2016년 현재 3,750억 달러에 이른다. 한편 1985년 이후 미국 '인구 조사국US Census Bureau' 통계에 따르면, 이와 같은 미·중 무역 불균형은 그 속도가 매우 가파르다는 것을 알수 있다. 즉 1985년 대중국 무역수지 적자는 600만 달러에 불과했지만 10년 후인 1995년 395억 2천만 달러로 급등했으며, 다시 10년 후인 2005년에는 2,341억 100만 달러로 기하급수적으로 증가했다. 한편 대홍콩 무역수지 적자를 포함할 경우, 이 숫자는 다시 1985년 현재 56억 1,600만 달러(중국 본토 600만 달러와 대홍콩 무역수지 적자 56억 1천만 달러의 합계), 1995년 354억 1,900만 달러 적자(중국과는 무역수지 적자이지만 홍콩과는 41억 100만 달러의 흑자 기록), 2005년에는 2,243억 1천만 달러 적자(대홍콩 무역수지 흑자는 97억 9,500만 달러)로 조정된다.

한편 2017년 현재 대중국 상품무역수지trade of goods 적자는 3,752억 달러다. 1985년부터 2015년까지 30년 안에 대중국 상품수지 적자가 56억 달러였던 것이 3,195억 1천만 달러로 무려 67배나 급등했다는 것은 이미 구조적으로 대중국 상품수지 적자가 만성적일 수밖에 없는 상황이라는 것이다.

여기서 미국의 비내구재 부문 대중국 수입이 이 정도 급성장할 수밖에 없는 이유 가운데 첫 번째는 중국산 제품의 가격경쟁력 때문이라 할 수 있다. 한편 향후 자동차와 주요 생필품 내구재 관련 중국산 제품의 대미 수출이 급증할 경우, 미국 경제는 중국산 제품에 완전히 발목이 잡힐 수밖에 없을 것으로 예상할 수 있다. 즉 미국 달러화의 기축통화 지위와 금리, 환율 등 통화정책 변수들이 중국산 저가 내구재와 비내구재 제품의 무차별 수요 증가에 따라 어쩌면 대중국 견제 정책 변수로는 상당한 제약을 받을 수밖에 없을 것이다. 지금도 그렇지만 미국 소비자들의 생필품이 대부분 중국산 제품으로 채워질 경우, 미국의 대중국 무역정책은 매우 제한적일 수밖에 없게 된다.

중국으로서는 무역수지 흑자 대부분을 달러화나 국무성 채권 매입으로 이전하거나 금과 다양한 자산에 투자함으로써 미국 달러화에 대한 기축통화 지위를 부분적으로 자신들의 위안화에 흡수하려고 할 것이 분명하다. 그도 그럴 것이 현재 미·중 무역 분쟁에서 엿볼 수 있듯이, 만일 미국이 무차별적으로 중국산 제품에 관세 보복 조치를 시행할 경우에 미국 소비자들의 소비자 물가는 급등할 테고, 이에 따른 금리 인상과 가처분소득 감소는 미국 경제에 상당한 부정적 여파를 몰고 올 것이 분명하기 때문이다. 물론 이에 따른 도미노 현상으로 중국의 대미 수출은 감소할 테고, 중국 역시 수출 중심 경제체제로는 한계가 있을 수 있으나 이미 대미 달러화에 대한 위안화의 위상을 상당 수준 높여 놓은 것만으로도 중국은 미국의 거시경제정책에 상당한 직간접적 영향력을 행사하게 될 것이다.

과연 미국이 이와 같은 시나리오를 모를까? 미국이 멕시코와 전쟁을 일으켜 태평양을 향해 내닫고 하와이를 소유해 일본을 비롯한 태평양 시대를 열게 됨으로써 스스로 먼로주의를 주창하든, 윌슨주의를 국가 어젠다로 삼든 국제사회에서 나름 역할을 할 수 있었다는 점에서 볼 때 향후 중국과의 경쟁관계는 어떤 양상을 띠게 될까?

트럼프가 비즈니스 차원에서 바라보는 태평양 시대와 중국, 이와 이해관계가 서로 얽혀 있는 러시아와 일본, 그리고 저 멀리 이스라엘이라는 국가와 유럽연합 체제 등은 21세기 새로운 구도를 고민하는 가운데 각자 나름대로 자국의 이해관계를 극대화하려고 노력할 것이다. 이런 상황에서 한국의 국가적 이해관계는 무엇이고, 무엇을 고민해야 할지는 우리가 가져야 할 충분조건이다. 여기까지가 앞에서도 설명한 '소프트 파워 전쟁'의 한 부분이다.

미국의
하드 파워(군사안보) 전쟁

트럼프의 대중국 견제정책으로 두드러지게 드러나는 것이 무역 분쟁이라고 하면, 사실상 숨어서 암묵적으로 이루어지는 부분이 바로 군사안보 경쟁이다. 이 부분은 다소 복잡하다. 중국 때리기와 중국 고립시키기 전략 가운데 명시적인 내용으로 경제와 군사안보 둘다를 동시에 주목할 필요가 있지만, 군사안보 분야에서도 남중국해 영유권 문제, 중국과 타이완의 긴장관계, 센카쿠열도에 대한 중국의 지배권 제기 등 이른바 일대일로 정책에 집중되어 있다.*

---

* '일대일로' '경제권'이라고 할 때 경제 규모는 65개국의 44억 인구와 세계 GDP의 30%인 23조 달러에 이르는 규모의 경제를 말한다.

일반적으로 일대일로 같은 글로벌 전략이 오랫동안 유지된 경제적 유대관계를 통한 네트워크 형성과 신뢰 구축을 기반으로 해서 군사적 동맹관계로 확장하는 것을 의미하기도 한다면, 2018년 현재 중국의 군사안보 전략은 급조하다보니 미국의 그것에 비해 매우 열악하거나 비교열위에 있을 수밖에 없을 것으로 보인다. 특히 중국과 국경을 맞대고 있는 14개 국가와 경제협력을 하는 문제에서도 잠재적 지연뇌관들이 상당 부분 존재하는 것으로 보인다.

또 앞서 지적한 대로 아프리카 국가들에 대한 무차별적 공략 전략은 '유라시아 대경제권'을 '중국의 꿈'의 한 축으로 삼고 있는 중국에는 자칫 아프리카에 이해관계가 많은 유럽연합 국가들과 신뢰 문제에 상당히 부정적인 영향을 줄 수밖에 없다. 이런 점에서 사실상 하나를 잃으면 하나를 포기하는 형국이 아니라 하나를 얻으려다 모든 것을 포기해야 하는 모양새도 엿볼 수 있다.

이처럼 중국과 미국의 군사안보 분야는 '무역 전쟁'에 따라 수면 위로 올라온 경제 전쟁보다 오히려 수면 아래서 잠수함처럼 조용히 움직일 개연성이 매우 높다. 따라서 트럼프가 북핵 사태 등에서 보여준 한반도 비핵화 의지가 군사적으로는 역대 다른 미국 대통령보다 얼마나 실질적이고 강압적이었는지 살펴볼 필요가 있다. 이 또한 1970년대 초부터 북한의 지속적인 핵개발을 추격하고 꾸준히 관리·감시해온 미국의 노력에서 보듯이, 글로벌 질서체제를 유지하고 관리하려면 얼마나 많은 인적·물적 자원을 오랜 시간 투자해야 하는지를 한눈으로 확인하는 좋은 기회가 된다.

결국 자국의 국익 또는 이해관계에 대해서는 결코 포기하거나 간과하지 않으면서도 오랜 동맹국들과 지속적인 신뢰와 믿음을 유지해야 상호 건설적이고 효율적인 협력관계를 지속하게 되는 것이다. 이것이 미국이 20세기 이후 글로벌 전략에서 기조로 삼고 있는 외교정책의 하나인 것으로 보인다.

중국 포위 전략의
주요 사례 3가지

　먼저 중국·인도 국경분쟁이라 치부되었던 2017년 6월 16일 도카라Dokkara 지역 충돌은 사실상 중국 포위 전략 가운데 하나로, 인도를 비롯한 중국의 잠재적 경쟁 국가들의 공동 이해관계가 나타난 일시적 지역 분쟁이었다. 한편 중국 입장에서도 카스피해 유전을 중국으로 가져오기가 사실상 어려운 상황에서 향후 이 지역에 대한 미국의 전략적 포지셔닝을 재확인할 필요가 있다는 점을 보여준 것이다.

　따라서 도카라 지역에 중국이 나서서 도로 건설을 시작한 것은 결국 인도 입장을 탐색하기 위한 전략이라기보다 미국의 대중국 견제 정책이 중앙아시아를 비롯해 얼마나 광범위하게 적극적으로 이루어지는지 확인하기 위한 리트머스종이 같은 실험은 아니었을까? 향후 미국, 일본, 한국 등이 참여해 인도양에서 군사훈련까지 실행하게 될 때 도카라 분쟁으로 촉발된 인도양 연합군사훈련은 과연 무엇을 의미할까?

첫째, 인도양 안다마제도와 니코바르제도는 말라카해협을 통과하기 직전의 관문으로 중국의 '일로' 정책과 남중국해의 해상·군사적 목적의 인공섬 건설 취지를 무색하게 하는 지정학적 군사요충지임을 알 수 있다. 이 지역에서 연합해군이 훈련한 것은 당연히 중국 견제용이다.

둘째, 중국에서 이란으로 연결되는 송유관 건설 문제와도 관련이 깊다. 중국이 이란의 원유를 육로로 수입하려면 모두 4가지 형태의 옵션이 있다. '① 파키스탄을 통과하거나 ② 아프가니스탄을 통과하는 송유관을 건설하거나 ③ 키르기스스탄-우즈베키스탄-투르크메니스탄을 잇는 송유관을 건설하거나 ④ 카자흐스탄-우즈베키스탄-투르크메니스탄을 잇는 노선'인데, 이 4가지 옵션 모두 현재로선 막혀버린 상태다.

셋째, 앞서 지적한 대로 카스피해 유전에서 생산되는 원유 역시 중앙아시아 국가들을 거쳐 러시아나 중국으로 수출될 수밖에 없는 상황이다. 이에 대응하기 위한 미국의 당초 계획은 투르크메니스탄 – 아프가니스탄 – 파키스탄으로 이어지는 파이프라인을 구축하는 것이었다. 미국은 2002년 마침내 미국에 비협조적이던 탈레반정권이 무너지자 석유회사 유노칼의 고문을 지낸 하미드 카르자이Hamid Karzai를 통해 친미 성향의 아프가니스탄 대통령을 지원함으로써 결국 투르크메니스탄에서 인도까지 이어지는 20억 달러 규모 가스 송유관 사업을 먼저 따내면서 중국에 앞서 송유관 기득권을 획득한 바 있다.

이처럼 미국은 중국이 생각하는 전략적 이해관계를 대부분 미리미리 길목을 지키거나 차단함으로써 사실상 시진핑의 '중국의 꿈'을 조심스럽게 차단하는 중이라고 본다. 이런 사실들은 트럼프 행정부 이전부터 미국의 역대 대통령들이 국가안보 차원에서 중동 내에서 이스라엘의 이해관계와 함께 지정학적으로 매우 긴밀하게 이루어온 동맹관계를 기반으로 한다. 이처럼 주도면밀하고 미래지향적이면서 전방위적인 대외전략에 따라 유럽-중동-아시아의 대륙과 대서양-인도양-태평양을 잇는 대양해군의 전략적 안보 패러다임을 중국이 향후 몇십 년 안에 갖추고 유지하기는 쉽지 않으리라 판단된다.

넷째, 미국이 전략적으로 '중국의 꿈'을 사실상 차단하는 작업이 바로 북핵과 사드와 관련한 일련의 조치다. 중국이 대양해군의 입지를 구축하지 못하는 한, 육로로 유라시아 실크로드 구상을 실현하기는 사실상 쉽지 않다. 중국은 이미 유럽 국가들로부터도 상당한 견제를 받기 시작했다. 영국과 원전 협력 프로젝트는 이미 물 건너갔다. 미국 캘리포니아 고속철도 공사 건도 미국이 계약을 원점으로 돌린 상황이다. 러시아와 협력해 동유럽 국가들의 기간산업 투자를 준비 중이지만, 유럽 국가들의 견제가 만만치 않을 것이다.

한편 아시아에서 또 다른 중국의 꿈 이야기는 '사드' 배치로 당분간 주춤하게 된 모양새다. 중국의 한국에 대한 '사드 보복' 조치는 2018년에도 2019년에도 쉽게 풀리지 않을 것이다. 사드가 단순히 군사안보적 의미만 있는 것이 아니기 때문이다. 사드가 군사적 의미에서 북핵 문제와 연계되어 있다고 한다면, 경제적 의미에서는 중국이 생각하는 '제조업 2025'를 위한 '지렛대'로 본다. 즉 한국 경제의 제조업 기술 수준을 넘어서는 데는 이제 2년 정도 남은 것으로 판단하고, 그때까지 한국 경제가 가지고 있는 다양한 경쟁 기술을 습득하거나 고급 인력을 초빙함으로써 충분히 추격할 수 있다는 시간적 의미도 포함되어 있다.

한편 군사안보적 관점에서 좀더 부연해보면, 북핵 사태와 사드 배치는 중국에 한·중 관계를 중심으로 한·미·일·중·러·북 관계에서 중국이 일종의 헤게모니를 가지고 활용할 수 있는 힘의 논리가 있다고 본다. 표면적으로는 중국 자신들의 턱 밑에 평택기지를 비롯해 미국의 군사적 전략 자산이 배치되어 있는데다 중국이 사실상 원하는 동해 진출이 모두 막혀 있는 상황에서 중국 해군의 제1·2·3도련선 주장은 한낱 '중국의 꿈'에 불과하기 때문이다. 따라서 사드를 비롯한 북핵 사태 해결 과정에서 미국과 보이지 않는 힘겨루기를 하는 상황에서 2018년 북한 9·9절의 시진핑 참석과 미국이 한국 정부에 전하는 남북한 정상회담에 대한 부정적 시각 역시 이 국가들의 다양한 이해관계가 수면 아래에서 정면으로 부딪치는 모습을 연상하게 한다.

'중국의 꿈'은 실제로 '꿈'으로 끝날 수도 있다. 이러한 판세 다툼이 트럼프와 시진핑의 전략 싸움으로 비치는 이유다. 트럼프는 무차별적으로 강력한 드라이브를 거는 반면, 내부적 독재체제에 대한 불만과 불협화음으로 다소 의기소침한 듯 보이는 시진핑의 대응을 놓고 볼 때, 이번 미국과 중국의 경쟁은 어떤 의미에서는 전초전에 불과할 수도 있다.

2018년 11월 미국 중간선거에서 민주당이 하원에서 다수 의석을 차지하면 트럼프 탄핵소추안이 발의되어 가결되는 등 걷잡을 수 없는 정치적 불확실성으로 치달을 수 있다. 이 경우 미국 경제의 급속한 냉각과 세계 경제질서의 변화로 또 다른 미·중 간 경쟁 또는 협력이 필요할 가능성도 있다. 물론 평화적·건설적인 협력도 하나의 방법이 될 수 있지만, 그렇지 않을 경우에 대해서도 충분한 '컨틴전시 플랜'으로 대비해야 할 문제다. 한국 경제와 정치가 이러한 미래 불확실성에 대해 얼마나 고민하고 준비하는지는 알 수 없지만, 트럼프 탄핵이 본격적으로 테이블에 오르면 글로벌 경제와 정치·외교·군사·안보 상황 역시 매우 불확실해질 가능성이 충분하다.

시진핑 주석은 향후 '중국의 꿈'을 실현하는 데 평화적 해법으로만 갈 수 있을 거라고 보지 않았을 것이다. 종합적 영토 분쟁이 불가피하고, 영유권 문제 또한 잠재적 지연 뇌관이라는 점도 충분히 알고 있다. 하지만 마오쩌둥 이후 21세기 중국의 새로운 도약을 준비하고 중국을 성공적으로 연착륙하게 하려면 강력한 리더십이 필요하다는 전제 아래 자신의 장기집권을 강력히 추진한 결과 중국은 내부적으로도 사실상 불확실성을 안고 있다.

이러한 불확실성이 미국 조야의 정세 변화로 어떤 출구를 만들게 될지는 아직 알 수 없다. 하지만 적어도 미국이 시스템으로 움직인다는 점에 동의한다면, 만일 펜스 부통령이 대통령직을 승계했을 때 이후 미국의 대외전략, 그 가운데 대중국 전략이 크게 달라질 것으로 보는 것은 잘못된 판단이다.

　미국의 이해관계에서 중국과 어떤 관계를 설정하느냐가 매우 중요한 시기이며, 미국도 이 점을 충분히 인지하고 있다. 미국이 첫째로 45%에 달하는 중국 위안화 절상 요구를 2006년 이후 계속하고 있다는 점, 둘째로 이란과 북핵 사태는 단순히 군사안보적 관점에서만 보는 것이 아니라 미래 군사안보와 경제안보적 관점을 모두 고려한 차원에서 본다는 점, 셋째로 중국의 규모의 경제가 어느 정도 자리 잡고 이어서 '범위의 경제economies of scope'까지 구축될 경우 미국이 지금까지 누려온 달러화의 기축통화국 지위가 대부분 소멸될 수 있다는 점 등을 충분히 알고 있기 때문이다.

　그렇다면 군사적 측면과 경제협력 부문에서 미국의 속내는 무엇이고 트럼프의 무차별적이고 질서 파괴적인 언행은 과연 무엇을 의미할까? 이른바 트럼프식 블러핑 카드일까, 아니면 모든 것을 다 이루기 위한 미치광이 전략일까? 한 번도 사업을 해본 적이 없는 시진핑의 속내를 자칭 비즈니스의 귀재라는 트럼프가 훤히 꿰뚫고 있을까? 제조업이나 금융자본가가 아닌 단순한 부동산 사업자이면서 너무 자만에 차 있고, 단기적 사고로 복잡한 세계를 이해해나가기 어렵다는 것을 모르면서 우연히 미국의 지도자가 되어버린 사람으로서 성공보다 실패를 예약해둔 것은 아닐까? 시진핑과 푸틴, 김정은, 두테르테, 에르도안 등 독재자들이 부럽다는 그의 말이 '이상한 농담'처럼 들린다.

트럼프는 시진핑과
싸우지 않는다

결론부터 얘기하면, 미·중 무역 분쟁을 놓고 마치 트럼프와 시진핑의 '맨투맨' 다툼으로 보는 것은 정확하지 않다. 오히려 트럼프의 공세에 시진핑이 방어적인 자세를 취하는 형국이다. 시진핑의 북한 9·9절 불참이 그렇다.

즉 먼 미래의 큰 그림으로 보면, 트럼프가 '일인 독재'에 부러움을 표한 것은 역설적으로 중국의 정치제제에 대한 미국의 관심이다. 또한 중국 정치체제가 좀더 민주적으로 바뀌었으면 하는 마음을 과장해서 표현한 것이라 할 수 있다.

하지만 트럼프가 과연 그 정도까지 주도면밀한 사람일까? 그렇지 않다. 미국의 이해관계를 이야기하는 것이다. 다만 그것을 트위터에서 비교적 직설화법을 쓰는 트럼프의 입을 빌려 표현한 것일 뿐이다. 트럼프의 중국 때리기는 이미 벌써 오래전부터 미국 조야에서 나온 얘기다. 만약 그렇다면 미국의 중국 때리기나 중국 고립 전략의 목적은 레이건 대통령이 고르바초프 소련 공산당 서기장에게 "베를린 장벽을 허물고 문을 여시오!"라고 말한 것과 같은 맥락이라고 볼 수 있지 않을까.

미국에 필적하는 21세기의 새로운 강자로서 중국은 이것이 가능할까? 결코 쉬운 일이 아니다. 정치적으로 비록 시진핑 주석의 독점적 지배체제가 어느 정도 강화되었다고는 하지만 집단지도체제라는 프레임 속에서 1인 지배체제를 구축하는 형태라면, 이 또한 중국 공산당의 정치 민주화 일정 가운데 하나가 아닐까? 즉 중국 정치체제의 대통령 중심제 실험은 아닐까?

중국 공산당은 2008년 이후 30년의 정치 민주화 과정에서 다당제 민주화를 제시한 바 있다. 그렇다면 이것이 중국 연방제 안착과 중국식 의원내각제를 의미하지는 않을까? 이는 현재 중국 집단지도체제의 기본 골격을 그대로 가져가면서 8천만 공산당 당원의 지속적인 기득권 유지를 의미하기도 한다. 중국 정치제도에 대해 간단히 요약하면 다음과 같다.

현재 중국의 정치제도는 5년마다 공산당원 8천만 명이 우리로 치면 국회의원과 같은 대표를 3천 명 선출하고, 이들이 중앙위원 200명을, 이들 200명 가운데서 정치국원 25명을, 정치국원 25명 가운데서 상무위원 9명을 선출하는 구조다. 이른바 집단지도체제라고 이해하면

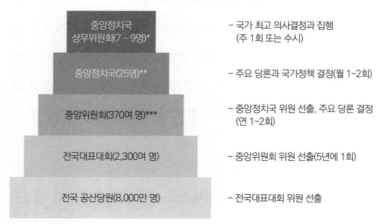

■ 중국 공산당의 구조와 기능

중앙정치국 상무위원회(7~9명)*	- 국가 최고 의사결정과 집행 (주 1회 또는 수시)
중앙정치국(25명)**	- 주요 당론과 국가정책 결정(월 1~2회)
중앙위원회(370여 명)***	- 중앙정치국 위원 선출, 주요 당론 결정 (연 1~2회)
전국대표대회(2,300여 명)	- 중앙위원회 위원 선출(5년에 1회)
전국 공산당원(8,000만 명)	- 전국대표대회 위원 선출

* 현재는 7명임
** 원칙적으로 만장일치제이나 때로는 다수결(예: WTO 가입 시 다수결 결정)
*** 전국대표대회의 집행기구적 성격. 위원 60% 이상 교체 예정

자료: 한국은행, 『국제경제정보』, 제2012-42호, 조사국 국제경제부 신흥경제팀, 2013. 10. 23.

된다. 정치국 상무위원 9명은 국가 업무를 위의 그림과 같이 각각 분장했지만, 2017년 이후 7명 체제로 전환되었다. 이들 상무위원은 주요 현안에 대해서는 동등한 발언권과 투표권을 행사한다. 2017년까지 중국 상무위원 9명은 태자당, 상하이방, 공청단에서 각각 3명으로 구성해 힘의 균형을 맞추었고, 2017년 10월 이후 당대표대회에서 향후 또 다른 10년을 통치할 6세대 지도부를 선출하는 과정에서 7명으로 축소되었다.

중국인 스스로는 중국 공산당 외에 8개 민주당파가 있다며 서방세계에 자신들도 다당제를 채택하고 있다지만, 이들의 역할은 중국 공산당에 다양한 사안에 대한 건의를 하는 것에 불과하기 때문에 사실상 중국 정치체제는 중국 공산당 1당 체제다.

중국 공산당은 유일한 집권당으로서 모든 국가기관, 각종 단체는 물론 기업 등 약 400만 개 단위의 기층조직을 구성해 국가를 통치한다. 주요 정부기관의 경우, 당서기가 기관장을 겸임하거나 기관장의 상급자로서 실질적인 기관 업무를 통제하는 방식이다. 따라서 당이 정부기관을 장악하고 있다. 당과 정부의 관계는 국가주석의 호칭에도 잘 나타나 있다. 즉 시진핑의 공식 직함은 '중공중앙 총서기, 국가주석, 중앙군사위 주석 시진핑 동지'다.

한편 중국은 권력분립을 인정하지 않기 때문에 국가 최고 권력기관으로서 전국인민대표대회를 두고 그 아래에 국무원, 법원, 검찰, 중앙군사위원회를 각각 두고 있다. 당연히 사법권의 독립이 인정되지 않고, 주요 사건의 수사·기소·재판도 당 정법위원회의 지도와 감독 아래 이루어진다. 중국의 군은 국가의 군이 아니라 당의 군이다. 따라서 당이 군을 지휘하며, 통치이론상 문제 때문에 1982년 정부조직에 형식적인 군사위원회를 두고 당의 구성원이 겸직한다.

중국 정치제제가 비교적 안정적인 기조를 유지하는 데도 정치 변혁의 향방은 매우 불투명하다. 2018년 3월 양회 이후 시진핑 주석의 장기집권 강화는 무엇을 의미할까? 하나는 중국이 선택할 수 있는 정치제도의 실험적 적용이라는 것이고, 또 하나는 중국의 부정·부패에 대한 전쟁 선포의 의미가 있다. 이 과정에서 내정 불안 요소가 어느 정도 잠재하지 않을 수 없을 것이다.

중국 최고지도부가 인사 개편 등을 결정하려면 공식적인 제19차 중국 공산당 전국대표대회(2017년에는 11월 8~10일)를 비롯해 사실상 중전회를 개최하기 전 중국 전현직 주요 핵심 지도부가 허베이성 친황다오 여름 휴가지 베이다허에서 늘 사전 비공개 회합을 한다(2017년에는 8월 2일). 한편 제19차 당대회는 표면적으로는 앞서 지적한 대로 시진핑 국가주석의 1인 권력체제를 더욱 공고히 하는 데 초점이 맞추어져 있지만 그 속내는 앞에서 언급한 대로 공산당 당원들의 부정·부패 등 기득권에 대한 개혁의지에 있다고 볼 수 있다.* 그렇지 않고는 2008년 이후 30년 동안 점진적인 정치 민주화를 도모한다는 것이 불가능하기 때문이다.

미국과 중국이 현재 표면적으로는 무역 갈등 문제를 겪고 있고 수면 아래에서는 팽팽한 줄다리기를 펼치는 상황에서, 남중국해와 한반도 등 중국 주변 국가들과 정세 변화 등은 중국에 매우 민감한 문제가 아닐 수 없다. 특히 미국 역대 정부가 보여준 비교적 온건한 대중국 견제정책과 달리, 트럼프의 대중국 외교는 매우 공세적이고 적극적이다. 따라서 그 어느 때보다 중국 내부 정치지도체제의 변화와 정

---

* 2018년 연초 중전회의 최대 관심사 중 하나는 과거 '마오쩌둥 사상'에 이어 두 번째로 '시진핑 사상'을 당지도 사상으로 확정할 것인가 하는 문제였다. 이에 대한 논의는 2018년 3월 양회에서 본격화되었다. 시진핑의 권력 강화는 다른 의미로 시진핑 주석 측근 인사들의 발탁과 중용을 의미한다. 제19차 당대회에서 19기 중앙위원과 중앙후보위원, 중앙기율검사위원회 위원을 결정했고, 신임 19기 중앙위원들은 폐막 다음 날인 11월 11일 제1차 전체회의를 열어 정치국 상무위원과 당 총서기를 선출했다. 한때 언론에서 시진핑의 오른팔 또는 꾀주머니로 본 왕치산은 3월에 국가 부주석으로 선출된 이후 지금까지 미·중 무역 갈등에도 불구하고 매우 조심스러운 행보를 보이고 있다. 시진핑 주석에 대한 경계심이 조금씩 나타나면서 상대적으로 시진핑 주석과 왕치산의 행보에 제동이 걸린 것으로 이해된다. 한편 '즈장신쥔(之江新軍)'으로 불리는 시진핑 주석 측근세력이 중앙지도부에 대거 진입했는데, 리잔수(栗戰書) 중앙판공청 주임이 마침내 상무위원회 위원장으로 임명되었지만 천민얼(陳敏爾) 충칭시 서기는 일단 제동이 걸렸다.

세 판단이 매우 중요한 시기가 아닐 수 없다.** 더구나 중국의 상대는 미국이 기존에 구축한 20세기 글로벌 질서도 스스럼없이 무너뜨려버리는 트럼프다.

** 1978년 개혁·개방 이후 중국 경제발전을 요약하면, 1978~2008년 연평균 10%를 상회하는 초고속 성장으로 중국식 사회주의가 성공적으로 정착되는 중이다. 하지만 고도성장의 그늘에 가려 다양한 사회적 문제점이 노출되고 있고, 다음과 같은 변수가 체제 유지에 잠재적 위협 요인이 되고 있다. 첫째, 불균형 성장이다. 동부 연해 지역의 경우 지리적 이점과 지난 30년간 중앙정부의 집중 지원 덕택에 급속한 성장세를 보인 반면, 중서부 지역은 상대적으로 낙후되었다. 둘째, 도농 간 소득 격차다. 전국적으로 1억 명가량 되는 빈곤층 가운데 중서부 지역이 94.1%를 차지한다. 현재 도시민의 소득이 농촌의 4배를 초과하고, 서부 지역의 경우 5배 정도로 대부분 국가 소득 격차가 1.6배 이하인 점을 볼 때 매우 심각한 수준이다. 이러한 사회 양극화 문제는 중국 경제의 초고속 성장이 원인이다. 부동산 등 자산시장의 급등으로 빈부 격차 문제의 해법이 그다지 명확하지 않다. 우리나라의 1960~1970년대 개발 시기 모습을 연상하면 된다. 현재 전체 인구 중 부자 1%가 전체 개인자산의 44%를 보유한 반면, 가구당 1일 소득이 1달러 미만인 빈곤층이 1억 4천만 명 정도로 추산된다. 지역별로도 1인당 GDP가 5배 이상 차이 나고, 지니계수도 2017년 7월 현재 세계은행의 추정치가 0.47로 사회적 불안을 야기한다는 0.4를 이미 초과한 상태다. 부정·부패 문제도 심각하다. 2011년 현재 공무원들의 직무 관련 범죄는 3만 2,567건이고 공무원이 처벌된 것은 4만 4,506건으로 전년 대비 1% 증가했다. 범죄 유형별로는 뇌물, 공금횡령이 50% 이상이고, 직급별로는 처장급 이상 간부가 15%이며, 그 가운데 차관급 198명, 장관급 7명 등이 포함되어 있다.

· 김정은의 묘수, 꼼수, 악수
· 트럼프의 묘수, 꼼수, 악수
· 제2차 북미정상회담 결과와 트럼프의 '거래의 기술'

8장

김정은과 드라마틱한
관계를 유지하겠다

트럼프와 김정은의 관계를 보기 위해 먼저 10가지 질문을 하겠다.

첫째, 북핵 사태에 대한 트럼프의 생각은 무엇일까? 김정은과 트럼프의 세기(?)의 만남을 어떻게 해석해야 할까? 북한이 전략적으로 바라보는 한국은 '통미봉남通美封南'인가, '우리 민족끼리'를 의미하는 자주인가? 아울러 정말 트럼프는 북한의 핵이 미국의 오랜 우방인 한국과 일본의 안보에 치명적인 위협이 되기 때문에 북핵 문제를 적극적으로 나서서 해결하려는 것일까?

둘째, 미국은 북한의 핵을 미래 미국을 위협하거나 이스라엘을 상대로 하는 테러리스트들의 손에 들어갈 수 있는 잠재적 위험 요인으로 보고 이에 대한 선제적 해결 노력을 보이는 것일까? 그렇다면 평화적 해법인가, 필요하면 무력을 사용해서라도 제거해야 한다고 보는 것인가? 과연 이란 핵 문제에 대한 트럼프의 전략과 북핵 문제에 접근하는 방식은 서로 어떻게 다른가? 후자의 의미는 무엇인가?

셋째, 북한 핵이 문제라면 그동안 이를 방치하고 오히려 북핵 개발에 음으로 양으로 지원한 것으로 보이는(추정할 수 있는) 중국을 트럼프는 어떻게 생각할까? 과연 중국은 북한이 핵을 개발하는 데 적극적으로 지원했을까? 아니면 북한 핵이 결국 잠재적으로는 자신들의 수도 베이징을 비롯해 다양한 전략적 기지에 위협이 된다는 것을 알기에, 국제사회의 책임 있는 일원으로서 북한이 핵개발을 멈추거나 포기하도록 적극적인 압력을 행사해왔을까? 만일 후자라면 트럼프가 본격적으로 시작한 대중국 무역 분쟁과 중국 때리기, 환율조작국 지정 등 무차별적 공세는 어떻게 설명해야 할까? 아울러 중국으로서도 북한 핵이 자신들에게 언제든 중대한 위협이 될 수 있는데도 왜 북한이 핵을 개발하는 데 뒷짐을 지고 있었을까?

넷째, 트럼프의 대이란 핵 문제 해법과 북한의 핵 문제 해법은 어떤 차이가 있을까? 왜 트럼프는 김정은에게 가능한 한 다양한 칭찬과 격려를 아끼지 않을까? 폼페이오 국무장관은 왜 북한을 3번이나 방문했으며, 트럼프는 왜 2018년 8월 25일 당초 예정되었던 폼페이오의 네 번째 북한 방문을 중단시켰을까? 북한의 비핵화가 평화협정의 선결요건이기 때문일까, 아니면 북한 정권 수립 기념일이라는 9·9절에 시진핑의 참석 가능성 때문에 중국과 북한 모두에게 던지는 일종의 경고(?) 메시지였을까?

다섯째, 트럼프가 김정은 국무위원장에게 던지는 모든 감사와 존경의 표시는 진정한 의미일까, 아니면 협상가로서 전술적 수사rhetoric에 불과한 것일까? 김정은은 이를 어떻게 받아들일까?

여섯째, 북핵 문제를 둘러싼 북미 대화 또는 협상에서 한국은 어떤 포지셔닝을 취하고 있고 또 취해야 하는가? 운전대를 잡아야 할까, 조수석에 앉아 열심히 지도를 읽어주고 방향을 잡아주어야 할까? 그것도 아니면 운전대는 잡았지만 무면허인가?

일곱째, 북핵 문제와 직간접적으로 관련된 일본, 러시아 등의 이해관계는 무엇일까? 일본은 핵무장보다 평화헌법을 개정해 자위대를 명실상부한 일본 정규군으로 육성하려 할 텐데 이를 미국이 용인할 것인가? 일본의 재무장이 묵인된다면 중국, 러시아, 한국, 북한, 타이완, 필리핀 등의 반응은 예측이 가능한가? 특히 이스라엘의 이해관계는 어떻게 풀어야 할 것인가? 이스라엘과 미국 등이 우려하는 것은 북한의 핵개발력 가운데 소형 핵탄두 제작 능력일 것이다. 과연 이스라엘과 미국의 동맹관계는 한미 동맹관계보다 우선하는가, 아니면 동등한 위상인가? 만일 전자라면 한국은 어떤 준비를 해야 하는가?

여덟째, 북한이 핵개발을 중단하는 조건으로 시작된 북한 경수로 사업을 추진하려고 '한반도에너지개발기구KEDO; The Korea peninsula Energy Development Organization'를 발족한 바 있는데, 이 사업이 실패한 이유는 무엇인가? 과연 이 실패를 통해 북·미 간의 신뢰 문제, 향후 북·미 간의 실질적인 북핵 문제 해결에 대한 대화와 논쟁은 어떤 양상을 띨 것인가? 북한 핵은 이제 1995년 한반도에너지개발기구가 출범하던 시기의 수준이 아닌 것은 분명하다. 북한은 이렇듯 지속적인 핵개발로 미국의 신뢰를 잃었고, 이것은 다시 역설적으로 미국이 북한에 충분한 신뢰를 주지 못했음을 반증하는 사례일 수도 있다. 과연 트럼프는 어떤 방향에서 이 문제를 바라볼까?

아홉째, 1993년 영변 핵위기의 발단은 미국 군사 첩보위성이 북한에서 핵 관련 시설을 포착한 것이라고 했는데, 과연 단순히 그것만이었을까? 북한이 핵확산금지조약NPT; Nuclear Non-Proliferation Treaty에서 탈퇴하고 미국이 핵사찰을 강력히 요구할 당시 북한의 북미 불가침조약 요구는 지금의 평화협정체결 요구와 다른가, 같은가? 향후 북핵 문제 해결을 놓고 북·미 간 대화와 타협은 미국의 대북 선제타격 가능성이 배제된 것을 의미하는가, 아니면 그때나 지금이나 북·미 간 대화와 타협은 크게 변한 것이 없는가?

마지막으로 북한은 핵을 포기할까? 김일성이 1945년 8월 일본의 히로시마와 나가사키에 투하된 원자폭탄과 일본의 무조건 항복을 보고 어떤 생각을 한 것일까? 한국과 경제력 격차가 45배 이상 벌어진 상황에서 남북 간 힘의 균형상 기울어진 운동장을 바로 세우기 위해서는 북한은 핵을 절대로 포기할 수 없다. 즉 필요충분조건으로 봐야 하지 않을까? 러시아가 경제적으로는 미국이나 중국에 상대가 될 수 없을지 모르지만, 약 8천 기나 되는 핵탄두가 결국 러시아가 여전히 미국과 유럽을 위협하는 잠재적 적이 될 수 있음을 의미한다면, 북한이 핵을 가지려는 이유도 이와 크게 다르지 않을까? 트럼프는 1994년 당시 클린턴 대통령이 심각하게 고려했을 것으로 보이는 대북 선제 타격 옵션을 어떻게 생각할까? 한국 정부는 그 가능성을 어떻게 보고 있을까?

김정은의
묘수, 꼼수, 악수

김정은의 2018년 신년사를 자세히 들여다볼 필요가 있다. 과연 그는 핵을 놓고 미국과 어떤 협상을 벌이려고 할까? 물론 가장 단순하지만 중요하고 원초적인 질문은 '북한, 즉 김정은은 조부인 김일성 때부터 가지고자 했던 핵을 포기할 수 있을까' 하는 것이다.

결론부터 말하면, '절대로 포기할 수 없다, 포기해서도 안 된다'는 것일 것이다. 이는 앞서 간단히 언급한 1993년 이후 영변 핵사찰과 한반도에너지개발기구의 발족과 실패 사례에서 그 답을 찾을 수 있다. 한반도에너지개발기구의 경수로 사업 실패는 사실상 미국의 요구 조건과 북한의 영변 원자로와 핵 폐기 협상 과정의 의견 차이 또는 북·미 사이에 오랫동안 누적되어온 신뢰 문제를 둘러싼 오해와 갈등에서 비롯했을 수 있다.

당시 북한은 1994년 제네바 합의에서 미국의 핵무기를 사용하는 불가침과 북한 체제 보장과 함께 경제적 지원을 약속받는 조건으로 북핵 개발의 중단과 해체 과정을 국제원자력기구IAEA 사찰을 통해 협력하는 것으로 약속한 바 있다.* 즉 경수로와 대체에너지 제공에 대한 보장이 있을 경우 플루토늄 추출이 상대적으로 용이한 흑연감속 원자로와 관련 시설들의 즉각적인 동결과 해체를 약속한 것이다. 앞서 미국의 지원은 곧 북·미 수교를 말하는 것으로, 이를 위해 북한과 미국은 제네바 합의 이후 3개월 내에 무역 및 투자 제한 등의 제재조치를 완화하고 양국 관계를 대사급으로 격상하는 것을 포함했다.

비록 북·미 간 북핵 사태를 해결하기 위한 첫 접촉과 신뢰 구축을 위한 노력이 무산되었지만, 1993년 이후 북한 영변 핵위기 사태와 북·미 충돌은 2018년 현재에도 트럼프와 김정은 사이에 진행중이다.

---

* 1994년 9월 23일과 10월 17일 각각 열린 북·미 간 3단계 고위급 회담 2차 회의에서 북·미 간에 이루어진 합의를 제네바 합의라고 한다. 여기서 미국은 북한의 핵개발 동결 대가로 1,000MW급 경수로 2기를 함경남도 신포에 지어주기로 하고, 대체에너지로 연간 중유 50만 톤을 제공하기로 했다. 북한은 '핵확산금지조약'에 완전히 복귀하고 모든 핵시설에 대한 국제원자력기구 사찰을 허용하며 모든 핵 활동을 전면 중단하면서 기존 핵시설의 해체를 약속했다. 그런데 합의는 미국이 했는데 발전소 건립 비용은 대부분 한국이 부담하게 된다(1995년 오스트레일리아·캐나다·뉴질랜드, 1996년 아르헨티나·칠레·인도네시아, 1997년 유럽연합·폴란드, 1999년 체코, 2000년 우즈베키스탄 등이 경수로 건립 비용을 분담하면서 참여했지만 대부분 비용은 사실상 한국에서 부담했다). 또 양국은 각국 수도에 연락사무소를 설치하고 한반도 비핵화 공동선언의 이행과 남북 대화의 재개에도 합의한다. 한편 이러한 제네바 합의의 불이행과 그 책임은 미국에 있다는 것이 북한의 주장이다. 즉 국제 원유가격의 상승과 한반도에너지개발기구의 기여금 부족 등으로 경수로 건설 계획이 차질을 빚자 북한이 이에 대한 불만을 제기하는 가운데 2001년 조지 워커 부시 대통령이 당선되었고 9·11 테러 이후에는 북한을 '악의 축'으로 규정하면서 사실상 제네바 합의는 파기된다. 여기서 조지 워커 부시 대통령이 북한을 '악의 축'으로 부른 후 제네바 합의가 파기되었다기보다 이미 양측 간에 약속 이행에 대한 상당한 수준의 불협화음과 불신이 최대화되고 있었을 것으로 짐작된다.

하지만 2018년 6월 12일 싱가포르에서 열린 북미정상회담 이후 8월 25일에는 폼페이오 국무장관의 4차 방북이 전격 취소되는 등 한반도 비핵화가 매우 의미 있게 진전되고 있다고 판단하기에는 다소 부정적인 시그널이 나오기도 했다.

한편 중국과 무역 마찰을 본격화하고 있는 트럼프 의중에 김정은 위원장이 자신과 논의한 핵 폐기에 대한 의지가 다소 흔들리는 배경에 시진핑 주석이 있다고 본다는 점에서 또 다른 의미를 부여할 수 있다. 북한 정권 수립일인 9·9절에 시진핑의 방문이 추진되다가 무산된 것은 트럼프와 시진핑 주석 간에 북한 핵 폐기 문제를 놓고 벌어지는 줄다리기 싸움으로 비쳐질 수 있다. 시진핑 주석의 방북을 앞두고 북한과 중국 양측의 태도 변화가 없으면 북한 접촉을 재고하겠다는 경고 메시지 또한 이를 대변한다.

다른 한편으로 트럼프가 "김정은 국무위원장에게 따뜻한 안부와 존경의 인사를 보낸다. 그를 곧 만나길 기대한다"라고 말한 것은 김정은에게 지금의 교착상태를 풀 수 있게 결단을 내리라고 촉구하는 형국이다. 북한으로서는 미국과의 협상력을 제고하고 중국에서 또 다른 지원을 약속받는 등 다양한 카드를 손에 쥐고 있다고 판단한다면, 굳이 서둘러 트럼프의 압력에 굴복할 필요는 없는 것으로 보기 십상이다. 만일 김정은 위원장이 "자주권을 확보하고 미국의 위협에 굴복하지 않기 위해 절대로 핵은 포기할 수 없다"라고 한다면, 지금까지 한국과 미국의 대북 핵 폐기 협상은 닭 쫓던 개 지붕 쳐다보기식이 될 수 있다.

그렇다면 김정은 위원장은 핵을 포기할 수 있을까? 트럼프의 메시지는 과연 무엇일까? 한국은 북한과 무한 경협은 어렵더라도 제한적 경협은 가능할까? 한국 정부가 김정은 위원장과 시진핑 주석의 속내라 할 수 있는 종전 선언과 평화협정체결을 너무 밀어붙이는 것은 아닌가? 만일 북·미 대화가 아무런 결과도 없이 지지부진하게 되고, 대화마저 단절 상태에 이른다면, 한국에는 어떤 파급효과가 예상되는가? 트럼프의 불확실성과 즉흥적인 판단은 물론 고위공직자가 〈뉴욕타임스〉에 익명으로 기고한 글에서 '충동적이고 적대적이며 쩨쩨하다'고 평가했듯이 트럼프의 의사결정 방식이 북핵 사태 해결 과정에서 어떤 파장을 몰고 올 것인가?

2018년 5월 24일 트럼프가 북미정상회담을 취소한 뒤 번복했듯이 불규칙적이고 불확실한 트럼프의 언행을 '일종의 공포'라는 말로 표현하는 미국 언론도 있다. 하지만 단지 말로가 아니라 실질적인 비핵화 조치에 대한 구체적 시행 일정 등 좀더 구체적이고 명시적인 내용을 요구하는 것에 대해 북한의 버티기가 지속될 경우, 미국은 과연 어떻게 반응할 것인가? 트럼프의 중국 압박이 또 다른 무역 분쟁으로 이어지거나 북한에 대한 강도 높은 제재조치가 추가될 경우, 한국 정부의 역할은 어디까지 유효할 것인가?

김정은 국무위원장은 과연 중국과 미국 모두에서 무엇인가 얻어낼 묘수를 부리는 것일까? 아니면 핵을 가지고 미국과 중국의 충돌에 빌미를 제공함으로써 한반도에 새로운 긴장관계와 북한 정권이 원치 않는 최악의 시나리오를 야기할 수밖에 없을까? 괜히 꼼수를 부리다이 꼼수가 악수가 되는 것은 아닐까? 김정은은 2018년 신년사에서 '국가 핵무력 완성의 역사적 대업을 성취한 것'을 선언했다. 어쩌면 트럼프와 북미정상회담에서 바로 이 점을 암묵적으로 인정받은 것으로 해석할 수도 있다.

과연 미국은 단지 북한이 핵 보유국임을 인정하기 위해 정상회담을 했을까? 북한의 "평화 수호의 강력한 보검을 틀어쥐었습니다"라는 표현은 어떠한 이유에서든 결코 핵을 포기할 수 없음을 간접적으로 나타낸 것은 아닐까? 아울러 병진노선으로 인민경제의 자립성과 주체성을 강화하기 위해 국가발전 5개년 계획에 총력을 집중한다는 의지도 포함되어 있다.

그렇다면 북한은 과연 자립경제 의지가 있는가? 있다면 미국과 중국 또는 제3국의 지원 없이 가능한 일일까? 한국 경제도 1960년 이후 성장 과정에서 경제 기반을 스스로 구축하기가 얼마나 어려운 일인지 뼈저리게 느꼈다. 군사 부문에 대해서는 "핵무기 연구 부문과 로켓 공업 부문에서는 이미 그 위력과 신뢰성이 확고히 담보된 핵탄두들과 탄도로켓들을 대량 생산해 실전 배치하는 사업에 박차를 가해야 한다"라는 문구는 어떻게 받아들여야 할까?

트럼프가 영어로 번역된 김정은의 신년사에서 이 문구를 읽었다면 어떤 생각을 했을까? 단순한 언어적 도발로 이해했을까, 아니면 그동안 북한과 관계라는 빅데이터를 통해 북한이 결코 핵을 포기하지 않겠다는 의미로 받아들였을까? 아니면, 2020년 재선을 위한 시나리오 가운데 자신에게 유리한 결과를 가져올 수 있을 정도로 임팩트가 충분한 하나의 옵션으로 보고 있을까? 이것이 트럼프와만 이해관계가 있을까? 한국 국민들과 정부의 이해관계는 어떤 상관관계가 있을까?

김정은 연설문의 "비정상적인 상태를 끝장내지 않고는 나라의 통일은 고사하고 외세가 강요하는 핵전쟁의 참화를 면할 수 없습니다. 조선반도의 평화적 환경부터 마련해야 합니다"라는 표현은 '우리 민족끼리' 자주적으로 평화협정을 체결하고 궁극적으로 주한미군 철수를 이끌어내기 위한 배경화면 만들기일까? 그의 연설문 마지막은 "민족적 화해와 통일을 지향해나가는 분위기를 적극 조성해야 합니다"에 초점이 맞추어져 있다.* 2018년 9·9절을 앞두고 〈로동신문〉에 게재된 조선민주주의인민공화국 창건 70주년 북한 노동당 중앙위원회, 중앙군사위원회, 국무위원회, 최고인민회의 상임위원회, 내각 등 5개 기구의 공동축하문에서의 "평화수호의 강력한 보검을 마련해 후손들은 다시는 고난의 행군과 같은 처절한 고생을 겪지 않고, 전쟁의 불구름을 영원히 모르게 됐다"라는 구절은 어떤 의미를 담고 있을까?

---

* 김정은의 2018년 신년사 참조.

트럼프의
묘수, 꼼수, 악수

　트럼프에게 미국 내 경제문제와 북한의 핵 폐기 문제 가운데 어느 것이 우선일까? 답은 명확하다.

　당연히 미국 내 경제문제가 우선이다. 이와 관련해 미·중 간 무역 분쟁, 북대서양조약기구, 일본과 한국 등 전통적 동맹국가들과의 방위비 분담금 문제와 무역 불균형 문제 등을 제기하는 것이 아닐까? 즉 자신이 대통령에 당선된 이후 미국의 다우지수가 무려 2만 6천선을 돌파하고 실업률이 3.7%로 최저치를 기록한 바 있으며, 경제가 다시 숨쉬기 시작했다는 점을 가장 중요한 치적으로 자주 언급한다는 점에서, 미국의 국가 이해관계와 자신의 이해관계의 최대공약수는 '경제성장'에 있다는 점이다. 그렇다면 당연히 전자다. 북한의 비핵화 문제는 그의 말을 그대로 빌려 언급하면, 미국 본토를 공격할 수 있는 대륙간탄도탄ICBM과 잠수함에서 발사할 수 있는 미사일SLBM의 개발만 막으면 된다는 것 아닐까? 따라서 북한의 비핵화 문제는 미국의 이해관계만 따지면 이 2가지에 국한될 뿐 한국의 안보와 동북아 안보에 얽힌 미국의 직접적 이해관계는 그다지 크지 않다는 입장이다.

트럼프가 북한의 비핵화를 놓고 보여주려는 것은 작게 보면 자신의 '거래의 기술'을 보여주려는 것이고, 크게 보면 G2로 급부상하는 중국 견제용으로 이를 지렛대로 활용하고자 함이라고도 볼 수 있다. 이 점에서 2019년 2월 27~28일 양일간 열린 2차 북미정상회담을 다른 관점에서 읽어볼 수 있다.

먼저, 미국 경제 호황세는 트럼프에게 가장 강력한 지원군이다. 민주당 내에 트럼프의 경제정책을 대체해 긍정적으로 전환할 수 있는 정책이나 이미지를 갖춘 리더는 보이지 않는다. 2018년 11월 중간선거 결과 트럼프는 적어도 경제정책의 부분적 성공에 대한 평가는 나름 긍정적으로 받은 듯하다. 물론 하원에서 민주당이 다수당이 된 것은 통상 및 경제정책에 대한 평가라기보다는 트럼프에게 매우 부족한 인권, 인종, 소수자들을 대변하는 정치력과 정책에 대한 평가라고 보아야 한다. 어쨌든 2018년 11월 중간선거 결과 트럼프에 대한 미국 의회의 대응은 하원에서 민주당을 중심으로 한 정치적 압박 가중과 상원 공화당의 방어 전략이 중심이 될 듯하다. 하지만 상원에서 공화당이 비록 다수당이라 하더라도 만에 하나 미국 경제가 중국 경제와 함께 또 다른 불황으로 빠져들게 된다면 민심 이반으로 인한 트럼프 탄핵 요구는 아주 강력한 탄력을 받게 될 가능성도 잠재한다. 바로 이 점에서 트럼프가 제롬 파웰Jerome Powell 연준의장에게 연준 금리 인상의 자제와 점진적 인상을 요구하는 배경을 이해할 수 있다.

어쨌든 미국 경제 상황이 핵심 변수임은 틀림없다. 〈쿡폴리티컬 리포트〉는 빌 클린턴의 '문제는 경제야, 바보야'처럼 갤럽조사 결과 2018년 6월에는 미국인 67%가 '현재 미국은 좋은 일자리를 찾을 수 있는 시절'이라고 응답했다고 발표했다. 결국 경제와 정치가 정의 상관관계에 있다고 할 때, 2018년 2분기 미국 경제성장률이 연율 4.2%에서 4분기 2.6%로 하락세를 보이고 실업률 또한 2018년 11월 3.7%로 최저치를 보인 이후 12월 3.9%, 2019년 1월 4.0%로 점차 상승하는 국면임을 감안할 때, 미래의 미국 경제 상황이 트럼프와 공화당에 매우 유리하게 전개되지 않을 수도 있음을 보여주는 신호가 된다.

물론 2000년 대선에서 빌 클린턴 대통령 임기 동안의 경제 호황에 도* 앨 고어 부통령이 대선에서 조시 워커 부시에게 패한 적이 있지만, 경제만 놓고 본다면 트럼프와 공화당의 입지가 크게 불리한 것은 아니다. 따라서 트럼프는 자신의 감세안으로 서민들의 주머니 사정이 나아졌으며, 2018년 8월 3.9% 실업률은 지난 18년 동안 보여준 최저 실업률 가운데 하나로 결국 자신의 경제 성적이 매우 유효했음을 입증하는 것이라고 주장한다. 이와 달리 체감경제는 그다지 녹록치 않

---

* 1993~2001년 빌 클린턴 대통령 재임 동안 미국의 연평균 실질경제성장률은 3.9%를 기록했다. 이는 1970년 이후 미국의 가장 높은 경제성장률이었다.

다. 유가 상승, 연료비 상승, 주거비 상승에 임금 상승률의 정체로 서민경제는 아직도 호황세를 느끼지 못한다는 지적도 제기된다.

결국 트럼프의 감세안은 공화당의 전통적 지지 세력인 부자들의 호주머니만 두둑하게 해주었을 뿐 서민경제에는 별반 큰 도움이 되지 못한다는 주장도 있다. 하지만 경제문제보다 더 큰 문제는 트럼프의 정치적 참모 또는 백악관 내부 참모들과 관계에 있는 듯 보인다. 이에 대해서는 뒤에서 좀더 자세히 다룬다.

그렇다면 트럼프가 어떤 정치적 의도에서건 칭찬한 김정은 위원장과의 정체된 북한 비핵화 문제는 어떤 영향을 줄까? 2020년 대선을 앞두고 2차 북미정상회담은 트럼프와 공화당에 또 다른 정치적 주요 변수가 될까? 이 점에 대해서는 좀더 자세히 언급할 필요가 있을 것 같다.

지금까지 워싱턴D.C.를 비롯한 조야의 현지 반응을 고려한다면, 북한의 핵 폐기 문제는 미국의 경제문제만큼 비중을 차지하기는 어려울 것으로 보인다. 굳이 북한의 핵 폐기 문제가 트럼프에게 하나의 모멘텀 전환을 위한 카드가 되려면 미국 증시가 2008년 이후 늘어난 금융버블이 터지면서 또 다른 '검은 월요일'을 경험하거나, 이러한 경험이 월가 전역으로 확산되면서 실물경제로까지 전이되는 파장이 일게 될 때를 가정해볼 수 있다. 하지만 이 가정이 현실화될 확률은 그다지 높지 않을 것으로 보인다.

트럼프의 외교적 미숙함이 미국 내에 커다란 반향을 일으키거나 이슈가 된 적은 없다. 그렇다면 트럼프로서는 자신의 '탄핵' 이슈와 백악관 내 자신의 참모들이 보여주는 반발 등 모든 것을 잠재우려면 미국의 경제문제에 '올인'할 수밖에 없다. 그 답은 역시 미국의 '경제'에 있지 북한의 핵 폐기 문제는 그의 10가지 핵심 변수 가운데 어디에도 들어 있지 않을 가능성이 높다. 오히려 중국 때리기와 중국 포위 전략의 전술적 방편에 북한의 핵 폐기 문제가 포함되어 있다는 점만 부각될 가능성도 배제할 수 없다.

트럼프는 탄핵 이슈와 국민들의 재신임, 2020년 재선 가도에 파란불을 켜기 위해 '미국 경제 살리기'와 '지속 성장 유지하기'에 집중할 수밖에 없다. 현재 트럼프가 하원과 각을 세우고 있는 미국과 멕시코 국경 간 장벽 쌓기와 예산 배분 문제, 이를 둘러싼 대통령 긴급조치 발동 등의 문제는 트럼프가 향후 조금씩 한 발을 뺄 가능성도 없지 않을 듯하다. 자칫 자신의 첫 임기 동안 이룩한 경제정책의 뚜렷한 성과가 있는 가운데 오히려 여기에서 얻은 국민들의 '신뢰'를 깎아내릴 수 있는 인권 문제에 지나치게 매달린다는 것은 '소탐대실小貪大失'로 치부할 수 있기 때문이다. 또 트럼프의 '거래의 기술'은 대외적인 면에서뿐만 아니라 자신의 입지 설정에도 매우 정확하고 효율적인 '거래의 기술'이기도 하기 때문이다.

그렇다면 북한 김정은 위원장과 한국 정부는 미국 중간선거가 끝난 이후 미국의 북한 비핵화 문제가 앞으로 어떻게 진행될 것으로 예상할까? 더구나 2019년 2월 27일~28일 베트남 하노이에서 열린 2차 북미정상회담 이후 북한 비핵화 문제에 대한 트럼프의 접근법은 어떻게 변할 수 있을까? 이에 대한 김정은 위원장의 생각은 무엇일까?

지금 북한과 미국은 여태껏 케도KEDO 이외에 가보지 않은 길을 가려는 길목에 서 있는 모습이다. 미국이 정전체제를 평화협정으로 전환하고 북한의 개방을 유도하거나, 주한미군 철수까지 가능하다는 카드로 북한의 핵 폐기 일정을 강조하며 그 카드를 김정은 위원장이 적극적으로나 온건하게 받아들이는 모양새를 취한다면, 중국으로서는 매우 곤혹스러운 상황을 예상해야 한다. 북한 내에 미국과 서방세계 자본이 대거 유입된다고 한다면, 중국의 동북3성에 대한 동북공정은 또 다른 전환점을 맞이할 수 있기 때문이다. 이는 미국이 21세기 중국을 어떻게 바라보는지 알 수 있는 바로미터 또는 시금석이다. 따라서 2018년 11월 미국 중간선거 결과는 21세기 중반부를 향해 달려가는 시점에서 우리를 가장 중요한 변곡점에 데려다놓을 것이다.

바로 이 점이 트럼프와 김정은이 드라마틱한 관계를 유지하겠다는 의미 대부분을 시사한다. 중국 때리기와 중국 포위 전략에 한국보다 북한이 선두에 설 수도 있다는 의미다. 과연 그렇게 될 수 있을까? 중국 시진핑의 생각은 무엇일까?

제2차 북미정상회담 결과와
트럼프의 '거래의 기술'

2019년 1월 1일 김정은 위원장은 신년사를 자기 집무실로 보이는 곳에서 읽어 내려갔다. 2018년 신년사에 비해 특이점은 '사회주의'라는 단어를 무려 32번이나 말하면서(2018년에는 21번 말함) 사회주의 국가 단결을 매우 강조했다는 것이다. 중·러 관계(특히 중국과의 관계) 속에 내부 단속을 강조하는 의미라 여겨진다. 최근 중국 시진핑 주석 역시 중국 내 부정·부패에 대한 비난에 이은 내부 단속을 강조하는 점과 닮아 있다.

아울러 김정은 위원장은 미국과 새로운 관계 수립을 얘기할 때는 마치 북한이 미국과 같은 핵 보유국으로 동등한 입장에서 향후 대미 관계를 새롭게 설정할 수 있음을 내비치기도 했다. '대북 제재 압박

철회'는 자연스러운 요구 사항이다. 여기에 만일 자신이 뜻하는 대로 협상이 제대로 되지 않을 경우 "새로운 길을 모색하는 것이 불가피할 수도 있다"라는 점을 들어 은근한 위협도 잊지 않았다. 물론 제재조치를 완화하기에 앞서 한국 정부에 개성공단과 금강산 관광 재개에 필요한 여러 가지 조치를 미국에 함께 요구할 것을 간접적으로 시사하기도 했다.

김정은과 트럼프의 북한 비핵화에 대한 '거래'의 핵심은 도대체 무엇일까? 과연 트럼프는 이 '거래'를 어떻게 바라보며 어떻게 풀 것으로 우리는 추정할 수 있을까? 자신의 미국 내 입지가 만일 좁아지지 않는다면, 트럼프의 '거래'에서 부르는 북한의 핵 관련 무기들의 가격은 매우 낮아지지 않을까? 자신의 입지가 좁아진다 하더라도 과연 북한의 비핵화 문제가 마치 이란의 비핵화 문제처럼 그냥 '빠져버릴 수' 있는 문제일까?

이를 제대로 살펴보려면 현재 미국이 새롭게 구상하거나 생각하는 21세기 동북아 혹은 태평양 전략을 심도 있게 연구·분석할 필요가 있다. 미국의 동북아 신전략 구상을 이해하려면 인도와 중동을 연계하는 '다차원적 전략'에 대한 이해가 필요충분조건이다. 중국의 대아시아 정책과 대아프리카를 비롯한 새로운 '글로벌 굴기' 전략에 대응하는 전략이기도 하겠지만, 먼저 자신의 능동적 전략이 중심에 설 필요가 있다는 점에 유의해야 한다. 즉 미국의 '21세기 이해관계'에서 동북아시아와 인도양, 중동 등이 차지하는 중요성과 태평양 패권의 연계성을 고려해야 한다는 점이다. 이후 중국이 구상하는 '신동북아 전략'과 그 핵심이 어디에 놓여 있는지를 판단하는 것이 향후 한국 정부가 미·중 간 지속적으로 이어지게 될 크고 작은 분쟁과 마찰에 불가피하게 관계할 수밖에 없다는 점, 그리고 우리의 '이해관계'를 이끌어내 나름대로 국제관과 전략·전술을 구축해야 한다는 점에서 더욱 그렇다.

그런 관점에서 2019년 2월 27~28일 이틀간 베트남 하노이에서 열린 북미정상회담 결과 분석을 간략하게 할 필요가 있다. 물론 트럼프의 '거래의 기술'적 관점에서 바라보고, 향후 이를 우리 입장에서 외교 비전문가이지만 경제적 관점에서 해석해본다.

우선, 가장 중요한 점은 '비핵화'에 대한 정의다. 바로 이 점이 미국과 북한이 비핵화를 놓고 벌이는 외교전의 시작이고 결론이라고 할 수 있다. 먼저 김정은 위원장의 '비핵화'에 대한 정의는 다음과 같다. 첫째, 북한은 이미 핵 보유국이다. 둘째, 국제사회에서 북한의 핵 보유 문제를 놓고 제재나 압박을 지속적으로 가할 경우, 북미정상회담은 물론 남북 간 경제협력도 매우 어려워질 수 있다. 셋째, 만일 굳이 '비핵화'를 빌미로 회담에 나오겠다면, 트럼프는 '조선반도 비핵화' 문제에 대한 답변을 가지고 오길 바란다는 의미다.

이를 다시 정리하면, 북한은 핵을 포기할 수 없고, 포기 대가를 놓고 흥정할 수 있는 가격은 무한대이며, 따라서 협상의 기본 조건이 될 수 없다는 점이다. 좀더 설명하면, 북한 뒤에는 한·미 동맹관계에 대응할 수 있는 조·중 우호관계가 있으며, 북한의 핵 개발은 김일성 주석 때부터 이어져온 숙원 사업으로 흥정이나 '거래' 대상이 아니라는 점을 명확히 했다. 김정은 위원장의 신년사 가운데 미국과의 관계와 핵 문제에 대한 내용을 일부 발췌해본다.

> "6·12조미공동성명에서 천명한 대로 새 세기의 요구에 맞는 두 나라 사이의 새로운 관계를 수립하고 조선반도에 항구적이며 공고한 평화체제를 구축하고 완전한 비핵화에로 나가려는 것은 우리 당과 공화국 정부의 불변한 입장이며 나의 확고한 의지입니다. 이로부터 우리는 이미 더이상 핵무기를 만들지도 시험하지도 않으며, 사용하지도 전파하지도 않을 것이라는 데 대하여 내외에 선포하고 여러 가지 실천적 조치들을 취해왔습니다.
> 우리의 주동적이며 선제적인 노력에 미국이 신뢰성 있는 조치를 취하며 상응한 실천적 행동으로 화답해 나선다면 두 나라 관계는 보다 더 확실하고 획기적인 조치들을 취해나가는 과정을 통하여 훌륭하고도 빠른 속도로 전진하게 될 것입니다."

여기에 김정은 위원장의 신년사에 나와 있는 남북관계에 대한 입장은 미·북 관계에 대한 연설문보다 먼저 언급되어 있다. 이 두 사안은 서로 떨어져 있지만 사실은 '떼었다 붙였다' 할 수 있는 변수들로, 마치 '다원다차多元多次 연립방정식'처럼 이해할 필요가 분명하다. 특히 '사회주의'에 대한 언급을 고려한다면, 중국과 러시아까지 포함할 경우 더욱 분명해진다.

첫째, "완전한 비핵화"는 앞서 논의한 '한반도 내에서의 완전 비핵화'를 말한다. 향후 중국과 러시아의 전략 핵무기 개발과 군사안보 협력 강화를 미래 동북아 안보와 관련한 가능한 잠재적 시나리오로 고려할 때, 미국의 전략 핵무기 배치와 관련해 미국 이해관계에 매우 어긋나는 대목이다. 둘째, "더이상 핵무기를 만들지도 시험하지도 않으며, 사용하지도 전파하지도" 부분은 다음과 같이 해석할 수 있다. 이미 15개 이상 핵탄두를 보유하고 있을 것으로 추정되는 가운데 "더이상 만들지도…" 이하 문장은 전제조건이 바로 다음 문장에 이어져 있다. 즉 "미국이 신뢰성 있는 조치를 취하며, 상응한 실천적 행동으로 화답해 나선다면"이다. 그리고 어디까지나 "훌륭하고 빠른 속도"를 강조했다는 점에서 미국이 1993년 이후 북한의 영변 '경수로 건설'과정에서 보여준 불신 요인들을 스스로 제거하고 나설 경우, 북한은 그 '속도'에 대한 협력을 할 수 있다는 점을 강조한 것이다. 즉 '거래' 상품의 대가는 무한대적이며, 미국이 이를 해결하려면 상당한 대가를 지불할 준비를 하라는 요구다.

하지만 미국은 단순히 북한 핵이 불법 무기 거래 시장에 나와 있는 '거래 대상'이 아니라 미국의 '21세기 신동북아·신태평양 지역에서의 이해관계'와 이에 근거한 글로벌 전략·전술의 단초가 될 수도 있다는 점에서 거래를 흥정하기가 쉽지 않다는 점을 강조한 것으로 보인다. 즉 북한이 이미 '핵 보유국'이라는 점을 인정하고 이를 토대로 협상장에 나온다면, 북한으로서는 더이상 핵을 만들거나, 실험하거나, 전파하지 않을 수 있다는 것이 아닐까?

그렇다면 미국으로서는 이 3가지 중 핵을 더이상 만들지 않는다는 것에 대한 '거래 가격'과 '실험하지 않는 것'에 대한 '거래 가격' '전파하지 않는 조건'에 대한 각각의 '거래 가격'을 준비해야 할 필요가 있다. 물론 이 가운데 세 번째인 '전파하지 않는 조건'에 대한 거래 가격이 제일 비쌀 것으로 추정할 수 있다. 여기에 핵 전문가와 같은 '사람'의 문제는 별도로 '거래'될 수도 있다.

2차 하노이 북미정상회담의 결과는 이미 알려진 바와 같다. 미국 내에서는 '나쁜 거래보다 거래하지 않는 거래'가 더욱 유익했다는 평가다. 트럼프 역시 자신의 판단에 대해 미국 내 평가가 매우 긍정적이라는 점에 고무된 듯하다. 정상회담 당일 미국의 거의 대부분 언론 매체가 베트남으로 쏠리지 않고 하원 '감시위원회'에 집중된 것이 비록 트럼프에게는 매우 안타까운 일이었다고 하지만, 역설적으로 보면 이러한 해석은 언제든 그 반대로도 가능하다. 즉 2차 북미정상회담의 결렬로 그나마 자신에 대한 불리한 입지를 긍정적인 평가가 나오도록 돌려놓을 수 있었다.

회담 전에 이러한 신호들이 곳곳에서 나왔음에도 동공이 흔들리고, "시간이 귀중하다"는 김정은 위원장의 발언에 비해 "서두를 것 없다 No rush"를 서너 번 반복한 트럼프에게 이미 승리의 카드는 넘어간 것으로 보아야 했다. 바로 이 점에서 트럼프의 '즉흥적'이고 '충동적'이며 지극히 '감정적'인 결단 이면에 어쩌면 태생적으로 '킬러 본능'이 숨어 있는 것이 아닌지도 생각해볼 수 있다.

미국 대통령선거에 당선된다는 것은 과연 어떤 의미일까? 중서부 시골의 아주 작은 주정부 주지사로 있으면서 아무도 당선되리라고 생각하지도 않았고, '사막의 태풍'전쟁으로 미국의 자존심을 지키며 재선을 노렸던 고 조지 부시에 대응해 그냥 '버리는(?)'카드로 내세웠던 빌 클린턴의 당선과 무엇이 닮았을까? 누구도 얘기하지 않았던 대선 결과에는 그만한 승리의 비밀이 숨어 있을 수 있다. 그 가운데에서도 빌 클린턴의 대선 슬로건 '문제는 경제야, 바보야'와 맥을 함께하는 게 아닐까? 그렇다면 미국 경제의 지속 성장이 대통령 선거뿐만 아니라 모든 국가의 대통령 혹은 의원 선거의 핵심일 수 있으며, 외교와 군사안보 정책들은 이를 뒷받침하거나 자국의 '국가 이해관계'를 유지할 수 있는 수준이면 충분하다는 하나의 관점이 만들어진다.

따라서 북한의 비핵화 문제는 트럼프가 2018년 5월 8일 취한 '이란 핵 협정'탈퇴 선언과 맥이 닿아 있다. 미국이 정의하는 이른바 '불량 국가 비핵화'전략에 미국이 더욱 적극적으로 나설 수 있으며, 이는 그동안 동맹국들과의 협력과 설득 프로세스에 국한하지 않고 좀더 적극적이고 자위적인 조치들을 직접 취할 수 있음을 의미하기 때문이다. 즉 미국으로서는 핵 무장에 대한 '거래'자체를 인정하지 않겠다는 의미일 수도 있다.

따라서 이번 2차 북미정상회담 결과에서 트럼프의 속내를 다음과 같은 읽어낼 수 있다. 첫째, 북한의 비핵화 문제에 대한 '운전대'는 자신이 잡는다. 유엔의 강력한 대북 제재조치와 그 파급효과에 대한 충분한 정보를 토대로, 북한 내부의 다양한 정치·경제적 내용을 상당부분 이해하고 있을 것으로 짐작되는 트럼프로서는 이번 회담에서 '영변+a' 가운데 그동안 실무회담에서조차 언급되지 않았던 'a'카드를 제시함으로써 언론을 통해 알려지기로는 김정은 위원장을 '당황'하게 한 부분이 여러 가지 사실과 정보들을 추정 가능하게 하는 부분이다. 따라서 트럼프가 자신이 가지고 있는 거래의 기술을 통해 향후 북한의 비핵화 문제는 미국의 이해관계에 맞게 미국 내의 다양한 의견을 수렴하고 조야의 협력을 얻어 진행될 것임을 부분적으로 드러낸 것이다. 물론 이에 따른 정치적 평가도 매우 긍정적이라는 점이 향후 더욱더 트럼프가 김정은보다 느긋한 위치에서 문제에 접근할 수 있게 할 것이다.

둘째, 하지만 근본적이고 본질적인 문제, 즉 '북한의 비핵화'는 어쩌면 불가능할 수도 있다는 점을 재확인한 셈이다. 즉 김정은 위원장은 '핵 보유국'에 상응하는 대우를 바랐겠지만 이번 회담이 결렬됨으로써 일단 수포로 돌아갔다. 물론 언론을 통해 긍정적이고 미래에 낙관적인 전문가 분석이 다양하게 나오기는 했지만, 북한이 내놓은 '거래'의 가격이 너무 비싼 것이 아니라 이미 '거래 자체'를 부정하고 나온 '거래'라는 것이다. 북한으로서는 한국의 경제성장과 국제사회에서의 우위적 위상을 극복할 수 있는 양적·질적 가치가 '핵무기'를 빼면 전혀 없다는 위기감이다.

셋째, 미국의 정보 능력이 어느 정도 뛰어나다는 가정 아래 북한이 비록 2016년 이후 발효된 유엔 제재조치의 완화(자신들은 부분완화라고 하지만)를 요구하지만, 여기엔 2가지 점에서 '꼼수'와 같은 전술이 숨어 있는 듯하다.

우선, 미국 연락사무소는 북한 평양에 설치하기가 사실상 불가능하다. 그 순간 장마당보다 더 강력한 '맥도날드'와 '코카콜라'가 북한 내에 진입할 수 있기 때문이다. 상징적 의미로 해석해보면 알 수 있다.

다음으로, 따라서 제재 완화에 따른 경제 협력은 '남북경협'이 제1조건이다. 이미 중국과 협력은 상당 부분 광공업을 중심으로 이루어져 있다고 보면, 개성공단과 금강산 관광, 철도·전력 공급 같은 사회간접자본 공급은 철저히 미국, 일본이 아닌 '한국'이 해야 한다는 점이 숨어 있는 듯하다. 그 이유는 앞서 제기한 미국의 자본과 기술, 서구의 자본과 기술이 북한 내에 스며들기 시작할 경우, 북한의 시장 개방도 문제이지만 중국의 동북3성에 대해 중국 정부 내에서 보는 시각에도 상당한 우려가 반영될 수 있기 때문이다.

'거래의 기술'과 함께 '싸움의 기술'이 중요해 보인다. 어떻게 싸울 것인가? 이 싸움에서 이겨야 '거래'에서 높은 값을 받거나, 아니면 아예 거래하지 않아도 작은 몇 개를 떼어주고 큰 값을 부를 수 있기 때문이다.

여기서 '싸움'을 두고 크게 2가지 관점에서 해석할 수 있다. 트럼프 개인이 가지고 있는 '싸움의 기술'과 미국의 '국가 이해관계'를 근간으로 해서 미국이라는 시장경제와 자유민주주의 체제가 가지고 있는 '시스템적 싸움의 기술'이다. 미국은 항상 후자가 전자를 우선한다. 다소 시간이 걸리긴 하지만 수평적 시스템을 통해 다양한 '싸움의 경우의 수'를 생각하고 그 답을 찾는다. 그 과정과 결과가 축적된 것이 '인공지능AI' 및 소프트웨어 발전과 밀접한 관련이 있다면 지나친 과장일까? 물론 중국의 5G 기술 발전을 보면 반드시 그렇지 않을 수도 있어 보인다.

하지만 어쨌든 북한의 '싸움의 기술'은 전적으로 '김정은의 싸움의 기술'에 달려 있어 보인다. 물론 북한 내에도 김정은을 보좌하는 능력 있는 훌륭한 보좌진이 있을 테지만 2018년 2차 하노이 북미정상회담에서 보여준 그들의 '싸움 기술'에 대한 보조 능력은 매우 제한적이었다. 이는 크게 3가지 점에서 살펴볼 수 있다.

첫째, 거래에서나 싸움에서 북한은 자유시장경제의 본질을 이해하지 못하기 때문이다. 북한은 이것을 해본 적이 없어서 더욱 불리할 수도 있다. 대개 이럴 경우에는 '변칙'을 쓰게 된다. 지금까지 '경쟁'과 '거래'의 법칙에서 '변칙'이 크게 승리한 경우는 많지 않은 것으로 보인다.

둘째, '수직적 의사결정'과 '수평적 의사결정'의 차이가 엄연히 '핵심 이해관계'의 실현에 중요한 결과 차이를 가져올 수도 있다는 점이다. 이는 정치제도의 자유민주주의를 말한다. 김정은 위원장의 '싸움의 기술'에서 허점을 정확히 분석해 지적해줄 사람이 아무도 없을 것이다.

셋째, 사회·인문과학의 힘도 힘이다. 북한이 자위하고 있을 '핵무기'개발이 자연과학의 발전을 의미하는 것으로 크게 고무되어 있을지도 모르지만, 결국 이를 보유하고 사용하기 위한 '선의'와 관련한 도덕·윤리적 기준을 뒷받침하는 '사회·인문과학'이 발전하지 않았기 때문이다. 그냥 몸무게만 늘어났다고 해서 강한 것이 아니다. 가지고 있는 지식과 이를 토대로 한 경험 속에 태어난 다양한 지혜를 모아야 하나의 '국가'로서 주체성을 가질 수 있다.

하지만 더욱 중요한 문제는 트럼프의 '싸움의 기술'과 '거래의 기술'에 대응하는 김정은 위원장의 여러 기술이 부족할 때, 한국은 무엇을 어떻게 할 것인가에 있다. 가장 본질적인 답은 '우리 국민과 국가의 이해관계'가 무엇인가에 대한 물음에 대한 답이 무엇이냐에 있다.

· 1960년부터 1980년까지 미국의 전통적 가치
· 2018년 이민법 개정은 이슬람에서 중국을 향한 것?
· 좌충우돌에 비합리적이고 백인 우월주의자적인 트럼프
· 메디케어, 메디케이드, 오바마케어 vs. 트럼프케어
· 트럼프의 미국 우선주의와 그 한계

9장

오바마 시대의 유산을
모두 지우겠다

미국의 가치America's Soul란 무엇일까? 2018년 11월 중간선거를 앞두고 미국의 가치를 놓고 오바마 전 대통령과 트럼프 현 대통령 간에 날카로운 설전이 오간 적이 있다. 가뜩이나 트럼프를 비판하는 내용으로 행정부 고위관리가 기고한 듯한 칼럼이 〈뉴욕타임스〉에 실리면서 파문이 며칠째 계속되던 중이었다. 미국 정치에서 특히 대통령을 지낸 사람들 간에 벌어지는 다툼은 실명을 크게 거론하지 않는 것이 일반적이다. 하지만 그동안 자신의 후임자인 트럼프에 대한 명시적 비판을 자제해오던 오바마 전 대통령이 11월 중간선거를 앞두고 마침내 트럼프에게 포문을 열었다. 핵심 내용은 다음과 같다. "트럼프 대통령은 정치인들이 수년간 부채질해왔던 (국민들의) 분노를 이용하고 있다. … 불행하게도 분노와 피해망상의 정치가 공화당에 자리를 잡았다. … 그것은 우리의 민주주의가 작동하는 방식이 아니다. … 정상적인 것이 아니다."

이에 대해 트럼프는 "미안하지만 나는 오바마 전 대통령의 유세를 시청하다가 잠이 들었다. 잠자는 데 아주 도움이 되었다"라며 직접적 대응을 피했다. 과연 오바마 전 대통령과 트럼프 간의 설전은 이것이

처음이자 마지막일 것인가, 아니면 향후 11월 중간선거와 2020년 대선을 앞두고 계속 일어날 수밖에 없을까? 아마 후자가 확률적으로 높을 듯하다. 민주당 내에서 누가 트럼프의 맞수로 부상할지는 모르지만, 언젠가는 힐러리 클린턴이 아닌 새로운 후보가 나올 가능성이 매우 높은 상황인 것은 틀림없다. 오바마 전 대통령이 다소 직접적으로 표현했지만, 트럼프의 정책 입안이나 실행 과정에서 미국 내외의 견해가 다른 대부분 언론, 정치, 사회 각 분야에서 트럼프의 정치적 성향에 대해 '보수주의도, 정상도 아니다'라는 것은 상당히 뼈아픈 지적이 아닐 수 없다. 대통령 당선 직전까지 어떤 정치적 배경도 없던 그가 과연 미국 정치에서 살아남을 수 있을까?

그렇다면 보수주의는 무엇이고 정상의 정의는 무엇인가? 여기서 말하는 보수는 한국 정치 상황에서 논의되는 보수 개념과 사뭇 다른 정의로 이해된다. 트럼프의 멕시코 불법 이민과 미국 내 불법체류자들에 대한 이민법 강화, 흑백 갈등 재점화와 백인 우월주의식 인종 차별적 뉘앙스가 내재된 언행 등을 볼 때 오바마가 말하는 보수는 공화당의 전통적 가치, 즉 '자유Freedom'에 대한 프랭클린 루스벨트(민주당 소속) 대통령의 개념 정리를 의미한다. 그는 1941년 1월 6일 의회에 보낸 연두교서에서 자유란 '언론의 자유, 신앙의 자유, 결핍에서의 자유, 공포에서의 자유'라고 했다. 이런 관점에서 트럼프는 분명히 보수는 아니다. 트럼프가 전선을 형성한 곳은 지정학적으로 보면 전통적인 분쟁국 중동 지역과 아시아, 잠재적 분쟁 가능 지역인 아프리카 등으로 구분할 수 있다. 냉전기의 미국과 소련이 다투었을 때 전선과 비교하면 유럽 대신 아시아로 바뀐 것을 볼 수 있다. 만일 트럼프의 국제질서 흔들기 작업이 지속되는 가운데 미국에 대한 테러가 발생한다면 어떻게 될까? 미국은 현재 유럽연합, 일본, 한국, 남미 등과 경제적 불안정성이 확대되고 있다. 미국과 무역 불균형, 환율조작, 방위비 분담까지 포함하면 유럽연합과 일본, 한국 등은 미국과 중국의 전략적 포지셔닝을 더욱 조심스럽게 연구·분석할 필요가 있다.

트럼프 스스로는 과연 이 모든 복잡한 구조를 다 이해하고 다양한 반응을 충분히 예상하면서 일을 벌이고 있을까? 그의 의도가 무엇인지, 과연 그의 임기 내에 이 모든 것이 정리될 수 있을지 등에 대한 궁금증은 더 커질 것으로 보인다. 20세기와 21세기 초입까지 미국의 글로벌 전략이 미래에 대한 불확실성을 최소화하고 단기적 안정을 추구하며 중장기적 미래 비전을 찾아가는 데 초점을 두었다면, 트럼프는 전통적인 단기와 중장기의 글로벌 패러다임 운용 질서와 기본 원리를 송두리째 흔들고 있다. 임기 시작부터 캐나다, 멕시코, 유럽연합, 일본, 한국 등 전통적인 동맹국들과 무역·방위비 분담과 관련해 크고 작은 마찰을 일으킬 뿐 아니라 미국의 대외정책 기조 가운데 핵심 '가치'라 할 수 있는 '인권' 문제, 즉 이민법 개정, 멕시코 국경과 사이에 장벽 쌓기 등 강경한 태도를 보이는 것은 어떻게 이해해야 할까?

트럼프의 미국 최우선주의 외교의 위험성은 미국 스스로 강조해온 민주주의적 기본질서 체제를 송두리째 흔들고 있다는 점에 있다. 트럼프의 외교정책에서 전통적 규범과 원칙은 더이상 아무런 의미가 없다. 동맹도, 자유주의 세계질서 유지도, 리더로서 역할도 중요하지 않다. 따라서 대부분 전통적 우방국도 트럼프의 폭주를 바라보며 어떻게든 견디는 방향으로 노력하는 중이다. 외교가 국내 정치에 미치는 영향을 고려할 때, 미국의 전통적 외교정책은 미국 외교가 국내 정치에 미치는 파장을 선제적으로 고려하지 않는다. 오히려 이 2가지, 즉 국내·대외정책이 하나는 미국의 국가 발전과 의식 개혁의 변화를 추구한다면, 또 하나는 미국이 국제사회에서 가지는 리더십과 위상 강화에 목적이 있다는 점에서만 차이가 있을 뿐 결코 서로 다른 이해관계가 존재하는 것은 아니다. 〈뉴욕타임스〉의 토머스 프리드먼Thomas Friedman은 2018년 6월 12일자 칼럼에서 트럼프가 미국의 이미지를 자신의 이미지로 망치려 든다는 아주 적나라한 글을 올린 바 있다. 이 글 첫 문단에 나오는 그의 표현을 인용하면 이렇다. "친한 친구도 없고 예측 불가능하며, 지속적 가치는 중요하지 않고 요구를 들어주지 않으면 언제나 등 뒤에서 칼을 꽂을 준비를 하며, 선거의 민주주의보다 마피아 같은 독재를 선호하는 이기적이고 비정직한 미국으로 만들고 있다."

1960년부터 1980년까지
미국의 전통적 가치

　1960년부터 미국 국내 정치의 최우선 가치는 '위대한 미국'이라는 비전에 있었다. 미국은 존 F. 케네디, 린든 존슨, 리처드 닉슨, 제럴드 포드, 지미 카터 대통령을 거치는 동안 어떻게 미국을 위대한 사회로 만들지에 대한 국민적 공감대가 직간접적·의식적·무의식적으로 사회 전반에 걸쳐 하나의 공감대를 이루었다. 인류 문명사에는 시민혁명이 많이 일어났지만 한 국가의 가치와 의식 개념을 평화적으로 다시 포맷하고 부팅한 사례는 그다지 많지 않았다.

　1960년부터 1980년까지 미국이 위대한 사회를 만들기 위해 노력한 가치는 크게 3가지다. 첫째, 새로운 노동생산성을 증대해 산업발전을 도모하기 위한 이민법 개정이다. 둘째, 흑백 인종 갈등을 종식하고 새로운 화해의 사회를 만들기 위한 노력이다. 셋째, 메디케이드와 메디케어로 최저생계층과 노인 계층에 대한 의료 지원이다.

이 기간에 미국의 경제성장률과 1인당 국민소득은 어떻게 변했을까? 미국의 국민총생산 성장률과 1인당 소득 변화가 이 기간에 일어났던 사회운동 또는 국내 정치 상황의 변화에 얼마나 긍정적 영향을 미쳤는지 살펴보는 것은 정량적quantitative으로 매우 중요한 의미가 있다. 물론 정성적qualitative 가치 변화의 의미를 정량적으로 보는 것은 제한적일 수도 있다.

먼저 1인당 국민소득은 2012년 현재 가치로 환산할 때 1960년 현재 1만 8,036달러, 1970년 2만 4,143달러, 1980년 2만 9,682달러로 64.6% 급등한 것을 볼 수 있다. 이후 1인당 국민소득은 1990년 3만 7,436달러에서 2000년 4만 6,497달러로 상승하고, 2017년 현재 5만 5,373달러 규모로 1960년에 비해 2배가량 증가한 것을 알 수 있다. 한편 1960년 현재 GDP 성장률은 역시 2012년 현재 가치로 환산할 때 1960년 2.6% 성장률을 보였으며, 1966년에는 6.6%까지 이르는 등 사실상 실질경제성장률이 높았던 기간의 하나가 된다.*

---

* 미국은 1960년부터 1980년까지 20년 동안 존 F. 케네디, 린든 존슨, 리처드 닉슨, 제럴드 포드, 지미 카터까지 5명이 대통령으로 있었다. 이 기간에 미국의 1인당 국민소득은 1960년 현재 3,007달러에서 1980년 현재 1만 2,597달러로 3배가량 상승했다. 한국 경제가 1986년 2,600달러에서 1995년 1만 달러로 9년 만에 2.8배 정도 상승한 것에 비하면 매우 완만한 속도라 하겠지만, 그 과정에서 나타난 사회 변화와 그 변화의 배경이 된 '가치와 의식체계'의 국민 공감대 형성 과정을 보면 '느림의 미학'이 지니는 중요한 가치를 이해할 수 있다. 먼저 1960~1980년까지 20년 동안 미국은 '위대한 사회(The Great Society)'라는 비전을 실천했다. 예컨대 대외정책은 소련과 냉전체제 속에 베트남 전쟁 개입에 따른 막대한 재정 지출, 독일과 일본에 대한 지원으로 무역수지 적자의 누적 등 쌍둥이 적자의 심화로 달러화 가치가 하락하던 시기다. 미국 재정·통화정책의 압박은 1971년 닉슨 대통령이 일

이제 앞에서 언급한 3가지 중요 사례 하나하나를 간단히 살펴봄으로써 1960년대 이후 미국 사회의 가치와 의식의 변화가 어떻게 오늘날까지 미국이 세계질서 속에서 정치·외교의 중심축으로서 리더십을 유지할 수 있었으며, 이를 바탕으로 세계질서의 또 다른 한 축인 경제적 패러다임, 즉 시장경제질서의 헤게모니를 유지할 수 있었는지 알아보겠다. 아울러 앞서 토머스 프리드먼이 지적한 트럼프의 잘못된 영웅 심리와 그릇된 세계관이 트럼프 이후 세계질서 재편에서 미국의 위상과 입지를 얼마나 변화시킬지 등에 대한 고민도 함께할 필요가 있다.

먼저 이민법 개정이 미국 경제에 미친 영향을 살펴보자. 트럼프의 이민정책은 1960년 미국 이민법의 변화와 반대 방향에 서 있다고 보면 정확할 것 같다. 미국 이민법은 1790년까지 거슬러 올라간다. 미국

방적으로 미국 달러화와 금태환을 폐기하는 '닉슨 쇼크(Nixon Shock)'를 가져왔고, 급기야 1975년 제2차 세계대전 이후 세계 금융질서의 축으로 자리 잡아왔던 금본위제도와 고정환율제도로 대변되는 브레튼우즈체제의 붕괴로 이어진다. 곧바로 미국, 영국, 프랑스는 G3체제를 출범시키면서 석유수출국기구(OPEC)와 합의해 1975년 이후 미국 달러화를 기축통화로 하면서 금의 태환성을 배제하는 자유변동환율제도를 도입한다. 당시 미국 내 정치·사회적 상황도 녹록지 않았다. 흑백 갈등과 이민정책의 찬반 논리에 따라 내부 갈등이 극대화되는 양상이었다. 여기에 케네디 대통령 암살, 흑인 인권운동가 말콤 X와 마틴 루서 킹 목사 암살, 68문화운동의 파급에 따른 베트남전 반전운동에 이르기까지 미국 정치·사회는 새롭게 국가를 정비하고 새로운 가치와 국가 이해관계를 국민들과 공유할 필요성을 절실히 느꼈을 것이다. 이때 바로 '위대한 사회로'라는 비전이 제시되었다. 이 비전은 사회적 합의와 화해를 토대로 다음 3가지 정치·경제·사회정책을 근간으로 한다. 첫째, 흑백 갈등 해소, 둘째, 이민자 문호 개방, 셋째, 메디케어와 메디케이드를 통한 노인층과 빈곤층 의료비 지원이 그것이다. 헬무트 슈미트 전 독일 총리는 『90 평생 내가 배운 것들』이라는 책에서 21세기 미국의 큰 예상 변화 중 하나는 히스패닉 인구의 급속한 증가라는 점에 주목했다.

하지만 미국의 미래는 불확실하지도 않고, 불투명하지도 않다. 미국의 정치·경제·사회적 운용의 가치는 1776년 독립선언문에 나타나는 '국민(people)'을 기준으로 만들어져왔기 때문이다. 미국의 독립선언은 1789년 이후 프랑스 혁명과 세계사적 변화의 전환기적 사고의 변화를 담았다. 여기에 미국이 가지고 있는 경제적 힘, 기축통화국으로서 도덕과 윤리적 가치 기준은 20세기 이후 지구상 어떤 국가에도 도전받거나 더 나은 가치체계로 대체된 적이 없다.

시민권을 받을 수 있는 조건을 적시한 1790년 시민권법 또는 이민귀화법Naturalization Act of 1790에 따르면 미국 시민권을 받기 위해서는 최소한 2년 이상 거주해야 하며, 1년 이상 시민권을 요구하기 전 거주하는 주에서 거주한 증명이 있어야 했다. 그 후 19번에 걸친 개정과 수정 과정에서도 존속했던 국가별 이민자 쿼터제도를 폐지하는 것을 골자로 1965년 마침내 하트-셀러 법안Hart-Cellar Act, 1965년 이민 및 시민권법: Immigration and Nationality Act of 1965이 입안되었다.*

이후 2006년까지 다시 미국 이민법은 모두 12번에 걸쳐 크고 작게 개정되었으며, 2017년 트럼프는 불법체류자에게 이민법을 좀더 철저하게 적용하고 멕시코와 국경이 맞닿은 3천 km가 넘는 곳에 장벽 쌓기 공약을 실천하려고 했다. 멕시코 국경을 사이에 둔 국경경비대 활동은 사실상 1924년 시작되었다. 하지만 좀더 구체적이고 실질적인 멕시코 국경에 대한 감시활동은 1990년대 들어 본격화했다.

'하트-셀러법'은 미국 문화에 상당한 영향을 준 것으로 평가받는다. 당시 존슨 대통령은 이 법안을 두고 "이 법안이 결코 혁명적인 것은 아니며 수백만 명의 생명에도 결코 영향을 주지 않는다"라고 보았으며, 국무장관 딘 러스크Dean Rusk와 상원의원 테드 케네디Ted Kennedy

---

* 이 법안에서 전체 국가별 이민 쿼터제 할당은 폐지되었지만 전체 이민자 허용 수는 17만 명이고 이 가운데 나라별 이민자 허용 수는 2만 명을 최대치로 한다는 조건을 달았다. 아울러 동반구(Eastern Hemisphere) 이민자 수는 이민자를 받아들이는 우선순위와 관련해 모두 7가지 분율로 이루어지게 했다. 이에 반해 서반구 이민자는 12만 명을 이와 별도로 허용하는 것을 골자로 했다. 따라서 비록 이민법이 전향적으로 개정되었다고는 하지만 동서양에서 이민자를 받아들이는 절대적 숫자는 상당한 차별화가 이루어질 수밖에 없었다.

역시 미국의 인구구성비에 큰 악영향을 주지 않을 것으로 보았다.

하지만 현재 이민자들의 인종별 변화를 보면 당시 이 법안이 통과되면서 멕시코 등을 비롯한 남미와 북미 지역의 이민이 제한되었다. 그 결과 당초 예상과 달리 아시아·아프리카·중동 지역에서 이민자들이 대거 유입됨에 따라 현재 미국 내 이들의 인구구성비가 매우 큰 폭으로 증가했다. 즉 1965년 이전까지만 해도 유럽 이민자 수가 전체 이민의 68%를 차지했지만, 1971~1991년에는 히스패닉과 남미 지역 이민자가 47.9%로 급증했고(이 가운데 멕시코 이민자가 23.7% 차지), 아시아 이민자는 35.2% 증가한 것을 볼 수 있다. 이로써 1960~1970년 이민자 수가 전체 미국인의 11% 정도를 구성했던 것이 1970~1980년에는 33%로 3배가량 급증했으며, 1980~1990년에는 다시 39%로 증가하는 추세를 보였다.

당시 미국 제조업의 호황으로 많은 기업의 요구에 따라 이민법에 속지주의 항목을 삭제하고 새로운 서반구 이민자들의 이민 제한을 추가함에 따라 1965년 이후 불법체류자 수 또한 남서부 지역을 중심으로 급증한 것을 볼 수 있다. 이에 따라 1986년 이민법 개혁과 제한법Immigration Reform and Control Act of 1986으로 미국과 멕시코 국경을 넘어 불법체류하던 멕시코 이민자들에게 미국에 장기 체류할 수 있는 여건을 마련해주기도 했다.

하지만 트럼프의 이민법에 대한 시각은 2017년 1월 대통령 행정명령 제13769호로 7개 이슬람국가 이민자들의 이민 신청을 일시 보류한 것에서 극명하게 드러났다. 이 행정명령은 연방법원에서 불법적인 것으로 간주하면서 철회되었지만, 같은 해 6월 대법원에서 일정한 제한을 두도록 하면서 트럼프 행정명령의 손을 들어주었다. 그리고 2018년 6월 대법원은 이슬람국가들에 대한 이민법 적용 제한이 합법적이라고 최종 판결했다.

이처럼 이민자들이 계속 미국으로 몰려오는 이유는 크게 3가지다. 첫째, 자국 경제 상황이 미국에 비해 녹녹지 않다. 둘째, 미국 내 많은 중소기업과 자영업자들이 인건비가 저렴한 이민자들을 계속 필요로 한다. 셋째, 국제사회에서 미국의 이미지, 즉 이민자들의 나라라는 점을 희석하지 않으려는 헌법적 가치에 원인이 있다고 보아야 한다. 이 가운데 셋째 부분에 대한 미국 대법원의 인식이 적어도 이슬람국가 이민자들에 대해서만큼은 전향적으로 바뀌고 있음을 주목할 필요가 있다.

2018년 이민법 개정은
이슬람에서 중국을 향한 것?

2018년 1월 24일 트럼프는 '불법체류 청년 추방 유예제도Deferred Action for Childhood Arrivals', 이른바 다카DACA 수혜자들에게 미국 시민권 취득을 허용할 의사가 있다고 말했다. 어찌 보면 미국 체류를 꿈꾸는 이들에게 하나의 출구를 만들어주는 법안이라고 할 수 있다. 하지만 트럼프는 이를 허용할 때 하나의 조건을 제시했다. 즉 다카에 의한 사면을 하려면 의회가 3천 km가 넘는 미국-멕시코 국경에 장벽을 건설하기 위한 250억 달러의 자금 사용에 동의해야 한다는 것이었다.

현재 이 법안에 대한 일반적 시선은 앞서 지적한 대로 매우 부정적이라고 할 수 있지만, 만일 이 법안이 의회를 통과한다면 1920년 이래 합법적 이민 수량을 제한하는 가장 엄격한 이민법이 될 것이다. 특히 가족 초청 이민 등 가족관계에 따른 이민이 크게 줄어들게 됨으로써 미국에 이미 거주하는 다민족 가운데 미국 이민을 가장 희망하는 중국과 개발도상국 이민자들의 현지 가족은 새 정부가 들어서면서 이 법안의 악성 조항을 제거하지 않는 한 이민을 기대하기가 매우 어려워질 것이다. 아울러 배우자, 부모, 형제자매 이민이 모두 어렵게 되어 특이한 재능과 기술력이 없는 상태의 이민은 당분간 어려워질 것이다. 이른바 '미국 미래보장법안Securing America's Future Act,H.R. 4760'은 2019년에 미국이 42만 3천 명 정도의 합법적 이민자 수를 줄여나가는 것이 골자다. 앞서 지적한 대로 이들 숫자 가운데 대부분이 바로 가족 초청 이민자 허용 수라고 보면 된다.

하지만 트럼프는 이민법 통과와 관련해서도 특유의 치고 빠지기 또는 이를 어떻게 보느냐에 따라 오락가락하고 있다. 트럼프가 공화당 하원의 이민개혁법안 표결 처리에 지지 의사를 밝혔다가 갑자기 2018년 11월 중간 선거 이후로 연기하겠다고 주문했기 때문이다. 하지만 국경에서 가족 격리를 항구적으로 중단하는 조치를 20일 안에 처리해야 하는 공화당 지도부가 원래대로 이민개혁법안을 표결 처리하겠다고 맞서는 상황도 2018년 9월에 연출된 바 있다.

매번 오락가락하는 트럼프의 이민정책에 대한 태도 변화로 의회의 이민개혁법 시도가 불확실성을 노출하면서 의회에서는 이것이 미국의 대외정책 이미지에 상당한 역효과를 불러올 것으로 걱정하고 있다. 한편 공화당 하원에서도 보수와 중도 사이에 의견 차이가 있는 상황에서 트럼프의 의지 표명이 상당히 중요한 변수가 될 것이다.

아직은 공화당이 상원에서 다수석을 차지하고 있지만, 민주당이 하원의 다수당이 된 상황에서 트럼프에게는 이민법 자체가 향후 대선에서 중요한 변수가 될 수 있다. 트럼프가 매사에 이런 식으로 하나를 얻기 위해 다른 하나로 흥정을 붙여야 재미(?)를 느끼는 스타일이라면, 미국의 국가 이미지는 심각한 리더십 상실의 역효과를 경험할 것으로 보인다. 예컨대 공화당은 향후 불법이민이나 체류와 관련해 가족 격리를 항구적으로 중단하는 입법조치 등을 늦추게 된다면 자칫 비인도적·반이민 정당으로 비난을 피하지 못한 채 2020년 대선을 매우 어렵게 치를 가능성도 높다. 따라서 국경안전 이민개혁법안을 표결 처리하겠다는 목소리를 낼 수밖에 없는 것은 트럼프 의지보다 늘 그렇지만 자신들의 당선이 더 중요한 단기 목표라는 정치인들의 이해관계에 더 충실한 모습을 보여준 것이다.

트럼프가 이민정책을 잘하는 나라로 중국, 일본, 한국을 꼽은 것은 무슨 뜻일까? 미국은 많은 이민자의 소중한 공헌을 바탕으로 이룩한 국가인데 트럼프의 이민정책이 이러한 가치를 허물어뜨리며 반이민적 정서가 가득 담긴 다분히 감정적이고 거친 표현으로 미국의 반이민 정서를 자극한다는 점은 분명한 듯하다. 미국 내 200대 기업이 포진한 '비즈니스 라운드 테이블Business Roundtable'이라는 단체 또한 이민자 가정의 부모와 자녀를 서로 떨어뜨리는 트럼프 행정부의 이민법 개정에 반대 목소리를 냈듯이 사회 전반적인 분위기는 트럼프의 거칠고 불확실하며 다분히 감정적인 미국의 이민자 중심 사회 기반 흔들기에 매우 우려하는 눈길을 보내는 것만은 사실이다.

좌충우돌에 비합리적이고
백인 우월주의자적인 트럼프

미국 역사에서 흑인은 1619년 네덜란드 소속 선박이 흑인 20명을 데려오면서 처음 등장했다. 이들이 노예 신분이었는지, 계약관계로 왔는지에 대해서는 서로 다른 견해가 있다. 미국의 오랜 이민 역사에서 흑백 갈등이 오랫동안 주종 갈등과 차별로 이루어져왔다는 것은 사실이다. 이러한 차별에서 벗어나 백인과 동등한 권리를 찾겠다는 흑인들의 권리 요구는 1950년 비폭력적 인권운동으로 나타났다.

1955년 12월 흑인 여성 로자 파크스Rosa Parks가 버스에서 백인 좌석에 앉은 사건으로 흑인 인권운동이 본격화된다. 곧이어 앨라배마 몽고메리 개선협회가 구성되고 마틴 루서 킹Martin Luther King, Junior. 목사가 협회 의장으로 선출되었다. 이와 같은 조직적인 비폭력 저항운동이 시작되었는데도 미국 내 흑백 갈등과 긴장감은 폭력과 비폭력이 뒤엉키면서 더욱 증폭되는 양상을 보였고, 다수 흑인이 구속되는 사태도 빈번하게 발생한다.

킹 목사는 흑인들의 인권운동을 단순히 노예로 억눌려온 역사에 대한 보상 심리에 두기보다 심리적 해방을 찾으려는 데 초점을 맞추었다. 즉 구체적인 개인별 인권 문제로 보기보다 미국 사회 전반에 걸쳐 무의식 속에 지속되어온 사회적 불평등의 문제로 바라본 것이다. 따라서 1963년 8월 워싱턴D.C.에서 있었던 워싱턴 행진과 연설은 미국 역사에서 흑인 인권운동과 소수자들에 대한 민권운동의 가장 중요한 전환점으로 정의되기도 한다.

사실 미국 사회에서 1960년대는 '저항'이라는 단어를 빼면 설명할 게 없을 듯하다. 1940년대와 1950년대 미국은 개인적 관계의 복합성, 개인의 정체성, 사적이거나 도덕적 선택의 문제와 함께 궁극적으로는 개인의 성장 가능성에 대한 사회적 고민이 하나의 닫힌 사회를 만들어가던 시기였다면, 1960년대에는 갑자기 다양성을 지향하는 열린 사회로 전환하려는 움직임이 뚜렷해지기 시작했다. 이른바 매카시즘이 사라지면서 새로운 좌파 운동이 시작되었고, 흑인을 차별해온 '짐크로우법Jim Crow law'이 폐지되었으며, 여성과 성의 해방을 외치는 새로운 진보주의적 모습이 급속히 퍼져나갔다. 이에 따라 많은 미국인을 포함한 세계인들이 그동안 스스로 속박해왔던 냉전시대의 논리, 즉 '이것 아니면 저것이어야 한다는 양자택일'의 극히 제한적인 흑백 논리에서 벗어나 '이것과 함께 저것도'라는 다소 모호한 이중적 가치관계로 새로운 접근을 시도했다.

따라서 굳이 표현하면 1960년대 미국 사회는 1940~1950년에는 도저히 현실로 나타나기 어려웠던 일들이 매일 정치·사회·경제 등 모든 방면에서 동시다발적으로 일어났으며, 어찌 보면 일종의 묵시록적인 시대의 시작을 의미하기도 했다. 1963년 케네디 대통령 암살, 1965년 말콤 XMalcolm X 암살과 1967년 킹 목사 암살, 1968년 로버트 케네디Robert Kennedy의 죽음이 일상의 일처럼 일어났기 때문이다. 이처럼 미국 사회 전반의 아주 어둡고 무거운 그림자는 아메리카 대륙에만 드리워진 것이 아니라 모든 대륙에서 학생운동의 물결로 시위와 사상 투쟁이 광범위하게 일어나게 했다. 사실 1960년대 학생운동은 베트남 전쟁을 두고 찬반 논리의 다툼으로 요약할 수 있으나, 이 반전운동은 곧바로 인종차별과 성차별 반대, 미국의 전통적 도덕과 가치에 대한 반대로 나타났다. 1960년대 미국의 사회운동은 앞서 언급한 프랑스·이탈리아·일본 등지에서 일었던 사회주의 사상적 운동, 특히 자본주의에 대한 혁명적 세력으로서 노동자 계급 운동과는 성격을 달리한다.

사회학자들은 당시 미국 인종차별의 희생자는 흑인, 제3세계 농민, 반항적 지식인들이며 이들이 대부분 권위주의를 거부하고 전통적인 성도덕과 윤리의식에 반항한 것으로 분석한다. 1968년 학생운동과 새로운 가치관의 패러다임 운동이 절정에 이르렀을 때 리처드 닉슨이 37대 대통령으로 당선되었는데, 이는 다양한 사회 변화를 갈구하던 진보진영에 커다란 좌절이었음이 분명하다. 하지만 지금부터 50년 전

베트남전과 기성세대의 구질서, 인종 갈등과 빈부 격차 문제로 지연되어오던 뇌관이 부분적으로 일시에 폭발함으로써 전 세계적으로 상당한 사회 변화와 발전의 토대를 마련한 것은 사실이다. 이러한 변화는 결국 워터게이트 사건과 닉슨 사임으로 1960년에서 1970년까지 20년 동안 계속된 혼돈의 시대를 마감하는 시대적 우연을 맞이하게 된다.

2016~2018년 미국 내 정치·사회적 상황도 1960년대 시대적 인권 또는 민권운동 상황과 크게 다른 것은 없는 듯하다. 아직도 미국 내 흑인을 비롯한 소수민족의 인권은 묵시적으로 백인들의 인권이나 민권과 미묘하게 다르게 나타나기 십상이다. 비록 이민자들 수가 증가하면서 소수민족이 목소리를 내기도 하고, 상하 양원에도 나름 자신들의 대표를 보내기도 하지만 상하 양원에서 백인 의원의 숫자는 소수민족 출신보다 월등히 많은 것이 현실이다.

2018년 9월 현재 상원의원 100명 가운데 백인이 70명이다. 나머지 30명이 소수민족으로 흑인 10명, 히스패닉 9명, 아시아계 8명, 아메리카인디언 3명 등으로 분포되어 있다. 하원은 2017년 제115대의 경우 아메리카인디언 2명, 아시아계 15명, 히스패닉 39명, 흑인 50명으로 모두 106명이다. 전체 435명 가운데 24.4%를 소수민족이 차지하는 것이다. 이는 2001년 소수민족 하원의원이 불과 62명(13.3%)이었던 것에 비하면 무려 2배가량 증가한 숫자라는 점에서 주목할 필요가 있다. 2016년 트럼프 후보의 유세 과정에서 나타난 인종갈등이 곧 백인 결집이라는 등식이 성립되면서 트럼프에게 유리한 대선 구도가 만들어지기도 했다.

좌충우돌, 허세, 비합리적 언행에 더해 과연 대선 후보로서 출마 자체가 가능할까 하는 본질적 의문이 잠재했는데도 트럼프가 대통령으로 당선된 것은 특정 정당 고정 지지 경향이 약한 이른바 '스윙 스테이트Swing States'로 분류되는 플로리다, 펜실베이니아, 오하이오 등에서 트럼프 약진이 주목되었기 때문이다. 2016년 8월 미국의 한 여론 조사 기관에서 조사한 결과에 따르면, 흑백 갈등이 불거지기 전 백인 상당수는 미국에서 인종 문제를 실제보다 과장해서 다룬다는 데 동의했고, 백인 41%(이들 중 59%가 공화당 지지자)가 상대적으로 자신들이 불이익을 받는다고 믿었다. 따라서 트럼프 후보 선거 캠프는 자신들의 확고한 지지 기반을 백인과 공화당 지지자들로 분류했음직하다.

그렇다면 선거에서 당선된 후 트럼프는 어떤 성향을 보이고 있을까? 2017년 8월 버지니아주에서 있었던 대규모 폭력시위에서 백인 우월주의자들을 직접적으로 비판하지 않은 트럼프의 모호한 발언이 결국 흑백 갈등에 기름을 부은 격이 된 적이 있다. 이 대규모 시위로 1명이 숨지고 최소 34명이 부상하는 등 극단적 백인 우월주의단체와 흑인 민권단체의 충돌이 미국인들의 체감적 충격으로 이어지자 결국 트럼프는 폭력 시위를 강도 높게 비판했다. 하지만 이 사태의 책임을 백인 우월주의자들에게 있다고 지적하기보다 '여러 편many sides'이라는 표현으로 양비론으로 비판함으로써 트럼프의 암묵적 지지자들로 간주되는 백인 우월주의자들에 대한 사실상 온건한 발언과 부적절한 처신이 언론들과 조야의 비난 대상이 되었다.

이러한 트럼프의 백인 우월주의적 언행은 2018년 8월 26일 "폼페이오 국무장관에게 남아프리카공화국의 토지와 농장 몰수, 대규모 백인 농장주 살해에 대해 면밀히 알아봐줄 것을 요청했다"라는 트위터 글에서도 나타난다. 트럼프의 인종 문제와 관련한 좌충우돌적·선거 전략적 꼼수를 엿볼 수 있는 대목은 그가 남아공 관련 트위터 글을 올리기 불과 보름 전인 8월 12일 백악관 앞에서 있었던 백인 우월주의자 집회에 대해 '미국에서 어떤 종류의 인종 차별에도 반대한다'는 글을 트위터에 올린 것이다.

한 가지 이해할 수 있는 사실은 트럼프가 1960년대 흑백 갈등의 근본적 원인과 미국 이민사회의 본질적 가치를 제대로 인식하지 못하고 있다는 점이다. 적어도 이민법과 인권 특히 소수민족과 백인 우월주의자 간의 마찰에 대해 보여준 트럼프의 태도가 그렇다. 그는 미국이 이민 문호를 개방할 경우, 미래 인구 구조 변화에서 소수민족의 목소리가 커질 수밖에 없다고 보는 듯하다. 이처럼 강한 가정은 소수민족이 결국 미국 경제와 사회발전을 저해할 것이라는 가정과도 일치한다.

미국은 1492년 크리스토퍼 콜럼버스의 아메리카 대륙 발견을 자신들이 인류사에서 처음 발견한 것이라고 왜곡하듯 이야기하지만 분명한 진실은 아메리카 대륙은 콜럼버스가 발견하기 훨씬 이전부터 아메리카 원주민들의 삶의 터전이었다는 점이다. 21세기 초입의 시대적 상황이 미·중의 패권 경쟁으로 치닫는 상황에서 미국이 중국에 대해 비교우위에 설 수 있는 다양한 사회문화·산업기술적 내용 이외에 늘 거짓말하지 않는 정직한 사람을 강조하는 가치관이 그 중 최우선이라 할 수 있다. '미국을 위대한 사회로'라는 비전에 단지 다시 한 번이라는 수식어를 붙인 것에 불과하다면 모를까, 그렇지 않고 또 다른 높은 가치를 의미한다면 트럼프는 새로운 이민정책과 민권 확장에 대한 식견을 가져야 할 필요가 있다.

'좋은 사람' '고맙다' '훌륭한 파트너' 등 김정은 국무위원장에 대한 칭찬 일색은 비록 김정은의 북핵 폐기를 이끌어내기 위한 수사학이라고 보더라도 미국의 기본 가치에 정면으로 배치된다. 중국과 북한의 인권 문제에서 미국이 소련의 베를린 장벽 붕괴를 이끌어내던 시절의 인권 문제에 대한 가치관과 의식구조가 본질적으로는 바뀌지 않았다는 점을 분명히 해야 하기 때문이다. 미국이 글로벌 리더십을 가질 수 있었던 것은 '민주주의'의 정치적 가치가 독재자나 왕에게 집중된 것이 아니라 시민과 국민들에게서 나온다는 기본 가치에서 출발하기 때문이다.

메디케어, 메디케이드,
오바마케어 vs. 트럼프케어

　메디케어는 미국 연방정부에서 관리하는 정부 보조 건강보험으로 1965년 시작되었다. 미국 시민권자나 영주권자로 65세 이상이며 최소 10년 동안 연방세금을 낸 노인들을 위해 의료 서비스를 해준다. 65세 미만이라도 특정 장애나 질병이 있는 사람들에게는 의료비를 지원한다. 연방세금을 낸 사람들 가운데 납부 기간 10년을 채우지 못했을 경우, 보험료를 일부 내고 가입할 수 있다.

　메디케이드는 주정부에서 관장하는 건강의료 프로그램으로 저소득계층이나 최저생계비로 의료보험 혜택을 받지 못하는 사람들에게 의료 비용을 지원하는 보험제도를 말한다. 따라서 메디케이드 자격 요건은 각 주정부가 자체적으로 결정한다. 하지만 기본적으로 입원비와 외래진료비, 노인 간병 비용 등이 포함된다. 뉴욕주 같은 경우에는 안경과 치과진료 비용도 포함하며, 만일 메디케어와 메디케이드에서 제시하는 자격 요건을 동시에 충족할 경우 이 2가지 혜택을 모두 누릴 수 있다.

미국에서 의료보험을 대선 공약으로 처음 내건 사람은 1912년 대선 후보 시어도어 루스벨트였다. 하지만 그가 대선에서 진 뒤 31대 허버트 후버 대통령 때 미국 최초의 근대적 의료보험이 소개되었고, 1934년 프랭클린 루스벨트 대통령의 의료보험 논의 추진 실패 이후 1945년 트루먼 대통령의 '의료보험 개혁 10년 계획'도 무산되었다. 1962년 존 F. 케네디 대통령이 의료보험 개혁 문제를 제기했고 3년 후인 1965년 린든 존슨 대통령이 노령층과 저소득층에 대한 의료보험 메디케어와 메디케이드를 각각 도입했다. 미국 대선 과정에서 나타난 의료보험개혁 관련 공약은 대개 시간이 지나면서 의료보험 관련 보험사들의 반대 로비와 정치적 이해 상충으로 번번이 의회를 통과하는 데 실패했으며, 심지어 대선과 상하 양원 총선거에서도 중요한 정치적 변수로 작용하기도 했다.

미국의 의료보험은 일반적으로 예방의학적 의미보다는 사후적 치료 의학적 측면의 보험 성격이 강하다. 따라서 미국 의료 서비스는 일단 의료비 지출이 주요 선진국에 비해 상당히 높다. 발병해야만 병원을 방문하고 치료가 시작되기 때문이다. 한국처럼 의료보험에 따라 건강검진을 예방적으로 하고 향후 발병 가능성이 높은 병력은 사전에 치료하는 시스템이 아니기 때문이다.

미국은 앞서 언급한 메디케어와 메디케이드에도 불구하고 기존의 의료보험제도가 매우 제한적이고 보완적 역할에만 국한되어 있기 때문에 대부분 미국인은 아플 때 병원을 가기보다 참자는 생각을 자연스럽게 한다. 따라서 의료 접근성 문제로 인한 의료보험 미가입자 수가 자그마치 5천만 명으로 미국인 17%가량이 의료보험 없이 생활하는 것으로 추정된다. 이에 오바마 대통령은 '환자 보호와 합리적 의료법PPACA; The Patient Protection and Affordable Care Act, 혹은 Affordabel Care Act'으로 국민들의 의료비 부담을 줄여주고자 전 국민 의료보험화를 어젠다로 삼아 2008년 대선 때부터 줄곧 시도했다.

오바마케어Obama Care는 2010년 상하 양원을 통과한 바 있다. 조금이라도 보험 가입금을 낼 수 있는 사람들을 대상으로 보험 가입을 장려하는 대신 가입비가 없는 계층에는 정부 차원에서 보조금을 지원하기도 한다. 오바마케어의 긍정적 측면과 부정적 측면은 무엇인지 정리하면 다음과 같다.

먼저 긍정적 측면으로, 국민들의 의료보험 가입은 의료 소비 증가로 이어져 미국 경제가 소폭 상승하는 데 기여한다. 당시 금리가 '0%' 수준에서 의료비 지출 증가로 전체 경제성장률을 긍정적으로 끌어올리는 역할을 했다. 의료 소비도 소비의 한 종류이기 때문에 그동안 아파도 병원을 찾지 못하던 사람들이 비교적 쉽게 의료보험에 가입할 수 있었기 때문에 병원 치료를 받기 시작한다는 의미는 소비 증가를 의미하고, 따라서 국내 경제성장률도 상승하는 것으로 보았다. 아울러 당시 건강 상태와 과거 병력에 관계없이 모두 보험 가입이 가능하고 이전까지 수백만 달러 등의 가입자가 평생 보험 혜택을 받을 수 있는 한도액도 폐지됨으로써 전반적으로 전 국민의 의료보험화가 빠르게 진행되었다. 이로써 의료비의 점진적 감소로 국민들의 가처분 소득이 점차 증가하고, 이에 따른 국내 경제성장률도 소폭이지만 매년 일정 규모로 증가할 것으로 예상되었다. 즉 2010년 법안이 통과되고 2014년 1월 1일부터 미국에 합법적으로 거주하는 모든 사람이 의무적으로 가입해야 하는 오바마케어로 미국 경제성장률은 약 0.1%포인트 증가할 것으로 기대했다. 한편 오바마케어로 메디케어와 메디케이드 조항 일부도 개선되는 것으로 알려졌다.*

하지만 부정적 측면도 있다. 오바마케어는 일주일에 30시간 이상 일하는 직원을 50명 이상 고용한 모든 직장에서 직원 의료보험을 제공하도록 명시했는데, 이는 고용주에게 비용 증가 부담을 줄 수밖에 없다. 만일 이와 같은 비용 증가가 현실화되면 주당 근무시간을 30시간 미만으로 줄여나가려고 할 것이고, 줄어든 노동자 수를 기술 개발로 대체하려는 성향이 증가할 것이며, 의료비 지출을 감내한다 하더라도 다른 복지 비용 부분, 즉 회식, 편의시설 유지 비용 등을 삭감할

---

* 첫째, 처방약값에 대한 보조금과 보험공제 한도를 개선해 처방약 할인 규모를 50%로 확대했다. 둘째, 대장암, 유방암 등에 대한 신체검사를 무료로 받을 수 있게 했고, 셋째, 메디케어 내에 오리지널 메디케어 수혜자와 어드벤티지 수혜자 그룹의 수혜 비용 부담과 수혜 규모를 점차 균형 잡게 할 예정 등이다. 한편 미국 의료지원제도 가운데 가장 큰 규모의 저소득층 지원 프로그램인 메디케이드에 대해서도 오바마케어는 첫째, 가족 소득이 연방정부가 정하는 빈곤 수준(4인 가족 기준 3만 675달러)의 133% 수준인 65세 미만 사람들은 모두 가입 자격이 되도록 했고, 둘째, 만일 소득이 연방정부 빈곤기준의 133~400%일 경우 의료보험 가입 시 정부보조금을 신청하도록 해서 개인 부담을 어느 정도 경감시키고자 했다.

것이고, 가장 손쉽고 빠른 방법으로 재화와 용역의 판매 비용 인상을 고려할 것이 분명하다. 이런 부정적 측면이 앞서 지적한 소비 지출 증가 같은 긍정적 효과를 상쇄함으로써 궁극적으로 오바마케어에 대해 어떤 관점에서 새로운 의료보험을 바라보느냐에 따라 지지와 반대의 견해차가 분명하게 갈릴 것으로 보인다.

트럼프는 대선 후보 토론회에서도 "오바마케어는 실패했다. 폐지해야 한다"고 외쳤다. 그렇다면 오바마 시대 유산을 모두 지우겠다는 트럼프의 속내는 먹혀들 것인가? 미국 국민 대다수의 합리적 지지를 얻어낼 것인가? 적어도 오바마케어와 관련해서는 그다지 쉽지 않을 듯하다. 누구나 저렴하게 합리적으로 건강보험에 들 수 있게 하겠다는 트럼프 대선 공약인 트럼프케어가 1천만 명 정도가 보험 혜택을 받지 못하게 되는 것으로 조사되자 공화당에서조차 오바마케어가 트럼프케어보다 나은 제도라고 인정했다.

오바마케어에 담긴 '강제규정', 즉 누구나 의료보험에 가입하게 한 부분이 개인의 자유의지에 반하는 조항이라는 주장에 대해, 만일 이러한 강제규정을 일부 공화당 의원 또는 트럼프의 뜻대로 폐지한다면 의료보험의 원론적 의미가 퇴색되는 것은 물론 보험제도가 유명무실해질 개연성이 높다. 즉 원래 보험이란 공적부조와 같은 성격을 지니는 것으로, 미래의 불확실한 '사건'에 대해 모든 사람이 비슷한 확률 또는 서로 다른 확률로 노출되어 있다손 치더라도 결국 서로 다른 보험요율에 따른 부조로 미래 불확실성을 최소화해나가는 것이다.

만약 소득이 높거나 일반적인 의료 환경이 나은 부자들이 국민적 의료보험제도에서 빠져나갈 경우, 재원 부족과 민간보험사들의 보험 상품 개발 포기로 다수 국민이 의료보험 혜택을 받지 못할 경우 거시적이며 미래지향적인 미국의 지속 가능한 경제성장이라는 목표를 두고 보면 매우 불안정할 수밖에 없을 수도 있다. 2017년 3월 25일에는 트럼프 자신의 사실상 1호 법안이라 할 수 있는 '트럼프케어AHCA; American Health Care Act'에 대한 하원 표결이 제대로 논의조차 되지 못한 채 전격 철회됨으로써 리더십에 큰 오점을 남긴 사례가 있다. 자신이 속한 공화당에서도 존 매케인 의원을 비롯한 반대파의 설득에 표결하면 실패할 거라고 판단해 전격 철회한 것으로 보인다.

트럼프의 미국 우선주의와
그 한계

 2016년 45대 대통령 선거 유세부터 트럼프에게 존 매케인 상원의원이 들려주고 싶었던 말은 정치에서 겸손이 사라질 때 우리 사회가 갈기갈기 찢어질 것이라는 묵직한 경고였을지 모른다. 매케인 상원의원은 그의 저서 『멈추지 않는 파도The Restless Wave』에서 '겸손의 결핍과 이념의 양극화'를 미국 정치의 가장 큰 문제로 보았는데, 여기에는 그 대상이 트럼프가 될 수도 있다는 인식이 숨어 있었을까?

 제2차 세계대전이 끝난 뒤인 1949년 6월 알베르트 슈바이처Albert Schweitzer 박사가 미국을 처음이자 마지막으로 방문해서 남긴 가장 중요한 말은 '겸손the humble과 인도주의적humanitarian 정신'이다. 당시 세계정세는 1960년대 초반까지 미국과 소련이 첨예하게 대립하는 냉전체제 속에서 인류에게 큰 재앙을 불러올 수 있는 핵무기 경쟁이 치열해짐에 따라 세계적으로 영향력이 큰 인물인 슈바이처 박사가 미국이 제2차 세계대전 승전국으로서 바로 이 2가지 정신을 바탕으로 세계질서의 중심에 서주기를 바랐던 것 같다. 미국의 대외정책 기조가 이처럼 박애정신과 겸손을 바탕으로 구체화되면서 독일과 일본 등 패전국과 수많은 개발도상국은 미국의 리더십을 따라 자유시장 경제체제와 정치적 민주주의 제도에 한 걸음 더 다가서는 정책을 선택한 것이 사실이다.

하지만 대선에서 승리하자마자 자신의 100대 선거 공약을 실천하기 위해 이민법 개정, 멕시코 장벽 설치, 세계 주요 기구의 무차별적 탈퇴와 다양한 협약 파기, 주요 기업에 대한 미국 내 투자 요구와 중국·독일·일본·한국 등 대외무역 불균형 상대 국가들에 대한 또 다른 무차별적 비난과 터프(?)함을 보이려 한 트럼프의 정치적 가치관과 철학에 대해 혼란스러움을 느끼지 않을 수 없다.

그뿐만 아니다. 국내 정치에서도 경제 소득의 양극화는 물론 사회적 이념의 양극화도 막다른 길로 내모는 듯하다. 독재자들이 부럽다는 말을 스스럼없이 하고, 언론을 향해 매우 부정적인 의견을 조금도 감추지 않고 그대로 드러낸다. 여기에 오바마 전 대통령이 다툼을 보탰다. 그는 '미국의 가치와 신뢰도에 커다란 구멍이 났다'고 우려했다. 트럼프가 미국의 가치, 즉 미국의 민주주의에 큰 상처를 냈다는 것이다.

오바마 대통령은 트럼프가 가장 껄끄러워하는 탄핵에 대해서도 법무장관이나 연방수사국에 대통령이 자신에 대한 조사에 영향을 주려는 듯한 언행을 하는 것은 옳지 않다는 발언도 서슴지 않는다. 또한 앞서 말했듯이 〈뉴욕타임스〉는 행정부 고위관리가 트럼프의 리더십을 비판하는 기고문을 실었다. 이런저런 와중에 트럼프의 대응은 매우 시니컬하다. 트럼프는 자신이 세계에서 가장 유약하고 존경받지 못하는 미국을 넘겨받았지만 이미 이런 위상을 반대로 뒤집는 데 성공했다고 주장한다.

북핵 문제나 이란 핵 문제는 냉정하게 볼 때 2020년 미국 대통령 선거의 핵심 쟁점에서 약간 비껴나 있다. 트럼프 대외정책에 대한 본질적 비판은 제2차 세계대전 이후 미국의 '동맹외교'를 근간으로 한 전략에 트럼프가 자칫 '판'을 바꿀 수도 있는 위험한 결정을 내리거나 동맹국들에게 요구한다는 점이다. 따라서 결코 북한 핵 문제와 이란 핵 협정 탈퇴 같은 미시적·전술적 정책들은 잠시 비껴나 있을 것이라는 추측이다. 그보다는 오히려 연방정부 예산 통과 문제, 미·중 무역 분쟁에 따른 소비자 물가 상승 가능성과 경제성장률에 대한 부정적 파급효과 등에 초점이 맞추어질 전망이다.

이렇듯 트럼프의 예측 불허 성향이 부동산 중개인 때의 '습'일 수도 있다. 하지만 이런 모습이 미국의 대외정책과 국내정책 변수에 어떤 식으로든 영향을 줄 수밖에 없으므로 한국 경제로서는 혹시 허물어진 공식·비공식 채널이 있다면 하루빨리 복원해서 트럼프의 미국이 지향하는 것과 트럼프의 미국이 어느 정도까지 지속될지 등에 대한 생각을 공유할 필요가 있다.

이미 2020년 전후로 미국 경제가 더이상 올라갈 곳이 없다는 경고와 함께 연방준비은행을 비롯해 새로운 미국발 경기침체가 발생할 가능성에 대해 경고음이 나오고 있다. 여기서 2008년과 다른 점이 있다면 대불황 같은 글로벌 경제위기로 확산되기보다 미국과 중국 또는 이들 중 한곳이 상당한 어려움에 봉착할 가능성이 높아 보인다. 따라서 트럼프가 즉흥적으로 결정하는 것은 오로지 자신이 속한 나라 미국의 이해관계를 극대화할 뿐이라는 지극히 단순한 논리에 따른 것이 아닐까?

트럼프의 즉흥적 결정 방식에 의식적이건 무의식적이건 잠재되어 있는 생각은 어쩌면 부동산 중개업자로서 가지고 있는 자만과 오만을 토대로 이를 경제적 관점에서는 오직 미국 우선주의라는 1·2차원적 방정식으로밖에 보지 못하는 것은 아닐까? 여기서 '우선'은 트럼프에게는 단순히 '미국을/미국이 맨 먼저'라는 의미로 받아들여지는 것으로 본다.

하지만 '우선'에는 그 이상의 의미가 들어 있다. 동맹국들이 미국 달러를 세계 기축통화로 받아들였고 미국의 사회·문화는 물론 기술·산업 등이 세계 시장질서와 산업구조의 표준이 되었다. 미국 경제는 이를 토대로 제2차 세계대전 이후 세계 경제의 새로운 정형을 형성해왔으며 자유시장 경제체제가 그나마 공산주의 중앙경제체제보다 우위에 있다는 역사적 확인을 바탕으로 미국을 늘 마지막 보루로 삼아 '우선'의 개념으로 승화해온 것이 사실이다. 트럼프는 이런 철학이 부족한 부동산 중개업자의 경영 한계를 아직도 넘어서지 못한 것 같다.

트럼프는 대선 후보 토론회에서도

"오바마케어는 실패했다. 폐지해야 한다"라고 외쳤다.

그렇다면 오바마 시대의 유산을 모두 지우겠다는 트럼프의 속내는 먹혀들 것인가?

미국 국민 대다수의 합리적 지지를 얻어낼 것인가?

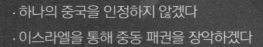

· 하나의 중국을 인정하지 않겠다
· 이스라엘을 통해 중동 패권을 장악하겠다

10장

트럼프의 세계 전략 vs. 미국의 글로벌 전략

전통적으로 미국의 글로벌 전략은 전방위적·포괄적이다. 단순히 한 국가를 대상 표적으로 삼지 않는다. 중국을 얘기할 때는 반드시 인도와 동남아시아 그리고 중동 산유국들에 대한 정책도 포함한다. 따라서 '아시아로 회귀'는 단순히 오바마 대통령 임기 당시 아시아 중시 정책으로 즉흥적·탐욕적이고 비정형의 전략적 선택과 어젠다가 결코 아니다. 몇 년 동안 미국의 랜드RAND연구소, 미국외교협회 CFR; Couoncil on Foreign Relations, 브루킹스연구소Brookings Institute, 해리티지Heritage재단, 국제전략문제연구소CSIS; Center for Strategic and International Studies 등 미국의 주요 싱크탱크에서 연구한 산물로 봐야 한다.

미국이 논의하는 이슈는 초점이 명확하고 정확하게 정해져 있지만, 아울러 주변 상황에 대한 전략·전술적 논의가 결코 생략되거나 간과되지 않는다. 예컨대 국제전략문제연구소의『중국이 일어나고 있다: 도전과 기회(China's Rise: Challenges and Opportunities)』2008년 책자에는 중국의 부상에 따른 글로벌 경제질서의 재편과 함께 중국의 미래, 정치적 개혁 향방은 물론 중국이 안고 있는 다양한 기회와 위기요인을 일목요연하게 정리했다. 여기에 더해 중국의 부상이 가져올 주변국과 문제도 미국의 전략적 이해관계에 붙여 정리했다. 또한 타이완과 중국의 문제, 한국과 일본의 문제, 중국의 경제성장과 군사 현대화의 상관관계, 중국과의 세계에서는 역시 아프리카 문제와 중국의 '꿈'이라 지칭되는 당시 미국 관점에서 바라본 중국의 미래 세계관을 동시에 정리했다. 과연 트럼프는 이런 미국의 글로벌 '입장'을 충분히 이해했을까? 어떤 생각에서 이스라엘 예루살렘에 미국대사관을 새로 두었을까? 트럼프의 바둑 또는 체스는 과연 무엇을 생각할까?

한 가지 분명한 것이 있다. 미국의 글로벌 전략·전술이 비록 트럼프에 의해 한미 자유무역협정이 재협상에 들어가고, 북미 자유무역협정에 캐나다를 뺄지 말지가 논의되며, 기후협약에서 탈퇴하고, 대통령 행정명령으로 다양한 국제관계의 틀을 허물어 많은 전통적 동맹국가에 대해 제2차 세계대전 이후 미국이 견지하던 글로벌 패러다임의 기본 가치관과 의식구조에 커다란 구멍을 만들고 있지만, 그것의 일부는 절대로 즉흥적이거나 트럼프 자신 또는 주변 참모들의 창조적이고 예측 불허의 즉흥적 어젠다로 등장하지 않았다는 점이다. 이들 중 대부분 예컨대 앞서 논의한 중국 위안화 절상 문제, 미·중 무역 분쟁 문제, 중국 고립 전략과 중국 때리기, 아시아로의 회귀, 제3의 이웃 정책 등이 이미 미국이 21세기를 바라보기 적어도 10~20년 전부터 차근차근 준비해 실행으로 옮긴 전략·전술이라는 점을 결코 간과해서는 안 된다. 미국의 저력이고 21세기를 위한 준비 과정이다.

트럼프는 진주만을 기억하고 있다고 했지만 과연 미국의 근현대 정치사를 얼마나 알고 이해할까? 독일 출신 이민자이면서 스웨덴 출신 이민자라고 하는 이유는 무엇일까? 트럼프의 즉흥적이고 무지한 이미지는 과거 누구의 리더십과 겹칠까? 트럼프는 국가와 사회, 공동체라는 개념과 정의에 대해 각각 어떤 생각을 할까?

트럼프는 국가 거버넌스와 기업 경영을 어떻게 구분할까? 백악관 집무실과 그가 등장하던 미국 취업 관련 프로그램 '어프렌티스' 스튜디오를 어떻게 구분할까? 그와 기꺼이 운명을 함께할 참모와 정부 각료는 몇 명이나 될까? 그의 장악력은 과연 얼마나 될까? 어쩌면 우리가 생각하는 것보다 훨씬 더 많은 수의 침묵하는 지지자가 있을지도

모른다. 과연 트럼프는 자신의 정치적 경륜으로 1776년 미국 독립의 배경과 의미 정도는 당연히 알까? 1946년생으로 제2차 세계대전 직후 베이비붐 세대이자 이른바 '금수저'인 그가 서민들, 중산층, '러스트 벨트Rust Belt' 지역 백인 중산층의 가치와 의식 구조를 이해할까? 아니면 증오를 이용해 자신의 어설픈 역사와 지혜를 감추면서 즉흥적이고 비정형적이며 예측 불가능한 자신만의 독특한 방식을 협상가로서 특유의 자질이라며 자만할까?

앞서 논의한 많은 내용이 이러한 질문에 근본적인 답변을 제시할 것으로 판단된다. 하나씩 다양한 점이 놓이지만 과연 그 점들이 시간이 지난 후 하나의 뚜렷한 윤곽을 지닌 모습으로 나타날까? 그 모습이 괴물은 아닐까? 억측과 추측, 불안한 돌출행동으로 세계질서마저 혼돈의 시대로 점점 깊게 들어가는 듯한 상황에서 우리는 과연 무엇을 보고 이해하고 준비해야 할까? 크게 2가지로 보아야 한다. 첫째, 미국은 이미 시스템으로 움직이므로 의회와 행정부에서 대내외 정치·경제·사회 문제 등을 긴밀히 다룬다는 것이다. 둘째, 국내 이민 문제와 사회 갈등 이슈는 의회와 사법부가 중심이 되어 새로운 개혁과 가치 변화를 창출한다는 것이다. 정부는 여기서 나오는 다양한 변화의 흐름을 제도로 실행할 뿐이다. 이 2가지 과정 가운데 트럼프의 이른바 충동적이고 즉흥적이며 쩨쩨하고 적대적인 언행이 그동안 매우 안정적이고 고정적이었던 메시지 전달 신호에 잡음과 소음을 일으키는 셈이다. 이를 어떻게 제거하고 보아야 할까?

하나의 중국을
인정하지 않겠다

앞서 소개한 2008년 CSIS와 Peterson IIE 공동 보고서 『중국이 일어나고 있다』의 일부를 발췌하면 다음과 같다. 이 장 제목은 '왜 미국은 타이완을 배려해야 하는가 Why Does the United States Care about Taiwan'다.

먼저 중국이 타이완을 바라보는 시각은 크게 3가지다. 첫째, 19~20세기 중국 역사의 치욕적인 부분이라는 역사관이다. 타이완이 일본이라는 외세의 식민지가 되었고, 중국이 제2차 세계대전 이후 사실상 타이완 점유를 포기했다는 것이다. 둘째, 역사적 당위성이다. 중국이 타이완을 수복하는 것은 과거 하나의 중국을 다시 건설하는 일이라는 것이다. 셋째, 타이완이 중국의 해상 방위, 국토 방위와 관련해 미국 등 중국의 잠재적 경쟁 대상국이 중국의 대외진출 전략을 방해하거나 고립시킬 수 있는 전략적 요충지라는 것이다. 이미 당시에도 중국 전략가들이 중국의 '제1도련선first island chain'의 가치와 의미를 이야기 했음에 주목할 필요가 있다.

그렇다면 미국의 관점에서 타이완은 왜 중요한가? 19세기 이후 장제스 국민당 정부와 중국 대륙에서부터 긴밀한 전략적 동맹관계였는데, 1949년 중국의 공산화로 장제스 국민당 정부가 타이완으로 도피하자 해리 트루먼 대통령은 매우 당황했다. 당시 중국의 공산화로 미국은 누가 중국을 잃었는지를 두고 상당히 깊은 논쟁이 일어나는 등 냉전체제의 시발점으로 중국과 타이완의 긴장관계가 처음 등장했다. 이후 아이젠하워 대통령 시기를 거치면서 다시 한 번 타이완은 냉전체제의 최극단 사례로 주목받았지만 1963년 존 F. 케네디 대통령 때부터 중공의 존재 자체를 인정했고, 1970년대 이르러서는 다양한 대화 채널이 열리더니 마침내 1979년 국교를 정상화했다.

이러한 일련의 과정에서 미국은 '타이완 관계법Taiwan Relations Act on April 10, 1979'을 통해 타이완에 대해 '준방위조약Quasi-formal defense commitment to Taiwan'을 체결함으로써 평화와 안보에 대한 어떤 위협에서도 타이완을 보호하겠다고 약속했지만, 대응 방법과 범위에 대해서는 구체적 언급이 없었다. 하지만 1982년 레이건 대통령은 미국과 타이완의 전략적 관계의 중요성에 대해 3가지 의미를 새롭게 정립했다. 첫째, 타이완에 대한 무기 판매, 기타 전략 장비 지원은 그대로 유지한다. 둘째, 미국은 타이완에 대해 점진적으로 절대적인 무기 판매량과 질적 측면의 거래는 축소하는 것을 지향한다. 셋째, 두 번째 조건은 중국이 타이완과 관계를 좀더 평화적으로 해결하는 데 노력한다는 조건에 동의함으로써 가능하다는 의미다.

그렇다면 21세기 초입인 지금 미국은 왜 타이완에 대해 더 많은 관심을 보이며 공을 들이고 있을까? 첫째, 미국이 극동아시아에 대한 지원과 안보 약속을 성실히 이행한다는 징표로 타이완 지원은 여전히 중요하다. 둘째, 타이완의 정치구조 변화로 미국의 이해관계와 새로운 관계 정립이 중요해지고 있다. 타이완 경제와 정치가 미국이 추구하는 개방과 민주적인 방향으로 거듭 발전하면서 미국이 생각하는 하나의 시스템적 관점에서 미국이라는 오랜 동맹의 지지 속에 중국의 정치·군사적 위협에서 자유로운 변화를 지속해야 하기 때문으로 본다. 셋째, 중국이 타이완과 관계에서 어떤 식으로 변화·발전해나가는지 관찰함으로써 중국 내부에서 발생할 수 있는 다양한 사회적 변화 요구에 대해 중국 정부가 대응하는 방식을 예측할 수 있다. 중국 본토의 정치·경제가 미국의 이해관계를 가장 잘 반영하는 방향으로 발전할 경우, 미국은 이를 통해 새로운 글로벌 질서 변화의 기회를 모색할 수 있을 것으로 보기 때문이다.

이와 같은 미국의 '타이완관'을 두고 한국과 일본의 전략적 동맹관계를 어떻게 합종으로 운영할지는 미국의 21세기 글로벌 전략 가운데 하드웨어와 소프트웨어 전략에 따른 스마트 전략의 이해가 중요할 것으로 보인다. 따라서 새로운 글로벌 질서 변화에 대한 미국의 새로운 관점이 과연 트럼프 스스로 판단하고 결정하는 시스템으로 어느 정도 이루어지며, 이에 대한 의회와 사법부의 견제는 어느 정도 영향력이 있는지 지켜보아야 할 것으로 보인다.

트럼프가 보고받거나 이해하는 미국의 글로벌 전략은 다음 4가지 원칙에 따르는 것으로 보인다. 첫째, 21세기 들어 미국의 가장 큰 잠재적 경쟁 상대는 중국이다. 둘째, 중동 지역에서 이스라엘과는 더욱 긴밀한 전략적 동반자 관계를 유지하는 것이 바람직하다. 중동 패권은 곧 아프리카 패권이다. 전통적으로 아프리카는 유럽 국가들의 앞마당이고, 남미는 미국의 앞마당으로 간주했다. 셋째, 첫째와 둘째 전략은 결국 중국 가두기 전략의 일환으로 추진되고 있다. 아울러 좀더 미시적 조정을 위해 중국에 무역 분쟁 이슈를 꾸준히 제기하고, 관세 부과 등 당근과 채찍을 병행할 것으로 보인다. 만일 중국에 신플라자 합의를 요구하고 중국이 이를 마지못해 받아들인다면 다음 차례는 독일과 일본, 한국이 될 가능성이 매우 높다. 넷째, 이스라엘은 중국과 이란, 중국과 아프리카의 연계 가능성을 차단하려고 할 때 중요한 요충지가 될 가능성이 높다.

이 가운데 이스라엘의 전략적 중요성에 대한 논의는 결국 중국의 원유 공급과 원자재 공급 안정성 확보, 아프리카 지역 교두보 확보에 대한 유럽 국가들의 견제와 경쟁관계 등의 의미를 함축하는 듯하다. 간단히 요약하면 중국을 물 없는 고립된 섬으로 만들려는 전략이다. 여기에 인도, 일본, 중앙아시아, 이스라엘 그리고 최근 문제가 된 터키까지 사실상 모두 미국과 관계 정상화와 강화 요구에는 큰 틀의 변화가 없을 것으로 판단된다. 만일 이와 다르다면, 미국은 어쩔 수 없이 군사 행동을 특정 지역으로 국한해서라도 이행할 수 있을 듯하다.

만일 그 지역을 우선순위로 꼽으라면, 과거 냉전체제에서 유럽과 중동이었듯이 21세기는 아시아와 중동 지역이 여전히 확률이 가장 높을 것으로 보인다. 아시아에서는 남중국해, 타이완, 한반도, 센카쿠 등을 예로 들 수 있다.

이스라엘을 통해
중동 패권을 장악하겠다

　2018년 1월 6일 트럼프는 일방적으로 이스라엘 수도는 예루살렘이라고 선언했다. 이 선언의 배경은 '평화'였다. '평화를 추구하기 위해' '평화협상을 발전시키기 위해' '무엇보다 가장 원하는 것이 평화'라는 것이다. 이는 겉내일 뿐이고, 속내는 무엇일까? 아마 미국이 생각하는 중동 문제의 본질에 있다고 보아야 할 것 같다.

　그 본질의 변화 가운데 어쩌면 산유국들이 1960년 9월 조직한 석유수출국기구OPEC의 유명무실화가 있을 수 있다. 지난 5년 이래 석유수출국기구를 통한 원유 공급과 가격 담합이 과거와 달리 매우 비협조적이었다는 점에 주목할 필요가 있다. 최근 유가 상승이 어느 정도까지 갈지 다소 의문이지만, 미국과 러시아의 밀월관계 가운데 하나는 유가 안정에 있을 듯 보인다. 러시아의 대부분 경제성장률 지표가 유가와 연동해 발생한다는 점에서 러시아가 유가에 별다른 반응이 없다는 점은 중동 지역 정세 변화에 러시아와 미국의 역할이 이해관계 차원에서 어느 정도 맞아떨어지는 부분이 있다는 것은 아닐까?

또한 사우디아라비아, 이란, 예멘 등과의 종파 분쟁이 다소 소강상태에 접어들었지만 팔레스타인, 요르단, 시리아, 터키 등의 역학관계가 어떤 방향으로 전개될지는 좀더 지켜보아야 할 것으로 보인다. 중동 지역에서 미국의 외교적 움직임은 매우 다변적이고 동시다발적이다. 한쪽으로는 이스라엘과 긴밀한 유대관계를 유지하면서도, 다른 한쪽에서는 팔레스타인과 대화의 문을 열어놓고 있다. 이란 핵 문제도 마찬가지다. 뜬금없는 팔레스타인과 요르단의 연방국가 제안도 있었지만, 이스라엘로서는 트럼프에 대한 신뢰관계나 정서상 공감대가 다소 흔들릴 법한 논의들이 일어나고 있다. 여기에도 미국 우선주의가 개입되어 있다고 보아야 할 것인가?

다른 한편으로 이스라엘과 중동은 유럽 국가들로서는 아프리카 진출을 위한 교량 또는 교두보다. 1948~1949년 독립전쟁, 1956년 수에즈 전쟁 등을 치르고 마침내 1967년 6일 이집트·요르단·시리아 연합군을 격파하고 이들과 전쟁을 승리로 이끈 이스라엘은 과연 무엇을 차지했을까? 시나이반도, 수에즈운하 동쪽, 골란고원 등으로 새로운 영토를 넓히는 결과를 가져왔으며 마침내 미국의 세계 전략 변화, 그 가운데 1976~1980년 카터 대통령 재임 기간에 이란 인질 사건을 비롯해 중동과 경제·군사·외교적 이해관계 속에 끊임없는 갈등관계에서 벗어나 관계 개선을 위해 노력한 적이 있다. 이 당시 쏟아져 나온 '이스라엘-아랍 평화협상과 캠프 데이비드 협정', 이집트와 이스라엘의 평화조약 등으로 마침내 평화질서를 안착시킨 시기도 있었다. 하지만 레이건 정부 당시 이라크와 이란의 갈등과 전쟁으로 미국과 소련도 한때 긴장관계에 놓인 바 있다. 미국과 이스라엘의 외교관계는 군사적 외교관계를 축으로 경제와 사회적 공감대를 확장하는 방향으로 전개되었으며, 오바마 행정부 당시 일시적으로 보였던 미국과 이스라엘 갈등이 트럼프 이후 반전을 이룬 것도 사실이다.

미국은 중동의 원유 패권을 지키기 위해 이스라엘이라는 절대적 동맹이 필요하다. 즉 이스라엘이 미국의 중동 진출에서 교두보라는 점에서 유럽에서는 영국과 독일, 아시아에서는 일본과 한국 등과 같은 지정학적 위상을 가진 미국의 동맹이라고 정의할 수 있다. 문제는 이스라엘이 미국의 이러한 상대적 관계성을 이용해 주변 국가들과 끊임없이 마찰(?)을 촉발한다는 점이다.

최근 셰일가스, 기후 변화와 관련된 대체에너지 개발 사업으로 중동 지역 원유에 대한 미국의 의존도가 상대적으로 줄어드는 대신 중국의 상대적 의존도가 높아지면서 미국은 중앙아시아와 인도 등을 통해 중국과 이란의 파이프라인 건설 사업 등을 차단하는 중이다. 중동 지역 원유의 중요성이 상대적으로 줄어든다고 해서 이스라엘의 지정학적인 전략적 가치가 동시에 감소한다고는 볼 수 없다. 미국과 이스라엘이 21세기 중동과 아프리카 지역에 대한 '빅 피처'를 유럽 주요 국가와 상당 부분 공유할 가능성이 높다. 트럼프의 정치적 성향이 리처드 닉슨 전 대통령과 많은 부분에서 닮았다고 볼 때, 헨리 키신저의 자문을 자주 접하는 이유도 충분히 설명될 수 있다.

그렇다면 이스라엘은 과연 중동 지역, 특히 시나이반도와 수에즈 운하 동쪽 귀퉁이에 있는 자국 영토에 만족할까? 그렇지 않을 것으로 판단된다. 2016년 7월 이스라엘은 49년 만에 아프리카 기니와 외교 관계를 복원했다. 이는 당시 이스라엘이 아프리카 국가들과 관계 복원에 나서는 일종의 신호탄이 아닌가 하는 기대가 있었다. 결국 아프리카 국가들과 유대관계 증진이나 복원은 중국의 대아프리카 진출에서 보았듯이 경제협력 강화가 최우선 충분조건이 될 것으로 보인다.

바야흐로 미국과 이스라엘 관계에도 새로운 변화의 조짐이 보인다. 미국과 이란, 중동 국가들의 힘의 균형이 21세기 들어 어떤 방향으로 전개될지 아직 커다란 실마리는 보이지 않지만 이란과 이라크, 이란과 사우디아라비아, 미국과 이란의 관계가 어떤 방향으로 전개될지에는 주목할 필요가 있다. 또한 유럽 역사에서 중동과 아프리카가 어떤 의미인지도 살펴야 한다. 여기에 러시아의 이해관계에 대한 좀더 면밀한 검토가 필요하다. 러시아가 끊임없이 시리아 내전에 관여하는 이유는 과연 무엇일까? 미국의 이스라엘에 대응하는 러시아의 시리아 관계로 본다면 이는 마치 한반도에서 북한과 중국, 한국과 미국의 관계성과도 별반 다르지 않을 것 같다.

미국이 21세기 글로벌 질서의 새로운 균형 잡기에 본격적으로 나선 것은 분명하다. 그것은 21세기 초입인 2000년에 시작되었다고 해도 틀린 말이 아니다. 하지만 2004년 중국이 런던 금융시장에서 서브프라임 부실채권을 매도한 것이 2008년 글로벌 경제위기의 배경이 되었고, 이에 중국이 급부상했으며, 2016년 트럼프가 45대 대통령으로 당선되었고, 2018년 미·중 무역 분쟁이 전개되는 등 모든 것을 의도하지 않았거나 예측하지 못했던 것으로 치부해서는 결코 안 된다. 미국의 이 모든 도전과 시험에는 이미 20세기 후반부터 준비와 전략적 판단, 전술적 전개의 로드맵과 액션 플랜 등이 충분히 있었을 거라고 보는 것이 옳다.

20세기 패권국가로서 미국의 100년이 아무렇게나 구축된 것으로 보기엔 너무 치밀하고 정밀하다. 따라서 미국의 현실적 글로벌 패권 관리와 중국의 도전이 어떤 방향으로 충돌과 협력, 갈등과 긴장 관계를 분출해낼지는 더 지켜봐야겠지만, 미국과 중국의 아시아 동반구와 미국과 유럽의 서반구가 양립할 수 있을 것으로는 보기가 어렵다.

지극히 마키아벨리적 이상과 현실의 혼돈을 안고 있을 법한 트럼프의 등장은 미국 조야는 물론 20세기를 이어 발전하고 있는 21세기 세계질서마저 혼란에 빠뜨리고 있는 듯 보인다. 이는 어떤 의미일까? 21세기 초입에 들이닥친 테러와 전쟁이 하드웨어적 전쟁이었다면, 2008년 서브프라임 부실은 소프트웨어적 전쟁의 한 부분이었을 것이다. 과거 거대한 섬으로 홀로 남겨지길 원했던 미국의 뜻을 참 속내로 알았다면, 이는 겉내만 보고 속내는 놓친 것이다.

지금의 중국이 그렇다. '일대일로'를 통해 '중국의 꿈'을 외치지만, 속내는 중국 내부에서 일어날 수 있는 수많은 정치·경제·사회적 변수의 도전을 어떻게 정리할지가 더 큰 지연뇌관이란 것을 모를 리 없다. 각국의 주요 수뇌부도 이미 알고 있고, 웬만한 학자들도 이 정도는 읽어낼 수 있다. 여기에서 이스라엘은 중국과 아시아의 축에서 바라보면 직접적 이해관계와 다소 거리가 있다. 다만 북핵 문제와 테러집단의 소형 핵탄두 거래 문제는 예외 사항이다.

21세기 패권을 논할 때 스마트 파워를 가지고 있을 뿐 아니라 이미 사용해보았으며, 지금도 운용법을 정확히 꿰뚫고 있을 미국의 전략적 새 균형 짜기와 지극히 단순해 보이는 시진핑 주석의 '중국의 꿈'은 어떤 변화를 가져올까? 3가지 질문을 던져본다.

첫째, 글로벌 관리자로서 미국의 역할에 트럼프가 던지는 물음은 과연 해답을 가지고 있을까? 리더가 가져야 할 정치는 단순히 '덕'의 정치가 아니라 슈바이처 박사의 말처럼 '도덕'의 정치라 할 때 트럼프의 정치와 외교는 매우 불안하기만 하다.

둘째, 미국의 21세기 경쟁대상이 중국 하나뿐일까? 제1·2차 세계대전에서 보여주었듯이, 예컨대 독일-일본-프랑스-석유산업기구-중국 등의 연대는 불가능한가? 러시아-중국-독일 등 다양한 합종연횡은 생각할 수 없는 제약식이 존재하는가? 이러한 다양한 변화에 대해 얼마나 고민해야 할 것인가? 2006년 미국 달러화의 기축통화 체제를 버리고 새로운 기축통화 체제를 향한 글로벌 통화 바스켓제도에 도전하려는 시도가 있었다는 점에 유의해야 한다.

셋째, 트럼프는 이란과 북한 핵 문제에 어떤 해법을 기본 구상으로 가지고 있는가? 단순히 중간선거용 카드에 불과한가, 아니면 2020년 재선을 향한 또 다른 큰 카드로 쓰려고 고려하고 있는가?

2018년 현재를 그대로 두고 가정한다면 다음과 같은 시나리오와 가정이 가능하다. 김정은 위원장은 향후 30년 집권이 가능하다. 시진핑 주석은 8년, 푸틴 대통령은 8년이다. 하지만 트럼프는 탄핵 가능성을 놓고 2가지 시나리오로 나누면 '탄핵'과 '불탄핵'으로 나누고, 다시 2020년 재선과 탈락으로 나누면 최대 7년에서 최소 1년 정도의 재임 기간이 남았다. 한국의 대통령 또한 향후 최대 8년 같은 정당의 집권과 같은 대북 정책기조 유지 가능성과 3년 이내 정권 교체 가능성과 대북 정책기조 변화 가능성의 문이 모두 열려 있다고 보면, 북핵 문제와 관련해 가장 유리한 사람은 김정은 국무위원장인 듯 보인다. 그렇다면 과연 그가 핵을 포기할까? 이 물음에 대한 답이 나온다면, 그 답은 중동 지역에서 이스라엘의 지정학적 의미와 맞물릴 수도 있다. 과연 이스라엘은 북한의 핵 보유를 충분히 자국에 대한 테러 위협 또는 중동 국가들과 미래 전쟁에서 가히 위협적인 존재가 아니라는 점에 동의할까?

간단히 요약하면, 트럼프가 과연 위와 같은 복잡한 국제관계와 국가 간 이해관계를 단순히 자신의 열정passion으로만 이해한다면 어떤 사태가 일어날 수 있을까? 2차 방정식의 미지수는 2개이면 식도 2개가 필요하다. 혹시 트럼프는 다차다원 연립방정식과 같은 글로벌 정치·경제·외교·사회·문화 등으로 표현될 수 있는 21세기 글로벌 패권의 미래를 단순히 하나의 해법으로 다 풀어낼 수 있다고 믿는 것은 아닐까? 사자상의 트럼프가 『오즈의 마법사』에 나오는 '용기 없는 사자'는 아닐까?

하나씩 다양한 점이 놓이지만 과연 그 점들이 시간이 지난 후

하나의 뚜렷한 윤곽을 지닌 모습으로 나타날까?

그 모습이 괴물은 아닐까?

억측과 추측, 불안한 돌출행동으로

세계질서마저 혼돈의 시대로 점점 깊게 들어가는 듯한 상황에서

우리는 과연 무엇을 보고 이해하고 준비해야 할까?

경제 공부, 하루 30분이면 충분하다
매일 경제 공부

곽수종 지음 | 값 18,000원

경제를 공부하고 싶지만 막막하게 느껴져 쉽게 접근하지 못한 일반인들에게 이 책은 든든한 지도이자 나침반이 될 것이다. 경제 변화의 주기가 빨라지고 있는 요즘, 이 책에 담긴 개념들을 머릿속에 잘 넣어둔다면 경제 지식의 기반을 튼튼히 만들고, 나아가 자신의 경쟁력을 더욱 키울 수 있다. 경제에 대해 궁금한 점이 많지만 용어 자체가 어렵고 난해해 그간 경제에 쉽게 접근하지 못했던 독자들에게 사이다 같은 책이 될 것이다.

한 권으로 끝내는 대한민국 경제 특강
곽수종 박사의 대한민국 경제 대전망

곽수종 지음 | 값 17,000원

이 책의 저자인 곽수종 박사는 한국 경제의 지속 가능한 성장을 위해 새로운 글로벌 패러다임의 변화를 읽어내고 전략적으로 국가의 이해관계를 극대화해야 한다고 말한다. 한국 경제 성장의 주요 변수는 원자재 가격 및 국제 금리를 포함한 환율의 변동성, 미국과 중국 등 주요 수출시장 경제상황의 안정성 등을 꼽을 수 있다. 이 책을 통해 한국 경제를 넘어 글로벌 경제를 바라보는 폭넓은 시야와 통찰력을 가질 수 있을 것이다.

위험한 미래에서 어떻게 살아남을 것인가
트럼프발 경제위기가 시작됐다

정인호 지음 | 값 17,000원

트럼프의 정책이 세계 경제를 뒤흔들고 있다. 그의 정책을 정확하게 파악해야 코앞까지 다가온 세계 경제 위기를 정확하게 예측할 수 있다. 이 책을 통해 트럼프의 정책뿐만 아니라 미국, EU, 일본, 중국, 한국의 경제까지 살펴볼 수 있다. 트럼프발 세계 경제 위기는 이미 진행되고 있어, 우리가 피할 길은 없다. 이 책을 통해 경제위기를 통찰하고 현명하게 대응할 수 있을 것이다.

돈을 지배하는 경제의 핵심원리
경제는 돈의 흐름을 알고 있다

김종선 지음 | 값 18,000원

경제를 보는 시야를 한층 틔워주는 경제 교양서다. 경제를 통해 소중한 자산을 어떻게 관리할지를 알려주는 자산관리 지침서이기도 하다. 계절이 사계의 분명한 구분을 가지고 순환하듯, 경제도 마찬가지다. 우리가 흔히 경제라고 알고 있는 경제성장, 고용, 또 금리 등이 모두 이 비즈니스 사이클에 맞추어 움직인다. 이 책을 통해 비즈니스 사이클을 읽어낼 수 있다면, 그동안 내 편이 되어주지 않았던 경제를 내 편으로 끌어들일 수 있을 것이다.

6개의 이슈로 경제의 핵심을 이해한다!

경제를 모르는 그대에게

박병률 지음 | 값 15,000원

인구가 줄어들면, 정부가 곳간을 풀면, 부동산시장은, 가상통화는, 삼성전자는, 중국은 어떻게 될까? 베테랑 경제부 기자가 콕 짚어주는 6개의 경제 이슈로 한국경제의 미래를 전망한다. 각 키워드를 중심으로 '흥한다'는 의견과 '망한다'는 의견을 함께 소개한다. 경제에는 변수가 많기 때문에 저자가 본인의 주장만을 일방적으로 늘어놓고 정답이라고 주장하는 경제서적은 위험하다. 이 책이 돋보이는 이유도 거기에 있다.

모든 경제는 환율로 시작해 환율로 끝난다

경제의 99%는 환율이다

백석현 지음 | 값 15,000원

환율을 보면 글로벌 경제와 금융시장 흐름을 알 수 있고 환율에는 한 국가의 총체적 경제력이 투영된다. 때문에 '모든 경제는 환율로 시작해 환율로 끝난다'라는 표현이 있다. 환율의 모든 것을 알려주는 나침반 역할을 하는 이 책은 한국인에게 가장 적합한 환율 교양서라고 해도 과언이 아니다. 환율의 기초 이론부터 역사와 심리, 국제정치까지 아우르는 통찰력을 담아낸 이 책 한 권이면 환율 완전정복은 충분하다.

모든 재산굴리기의 기본은 금리다

금리지식이 이렇게 쓸모 있을 줄이야

장태민 지음 | 값 16,000원

이 책은 투자와 재테크에 관심이 많지만 금리지식이 부족한 일반인들에게 도움이 되기 위해 쓰여졌다. 주식시장, 채권시장, 외환시장 모두 금리의 영향을 받는다. 그렇기에 금리를 모르고 투자에 무작정 나서 엉뚱한 투자로 돈을 날리고 싶지 않다면 반드시 금리를 알아야 한다. 이 책을 통해 금리지식을 쌓고 주식, 부동산, 채권 등의 가격 상황을 비교하는 연습을 한다면 재산을 굴리는 데 큰 도움이 될 것이다.

금융지식을 조금만 더 일찍 공부했더라면!

금융지식이 이렇게 쓸모 있을 줄이야

김현섭·민병혁·이호용·홍은미 지음 | 값 16,000원

KB WM스타자문의 내로라하는 스타급 PB들이 일반인들의 눈높이에 맞춰 집필한 금융교양서다. 금융지식의 기본인 금리지식부터 다양한 투자상품, 절세지식까지 금융에 대한 모든 것이 이 책 한 권에 담겨있다. 금융투자에 앞서 금융지식을 탄탄히 쌓고 싶다면 이 책이 최고의 길잡이가 될 것이다. 이 책을 통해 금융지식도 쌓고, '돈 모으는 재미'가 '돈 쓰는 재미'보다 더 쏠쏠하다는 경험을 할 수 있을 것이다.

■ 독자 여러분의 소중한 원고를 기다립니다 ─────────────

메이트북스는 독자 여러분의 소중한 원고를 기다리고 있습니다. 집필을 끝냈거나 집필중인 원고가 있으신 분은 khg0109@hanmail.net으로 원고의 간단한 기획의도와 개요, 연락처 등과 함께 보내주시면 최대한 빨리 검토한 후에 연락드리겠습니다. 머뭇거리지 마시고 언제라도 메이트북스의 문을 두드리시면 반갑게 맞이하겠습니다.

■ 메이트북스 SNS는 보물창고입니다 ─────────────

메이트북스 홈페이지 www.matebooks.co.kr

책에 대한 칼럼 및 신간정보, 베스트셀러 및 스테디셀러 정보뿐만 아니라 저자의 인터뷰 및 책 소개 동영상을 보실 수 있습니다.

메이트북스 유튜브 bit.ly/2qXrcUb

활발하게 업로드되는 저자의 인터뷰, 책 소개 동영상을 통해 책에서는 접할 수 없었던 입체적인 정보들을 경험하실 수 있습니다.

메이트북스 블로그 blog.naver.com/1n1media

1분 전문가 칼럼, 화제의 책, 화제의 동영상 등 독자 여러분을 위해 다양한 콘텐츠를 매일 올리고 있습니다.

메이트북스 네이버 포스트 post.naver.com/1n1media

도서 내용을 재구성해 만든 블로그형, 카드뉴스형 포스트를 통해 유익하고 통찰력 있는 정보들을 경험하실 수 있습니다.

메이트북스 인스타그램 instagram.com/matebooks2

신간정보와 책 내용을 재구성한 카드뉴스, 동영상이 가득합니다. 각종 도서 이벤트들을 진행하니 많은 참여 바랍니다.

메이트북스 페이스북 facebook.com/matebooks

신간정보와 책 내용을 재구성한 카드뉴스, 동영상이 가득합니다. 팔로우를 하시면 편하게 글들을 받으실 수 있습니다.

───

STEP 1. 네이버 검색창 옆의 카메라 모양 아이콘을 누르세요. STEP 2. 스마트렌즈를 통해 각 QR코드를 스캔하시면 됩니다.
STEP 3. 팝업창을 누르시면 메이트북스의 SNS가 나옵니다.